Shakespeare
Einführung

Für meine Eltern
Hans und Sigrid Stürzer

Anja Stürzer

Shakespeare Einführung

Oldib Verlag
Oliver Bidlo

Bibliografische Information der Deutschen Nationalbibliothek
Die Deutsche Nationalbibliothek verzeichnet diese Publikation in der Deutschen Nationalbibliografie. Detaillierte bibliografische Daten sind im Internet unter http://dnb.ddb.de abrufbar.

Waldeck 14, 45133 Essen
www.oldib-verlag.de, info@oldib-verlag.de
Umschlaggestaltung: Oliver Bidlo
Titelbild: Chandos-Portrait von Shakespeare, Maler unbekannt, National Portrait Gallery in London
Herstellung: BoD, Norderstedt

ISBN 978-3-939556-54-1

2. überarbeitete Auflage

Inhaltsverzeichnis

Zeittafel[1]

1516 **Thomas Morus** (1478-1535) schreibt *Utopia.* * **Maria I.** († 1558)

1527 **Heinrich VIII.** (1491-1547) plant Scheidung von Katharina von Aragon. * **Philip II.** von Spanien († 1598)

1533 ***Englische Reformation*** unter Heinrich VIII.
* **Elisabeth I.** († 1603), Tochter Heinrichs und Anne Boleyns

1535 **Thomas Morus**, Lordkanzler, wird hingerichtet.

1542 * **Maria Stuart** († 1587)

1543 Kopernikus (1473-1543) veröffentlicht in der Schrift *De Revolutionibus Orbium Coelestium* sein revolutionäres Weltbild.

1547 **Eduard VI.** (1537-1553) wird englischer König.

1549 Verabschiedung der Uniformitätsakte und Katholikenaufstand

1550 * **Edward de Vere**, Graf von Oxford († 1604)

1552 **Philip II.** wird spanischer König. * **Sir Edmund Spenser** (Autor des romantischen Epos *Fairie Queene,* † 1599)
John Shakespeare wohnt in Stratford

1554 * **Sir Walter Ralegh** (Entdecker *Virginias*, Gründer der ***School of Night***, † 1618)

1553 Krönung von **Maria I.**, Elisabeths älterer Schwester, genannt *Bloody Mary* (1516-1558) – England wird rekatholisiert. Erste englische Komödie: *Ralph Roister Doister* nach Plautus/Terenz

1554 **Maria I.** heiratet **Philipp II.** von Spanien.
* **Sir Philip Sidney** („der perfekte Hofmann", † 1586)

1555 Beginn der ***Protestantenverfolgung*** in England.

1556 **John Shakespeare** beginnt seine öffentliche Karriere in Stratford; **Mary Arden** wird Testamentsvollstreckerin ihres Vaters.

1557 Hochzeit von Shakespeares Eltern **John** und **Mary**.

1558 Krönung **Elisabeths I.** als englische Königin; 11 Bischöfe werden inhaftiert; Elisabeths Berater **William Cecil**, Lord Burghley (1520-1598), wird Staatssekretär. Die Schottenkönigin **Maria Stuart** (16) heiratet den französischen Dauphin.

1559 Das ***Tridentinische Konzil*** erstellt einen Index verbotener Bücher. In England werden *Supremats- und Uniformitätsakte* verabschiedet und das *Book of Common Prayer* (allg. Gebetsbuch der anglikanischen Kirche) verpflichtend eingeführt.

1560 Gründung der ***East-India Company***

1561 **Maria Stuart** kehrt aus Frankreich nach Schottland zurück.
* **Francis Bacon** (Begründer d. Empirismus, † 1626)
John Shakespeare wird Kämmerer in Stratford.

1562 **John Hawkins** importiert Sklaven aus Westafrika. Jurastudenten führen die englische Tragödie *Gorboduc* vor der Königin auf.

1563 Publikation des protestantischen *Book of Martyrs.*

1564 200 Einwohner Stratfords sterben an der ***Pest.***
* **WILLIAM SHAKESPEARE** (Taufe am 26. 4.),
* **Galileo Galilei** († 1642) und **Christopher Marlowe** († 1593)
† **Johannes Calvin** (* 1509) und **Michelangelo** (* 1475)

1665 **John Hawkins** führt Tabak und Kartoffeln in England ein.
(1) **Maria Stuart** heiratet Lord Darnley.
John Shakespeare wird Ratsmitglied in Stratford.

1566 * **Robert Devereux**, 2. Graf von Essex († 1601)
(2) * **Jakob I.** (Sohn von Maria Stuart, Elisabeths Nachfolger)
Darnley lässt Marias Sekretär vor ihren Augen ermorden.

1567 Lord Darnley wird ermordet; Maria Stuart heiratet den Mörder
(3) Bothwell; Unruhen in Schottland. Erstes festes Theater in London (***Red Lion***); * **Claudio Monteverdi** († 1643)

1568 **Maria Stuart** von Schottland erhält in England Asyl. Mercators
(4) Weltkarte. Gründung des ***Collegium Anglicum*** in Douai.
John Shakespeare wird Bürgermeister und Friedensrichter.
* **Richard Burbage** (Schauspieler, † 1619)

1569 ***Katholikenaufstände*** im Norden Englands

1570 Eröffnung der ***Londoner Börse***
(6) **Elisabeth I.** wird von **Papst Pius V.** exkommuniziert.

1571 Strafgesetze gegen Katholiken in England. * **Johann Kepler**
(7) († 1630) und * **Caravaggio** († 1610). Der Oxforder Gelehrte **Edmund Campion** (1540-1581) konvertiert zum Katholizismus und geht nach Douai. **John Shakespeare** wird oberster Ratsherr in Stratford. Vermutlich Einschulung **SHAKESPEAREs**; Schulmeister in Stratford ist der Katholik **Simon Hunt.**

1572 **Gregor XIII** (1502-1585) wird Papst. Bartholomäusnacht in
(8) Frankreich. * **Elisabeth Vernon** (spätere Gräfin von Southampton und vielleicht Shakespeares Geliebte/die *Dark Lady)*
* Ben Jonson († 1637), John Donne († 1631)

1573 * **Henry Wriothesley**, Graf von Southampton († 1624)

1575 **Francis Drake** beginnt Weltumseglung (bis 1580). **Elisabeth**
(11) **I.** in Schloss Kenilworth. ***Code of Practice***: Erste Lizenz für eine Schauspieltruppe. **James Burbage** eröffnet ***The Theatre*** in Shoreditch. **John Shakespeare** beantragt Adelspatent. **Thomas Jenkins** wird Schulmeister in Stratford. † **Tizian** (* um 1490)

1576 ***1. Blackfriar's Theatre***
(12) **John Shakespeare** beantragt Familienwappen.

1577 * **Rubens** († 1640). Erste Hinrichtung eines katholischen Pries-
(13) ters in England. **John Shakespeare** bleibt Ratssitzungen fern.

1578 **Jakob VI.** (später Jakob I. von England) wird mit 12 Jahren
(14) Herrscher von Schottland. Das ***Collegium Anglicum*** wird nach
Rheims verlegt (bis 1593). Das ***Curtain*** eröffnet. **John Shake-
speare** verpfändet das Erbe seiner Frau. **John Lily** (1554-16169
schreibt *Euphues* (der Wohlgeratene).

1579 **John Shakespeare** verpfändet Grundbesitz für £40 (ca. 12.000
(15) Euro). **SHAKESPEARE** verlässt vermutlich die Lateinschule,
wo jetzt **John Cottom** unterrichtet und studiert vielleicht am
Collegium Anglicum. Der englische Botschafter schlägt Haft-
strafen für die Eltern der in Rheims studierenden Katholiken
vor. SHAKESPEARES Schwester Anne stirbt mit 7 Jahren. Bei
Stratford ertrinkt eine Katherine Hamnett

1580 Beginn der Rekatholisierungsbewegung ***English Mission.***
(16) 140 Bürger in ganz England, darunter **John Shakespeare**,
werden zu Geldstrafen verurteilt, u. U. weil sie ihre Söhne auf
dem Kontinent studieren lassen. Drake kehrt von seiner Welt-
umseglung zurück. **SHAKESPEARE** könnte als Privatlehrer
(Mitglied der ***Catholic Association?***) im Haushalt des katholi-
schen Adeligen Alexander Hoghton angestellt sein (bis 1582).

1581 Antikatholische Strafgesetze. Folter und Hinrichtung **Edmund**
(17) **Campions** und zweier weiterer Priester. Im Testament Alexander
Hoghtons wird ein „William Shakeshafte" erwähnt.

1582 **SHAKESPEARE** heiratet Anne Hathaway (1556-1623).
(18) **Giordano Bruno** (1548-1600) in London (bis 1585)

1583 Geburt der ersten Tochter Susanna Shakespeare
(19) Arden-Somerville-Komplott und Katholikenverfolgung in War-
wickshire. Diverse Schauspieltruppen treten in Stratford auf.

1584 Ausweisung des spanischen Gesandten aus England

1585 Geburt der Zwillinge Hamnet und Judith Shakespeare. Kriegs-
(20) ausbruch zwischen England und Spanien. Verschärfte antikatho-
lische Strafgesetze. **Robert Catesby** (1573-1605), später Anfüh-
rer der Pulverfassverschwörung, studiert in Rheims. **SHAKE-
SPEARE** verschwindet von der Bildfläche.

1586 ***Babington-Komplott*** zur Befreiung Maria Stuarts und Ermor-
(21) dung Elisabeth I. Nach neun Jahren Amtsverweigerung seitens
John Shakespeares wird in Stratford ein neuer oberster Ratsherr
gewählt. **Thomas Kyd**'s Kassenschlager *The Spanish Tragedy* be-
gründet das Genre der elisabethanischen Rachetragödie.

1587 (ca.) kommt **SHAKESPEARE** nach London. 8. Februar:
(22) Enthauptung **Maria Stuarts** und Staatsbegräbnis für **Philip Sid-**
ney. Eröffnung des *Rose-Theatre.* **Christopher Marlowe** ist als
Spion auf dem Kontinent.

1588 Untergang der ***spanischen Armada.***
(23) ***Marprelate Controversy*** (Pamphletenkrieg)
Der letzte Band von **Montaignes** (1533-1592) *Essais* erscheint.

1589 *Tamburlaine* von Christopher Marlowe

1590 **SHAKESPEARE** ist seit mehreren Jahren in London.
(25) Die ***University Wits*** dominieren Londons Bühnen.

1591 ***Lord Strange's Men*** spielen am ***Theatre,*** am ***Rose*** und bei Hof.

1592 Die ***Pest*** bricht aus (28.1, 7.9.)
(27) **Philip Henslowe** erwähnt das Stück *Harej the vj* am *Rose.* Auf-
stand der Londoner Lehrlinge. **Robert Greene** verunglimpft
SHAKESPEARE auf dem Totenbett als „Szenenschüttler" und
diebische „Krähe"; der Drucker **Henry Chettle** distanziert sich
und erwähnt „hochstehende" Fürsprecher. John Shakespeare
wird wegen Nichtteilnahme am Gottesdienst als Rekusant ange-
zeigt. ***Lord Strange's Men*** treten bei Hof auf.

1593 **Christopher Marlowe** wird bespitzelt und erdolcht. Antikatho-
(28) lisches Strafgesetz. Der „Gottesstrafe" ***Pest*** erliegen wöchentlich
1000 Menschen. Die Theater schließen, ***Lord Strange's Men*** auf
Tournee. *Venus und Adonis* wird gedruckt (18.4.)

1594 Wiederholte Missernten verursachen Hungersnöte. Hinrichtung
(29) des königl. Leibarztes Roderigo Lopez. **SHAKESPEARE** ist
Gründungsmitglied der ***Lord Chamberlain's Men*** und spielt am
26/27. 12. bei Hof. Aufführungen von *Titus Andronicus, Der Wi-*
derspenstigen Zähmung, Die Komödie der Irrungen; 2 Heinrich VI.

1595 *Richard II.* wird aufgeführt.

1596 Bauernaufstand in Oxfordshire gegen die Einzäunung allgemei-
(31) nen Weidelands. Essex erobert Cadiz. **SHAKESPEAREs** 11jäh-
riger Sohn ***Hamnet*** stirbt. Die Shakespeares erhalten das Adels-
patent und ein Wappen (*non sans droict* – „nicht ohne Recht").
Johannes de Witt zeichnet das *Swan Theatre.* Burbage baut das
2. ***Blackfriar's*** Theater. **SHAKESPEARE** zieht von Bishopsgate
nach Southwark. *Heinrich IV.* wird aufgeführt.

1597 **SHAKESPEARE** kauft ***New Place***. Die ***Chamberlain's Men***
(32) werden als eine von zwei lizensierten Truppen aufgeführt, die bis
1603 32mal bei Hof spielen. Der Jesuit John Gerard flieht aus
dem Tower. *Romeo und Julia* wird im ***Stationer's Register*** einge-
tragen, *Richard III.* gedruckt, *Verlorene Liebesmüh* aufgeführt.

1598 Aufstände in Irland. **Philipp II.** stirbt; der Dauerkonflikt Eng-
(33) land/Spanien endet. ***Edikt von Nantes***: Religionsfreiheit in Frankreich. **Francis Meres** lobt **SHAKESPEARE** in seiner Schrift *Palladis Tamia* und nennt u. a. die *Sonette*, *Zwei Herren aus Verona*, *„Gewonnene Liebesmüh“*, *Ein Sommernachtstraum*, *König John*. Abriß des ***Theatre.*** Registrierung von *1 Heinrich IV.*, *Kaufmann von Venedig.* Southampton heiratet die schwangere Hofdame Elisabeth Vernon. Ben Jonson konvertiert im Gefängnis zum Katholizismus. **SHAKESPEARE** spielt in Ben Johnsons *Every Man in his Humour* und wird aufgeführt als jemand, der während der Lebensmittelknappheit Korn und Malz hortet.

1599 Eröffnung des ***Globe-Theaters;*** * **Oliver Cromwell** († 1658).
(34) Essex' Irland-Feldzug. Verbot aller Stücke über englische Geschichte. *The Bishop's Bonfire*-Bücherverbrennung. Wright-Molyneux-Weltkarte. *Julius Caesar* und *Die lustigen Weiber von Windsor* werden aufgeführt.

1600 **Giordano Bruno** in Rom als Ketzer verbrannt. Robert Arnim wird Komiker der L.C. Men. Registrierung von *Heinrich V.*, *Wie es Euch gefällt*, *Viel Lärm um nichts*, *2 Heinrich IV.*.

1601 Das erste Armengesetz: Einwohner eines Viertels müssen für
(36) Bedürftige aufkommen. Der missglückte ***Essex-Aufstand***; **Essex** wird hingerichtet, Southampton eingekerkert. *The Phoenix and the Turtle* (1601, apokryph). **SHAKESPEARE** zieht um. John Shakespeare stirbt. **Elisabeth I.** erleidet einen Schwächeanfall.

1602 Die Manningham-Anekdote (13.3.). **SHAKESPEARE** kauft
(37) Land und ein ***Cottage*** in Stratford. Registrierung von *Hamlet* und Aufführung von *Was Ihr Wollt*

1603 **Königin Elisabeth** stirbt, **Jakob VI.** von Schottland wird als
(38) **Jakob I.** engl. König und Patron der ***King's Men.*** Rehabilitation Southamptons. Pestausbruch. **SHAKESPEAREs** letzte dokumentierte Rolle (in Ben Jonsons *Sejanus*). **SHAKESPEARE** verkauft einem Stratforder Apotheker Malz (und prozessiert später gegen ihn). *Troilus und Cressida* registriert.

1604 **SHAKESPEARE** erhält 4m rotes Tuch für die Krönungspro-
(39) zession. **Edward de Vere**, Graf von Oxford, stirbt an der Pest. Frieden zwischen England und Spanien. Erste Tabaksteuer wird erhoben. Aufführungen von *Maß für Maß* und *Othello*

1605 Das ***Schießpulverkomplott***. **SHAKESPEARE** erwirbt Land in
(40) Stratford. **Francis Bacon** propagiert den Empirismus in seiner Schrift *The Advancement of Learning*. **Cervantes** *Don Quixote* erscheint. Sonnen- und Mondfinsternis (Erwähnung in *King Lear)*

1606 (42) Erste englische Kolonie in Virginia. **SHAKESPEAREs** Tochter Susanna wird wegen Nichtteilnahme am Gottesdienst angezeigt. Aufführungen: König Lear, Macbeth.* **Rembrandt** († 1669)

1607 Susanna heiratet den puritanischen Arzt **John Hall**. Aufführung Hamlets auf einem Handelsschiff vor Sierra Leone. **SHAKESPEAREs** Bruder Edmund stirbt.

1608 (44) **SHAKESPEAREs** Enkelin Elisabeth wird geboren; seine Mutter stirbt. Die ***King's Men*** übernehmen das ***Blackfriars***-Theater. * **John Milton** († 1674). Registrierung von Perikles und Antonius und Cleopatra

1609 ***Maulbeerbaum-Importe***. Die Sonette werden gedruckt. Schiffbruch eines englischen Seglers vor den Bermudas.

1610 (46) ca. zieht **SHAKESPEARE** sich nach Stratford zurück. Hungersnot im Wald von Arden. **Galilei** beobachtet die Jupitermonde. Die ***Bermuda-Pamphlets*** kursieren.

1611 Die ***„King James"-Bibelübersetzung***. Cymbelin, Ein Wintermärchen, Der Sturm aufgeführt

1612 **SHAKESPEARE** ist als Prozesszeuge in London. Sein Bruder Gilbert stirbt. In Stratford wird das Theaterspielen verboten.

1613 (49) Antikatholische Gesetze, u.a. Waffenverbot. **SHAKESPEARE** kauft für £149 das östliche ***Blackfriar's***-Torhaus in London. Sein Bruder Richard stirbt. Die Tochter Jakobs' I. heiratet den König von Böhmen, und die ***King's Men*** spielen 14 Mal bei Hof. Aufführung von Heinrich VIII. Das ***Globe***-Theater brennt ab. Shakespeare könnte (erneut?) nach Rom gereist sein.

1614 **SHAKESPEARE** besitzt 52 Hektar Land und besucht London im November. Puritanische Anschläge auf englische Kirchen und verheerendes Feuer in Stratford. Das neue ***Globe*** wird eröffnet.

1615 Erster Inquisitionsprozess gegen **Galileo. *Einhegungs-Bestrebungen*** in Stratford.

1616 (52) **SHAKESPEARE** macht im Januar sein Testament und überarbeitet es im März. Judith Shakespeare heiratet Thomas Quiney. Ben Jonson und Michael Drayton besuchen **SHAKESPEARE**. Er stirbt am 23. 4., ebenso **Cervantes**: *Ende der Renaissance.* Beginn des 30-jährigen Krieges. Ben Jonsons *Folio-Werkausgabe.* Besuch **Pocahontas** in London

1619 Perikles wird aufgeführt. Antipuritanische Unruhen in Stratford.

1620 Die Pilgerväter landen in Amerika.

1622 Die ***King's Men*** bekommen Geld, damit sie nicht in Stratford auftreten.

1623 **SHAKESPEAREs** Frau stirbt. 99 Menschen sterben beim Einsturz einer Decke im nördlichen ***Blackfriar's*** *Torhaus*, in dem sich eine katholische Kirche befand. John **Hemings** und **Henry Condell** sammeln **SHAKESPEARES** Stücke und veröffentlichen sie am 8.11. im ***First Folio***.

1625 **Jakob I.** stirbt. Nachfolger wird sein Sohn **Karl I.**

1630 Es gibt 17 feste Bühnen in London.

1637 Bücher und Wertgegenstände aus Shakespeares Bibliothek in *New Place* werden beschlagnahmt.

1642 Beginn des *Englischen Bürgerkriegs* und Schließung der Theater durch die Puritaner. Gefechte und Plünderungen in Stratford. **Galilei** stirbt.

1643 Die englische Königin besucht Susanna Shakespeare in New Place.

1644 Das ***Globe-Theater*** wird abgerissen.

1649 **Karl I.** wird hingerichtet.

1666 Der ***große Brand von London*** vernichtet 4/5 der City.

1667 John Aubrey schreibt in seinen *Brief Lives* über **SHAKESPEARE**.

Vorwort zur zweiten Auflage

Am 23. April 2016 jährt sich Shakespeares Todestag zum 400. Mal. In der Flut der zu erwartenden Publikationen will diese Einführung eine Insel der Orientierung bieten, mit dem Ziel, eine Brücke zwischen dem Leser und Shakespeares Zeit, seinem Leben und seinem Werk zu schlagen. Shakespeare ist uns gleichzeitig sehr nah und sehr fern – nah, weil er in seinen bis heute aktuellen Stücken die großen Fragen der Neuzeit aufwirft; fern, weil er dabei auf eine Gedankenwelt und Traditionen zurückgreift, die uns oft nicht mehr geläufig sind. Es ist die Mischung aus Vertrautheit und Fremdheit, aus zeitloser Menschenkenntnis und zeitgenössischen Anspielungen, die Shakespeares Werk so faszinierend und vielseitig interpretierbar macht. Einen Überblick über diese Vielseitigkeit zu geben ist das Anliegen der vorliegenden, grafisch überarbeiteten Einführung, in der auch einige fehlerhafte Daten und Rechtschreibfehler der Erstausgabe korrigiert sowie neuere Literatur ergänzt wurden.

Vorwort

Eine Einführung über Shakespeare zu schreiben, ist so ähnlich wie Spaghetti Carbonara zu kochen: Zutaten und Rezept sind bekannt, und das Gericht gibt es praktisch in jedem Restaurant. Trotzdem kommt kein Koch darum herum, und wenn der Gast zufrieden ist, hat er seine Arbeit gut gemacht. Ob Shakespeare Spaghetti mochte, ist unbekannt; falls er in den *Lost Years* in Italien gewesen ist, wird er sie dort wahrscheinlich probiert haben. Seine Zeitgenossen in England kannten keine Pasta, da die elisabethanische Esskultur auf Brot basierte; dementsprechend häufig werden Getreideprodukte (und Äpfel) in Shakespeares Stücken erwähnt. Essen und Kochen waren für ihn weniger symbolisch als handfest und greifbar, häufig eine lustvolle Erwähnung wert, selten einen Vergleich.[2] Dennoch ist die Analogie vom Koch und Autor nicht allzu weit hergeholt, denn die Shakespeare'schen Dramen sind aus bekannten Zutaten zubereitete Meisterstücke, die er dem theaterhungrigen Publikum seiner Zeit vorsetzte. Oft war es deftige Kost; mitunter auch „caviar to the general" (*Hamlet*, II.2.431). Ähnliches gilt für die „sugared sonnets"[3], die er im Stil

Sir Philip Sidneys schrieb – der die Sonettmode seinerseits aus Italien importiert hatte. Geistige Nahrung war schon ein Exportschlager, als Pizza-Hut & Co. noch nicht erfunden waren. Dabei war Shakespeare der Meister unter den großen Kochkünstlern der Literaturgeschichte: Er hat mehr Gerichte erfunden als jeder andere vor oder nach ihm, er hat die Zubereitung verfeinert und den Geschmack von Epochen geprägt.

Dass seine dramatischen Rezepte nach wie vor nicht nur auf der Bühne, sondern in jeder Küche aktuell sind, belegt ein 2006 erschienenes Buch, das den Koch als Dramenfigur stilisiert: Gesine Baurs *Hamlet am Herd. Das Leben des Eckart Witzigmann.*[4] Die Titelwahl verweist auf die Omnipräsenz und erstaunliche Vitalität von Shakespeares Werk, das sich längst von seinem Autor und seinen Entstehungsbedingungen emanzipiert hat und Teil der Gegenwartskultur geworden ist. Shakespeares Sprachgewalt und seine poetische Schöpfungskraft erschließen sich vielen heutigen Lesern und Theaterbesuchern auch spontan. Dennoch ermöglicht erst die Kenntnis des zeitgenössischen Kontextes sowie der Voraussetzungen, unter denen sein Werk entstand, ein tieferes Verständnis für Shakespeares Stücke, seine Themen, Figuren und Sprache. Ziel dieser Einführung ist es daher, einen Überblick über Shakespeares Zeit, seine Lebensumstände (soweit bekannt) und sein Werk zu geben sowie diese drei Bereiche miteinander – und, wo es sich ergibt, auch mit der Gegenwartskultur – in Beziehung zu setzen. Vor diesem Hintergrund widmet sich das einleitende Kapitel ***Warum Shakespeare?*** möglichen Gründen für die Erfolgsgeschichte des „*Swan of Avon*", wie sein Freund und Kollege Ben Jonson ihn genannt hat. Anschließend findet der Leser im Kapitel ***Shakespeare und seine Zeit*** einen Überblick über wichtige Aspekte der Epoche. Im dritten Kapitel geht es auf eine biografisch orientierte Zeitreise zu ***Shakespeare und seinen Zeitgenossen***. Das abschließende Kapitel ***Nachleben*** befasst sich mit den Übersetzungen ins Deutsche sowie mit Shakespeares Wirkung in Deutschland und spannt einen Bogen zur populären Kultur. Ein ***Anhang*** mit Steckbriefen der Stücke bietet einen knappen Überblick über Shakespeares Werk und gleichzeitig eine schnelle Orientierung für den Shakespeare-Freund, der hier wesentliche Daten zu den Dramen und wichtige Verfilmungen versammelt findet.

1 Einleitung

Die Welt staunt Shakespeares Wunderwerke an. Warum? Ist es denn so viel?
Man braucht nur Genie zu haben, das andere ist leicht
(Ludwig Börne, „Hamlet")

Shakespeare wurde im Jahr 1564 geboren, im selben Jahr wie Galileo Galilei, der Beobachter der Jupitermonde und Begründer der mathematischen Naturwissenschaft. Gleichzeitig ist 1564 das Todesjahr von Michelangelo und Calvin. Das genaue Geburtsdatum Shakespeares ist unbekannt, aber seit etwa 200 Jahren feiert man seinen Geburtstag am 23. April, dem Tag des Heiligen Georgs, des Schutzheiligen von England.[5] Er starb genau 52 Jahre später, am 23. April 1616 und somit am selben Tag wie Cervantes, der Autor des Don Quixote; sechs Wochen zuvor hatte die römische Inquisition das Werk von Nikolaus Kopernikus auf den Index verbotener Bücher gesetzt und das heliozentrische Weltbild verboten. Diese Daten sind bezeichnend, denn Shakespeares Lebensspanne fällt zwischen den Beginn der Neuzeit und das Ende der Spätrenaissance, in eine Epoche, die geprägt ist von Veränderungen und weltanschaulichen Spannungen, von Gewalt, sozialer Veränderung und politischen Intrigen. 72 Jahre vor Shakespeares Geburt war Amerika entdeckt worden, mit der Folge, dass der atlantische Welthandel die Mittelmeerkultur verdrängte. 47 Jahre zuvor hatte Luther seine Thesen ans Portal der Hauptkirche zu Wittenberg angeschlagen und Europa in zwei religiöse Lager gespalten. Fünf Jahre vor seiner Geburt schließlich hatte die „jungfräuliche Königin" Elisabeth I. den Thron von England und Irland bestiegen, den sie fast ein halbes Jahrhundert lang gegen die absolutistischen Machtgelüste der kontinentalen Fürsten verteidigen sollte. Das nahende Ende ihrer Regierungszeit um die Jahrhundertwende erschütterte und verunsicherte England so sehr, dass es eine einschneidende Zäsur auch in Shakespeares Werk markiert: Vorher schrieb er im wesentlichen Historien und Komödien, nachher Tragödien und Romanzen; in der „Halbzeit" entstanden *Hamlet* und die Tragikomödien.

Elisabeths Regierungszeit, das „elisabethanische Zeitalter", das sich beinahe mit den 52 Jahren von Shakespeares Lebenszeit überschneidet, wird noch heute als „goldenes Zeitalter"[6] verklärt.

Sicher ist, dass es eine Epoche der kulturellen Blüte war, die auch unter ihrem Nachfolger andauerte, dem schottischen Stuart-Herrscher Jakob VI., der 1603 als Jakob I. auch König von England wurde. Es war eine Zäsur des prekären inneren Friedens zwischen den blutigen Rosenkriegen und dem Englischen Bürgerkrieg, geprägt von nationaler Einheit, wirtschaftlichem Aufschwung und relativer Gewissensfreiheit, aber auch von ständiger Kriegsgefahr vor allem mit Englands Hauptrivalen Spanien, großer Armut weiter Bevölkerungskreise und grausamer Unterdrückung der (nicht nur irischen) Katholiken.
Prekär war dieser Frieden vor allem deshalb, weil England wie das übrige Europa geprägt und zerrissen war von den großen Veränderungen der Zeit – vom Aufstieg der Nationalstaaten und des Bürgertums, von der Reformation und von den Konflikten der Glaubensspaltung sowie von einer rasanten Entwicklung der Wissenschaft. Kennzeichnend für die Epoche sind Begriffe wie *Absolutismus, Hofkultur, Protestantismus, Nationalismus* und nicht zuletzt *Empirismus*. Die „*brave new world* („schöne neue Welt"; *Der Sturm,* V.1.183)[7] wird mess- und beherrschbar, der Mensch – nun nicht mehr begriffen als Gottes Ebenbild im Zentrum des Universums, sondern als ambitiöses Zwitterwesen zwischen Tier und Engel – wird „höflich" und gleichzeitig intrigant, um auf der Bühne des absolutistischen Hofes bestehen zu können. Womit wir beim Stichwort „Bühne" und damit bei Shakespeare angekommen wären. Bevor wir uns allerdings Shakespeares Theater und seiner Zeit zuwenden, bleibt eine Frage zu klären: Warum eigentlich Shakespeare?

1.1 Warum Shakespeare?

> The remarkable thing about Shakespeare is that he is really very good – in spite of all the people who say he is very good
> (Robert Graves, *The Observer 1964*)

Am Anfang jeder Beschäftigung mit Shakespeare steht das Erlebnis seiner Stücke. Gleich danach aber kommt die Frage nach dem *Warum*. Warum liest man einen 400 Jahre alten elisabethanischen Dramatiker? Warum *muss* man ihn lesen? Und wenn es schon ein

Elisabethaner sein muss, warum Shakespeare und nicht sein dunkler Gegenpart Christopher Marlowe, der Autor des *Dr. Faustus?* Oder sein Freund und Rivale Ben Jonson, der ihm bildungsmäßig überlegen war? Warum sind ausgerechnet Shakespeares Stücke trotz aller gesellschaftlichen und kulturellen Distanz nach wie vor die meistgespielten der Welt? Und nicht zuletzt… warum diese Einführung?

Natürlich hängen die Antworten auf all diese Fragen zusammen, und natürlich bemüht sich die unübersehbare Shakespeare-Forschung[8] seit Jahrhunderten um Klärung. Wesentliche Gründe für die andauernde Beliebtheit Shakespeares sind das breite Spektrum in den Werken dargestellter menschlicher Gefühle; die großartigen Geschichten; die faszinierenden Figuren; die einflussreiche Sprache. Die Deutsche Shakespeare-Gesellschaft betont neben der „außerordentliche[n] sprachliche[n] Qualität und gedankliche[n] Tiefe der Werke Shakespeares" auch die Shakespeare-Rezeption in Deutschland – „eine wechselvolle Geschichte, in der Shakespeare für die verschiedensten Interessen in Dienst genommen" und „als dritter deutscher Klassiker (neben Goethe und Schiller)" bezeichnet wird.[9]

Gleichzeitig hat jeder, der dieses Buch zur Hand nimmt, seine eigenen Gründe, sich mit Shakespeare zu befassen, sei er (oder sie) Studentin, Theaterfreund, Hobbyschauspielerin oder interessierter Laie. Dasselbe gilt für bekanntere Zeitgenossen – kaum ein Prominenter der Theater- oder Literaturszene, der sich nicht zu der Frage *Warum Shakespeare?* geäußert hätte. Für Patrick Spottiswoode, den Direktor der *Globe Education Stiftung* in London, ist Shakespeare „wie Sex – gut, darüber zu reden, aber viel besser, ihn zu haben".[10] Peter Selley, Experte für Englische Literatur im Auktionshaus Sotheby's, sieht Shakespeares Bedeutung darin, dass „Shakespeare […] einen weit größeren Einfluss auf die Entwicklung der Sprache, der Literatur, der künstlerischen Vorstellungskraft und aller darstellenden Künste (hatte) als jeder andere Autor."[11] Die Bremer Shakespeare Company schließlich wirbt für ihre erfolgreichen Inszenierungen mit Shakespeares Universalität und seiner Unvergänglichkeit:

Der Meister aus Stratford Upon Avon hat der Nachwelt so viele unsterbliche Bühnenstücke hinterlassen wie niemand vor oder nach ihm. Sein

Theateruniversum strotzt vor Opulenz, Witz, Dramatik und Weisheit, weshalb seine Werke heute so frisch sind wie am ersten Tag.[12]

Auch die Kindertheatermacherin Sylvia Rotter, die schon etliche Shakespeare-Stücke mit dem Wiener Kindertheater einstudiert hat, meint, Qualität habe „eben Bestand“: „Shakespeare lässt sich in andere Kulturkreise, andere Zeiten verlegen und die Geschichte funktioniert doch, weil es psychologisch sehr gut gemacht ist und von richtigen, ausgeformten Menschen erzählt wird.“[13] In dieselbe Kerbe schlägt Harold Bloom, der „amerikanische Marcel Reich-Ranicki“[14], dessen Bestseller *Shakespeare. Die Erfindung des Menschlichen* vor einigen Jahren in den USA einen regelrechten Shakespeare-Boom auslöste. Seine Antwort auf die Frage *Warum Shakespeare?* lautet schlicht und einfach „wer sonst?“ – wobei er sie im Weiteren unter Bezug auf die Literaturkritiker Thomas Carlyle und Samuel Johnson mit Shakespeares „überlegenem Intellekt“ sowie seiner Fähigkeit begründet, „getreu das Wesentliche der menschlichen Natur“ nachzubilden.[15]
Diese Fähigkeit hatte schon Shakespeares Kollege und Rivale Ben Jonson gerühmt. In seinem Vorwort zur ersten Gesamtausgabe von Shakespeares Werken, dem berühmten *First Folio,* zusammengestellt von seinen Schauspielerkollegen John Heminge und John Condell und posthum 1623 erschienen, schrieb Jonson:

Nature her selfe was proud of his designes, / And joy'd to weare the dressing of his lines! / Which were so richly spun, and woven so fit, / As, since, she will vouchsafe no other Wit. [...] Yet must I not give Nature all: Thy Art, / My gentle Shakespeare, must enjoy a part; / For though the Poets' matter, Nature be, / His Art doth give the fashion.	Die Natur selbst war stolz auf seine Entwürfe und erfreut, die Zier seiner Linien zu tragen, die so reich gesponnen und passend gewoben waren, wie es seitdem keinem anderen geistreichen Kopf gelang. [...] Doch ist die Natur nicht alles: Deiner Kunst, mein edler Shakespeare, gebührt Anteil am Lob; denn obwohl der Stoff des Poeten die Natur ist, gibt seine Kunst ihr die Form.[16]

Aus dem Vorwort zum First Folio stammt auch Jonsons viel zitierter, prophetischer Schluss: *„He was not of an age, but for all time!*“[17]

Ein Autor „für alle Zeiten“ – wohl wahr. Shakespeare ist nach wie vor der meistgespielte Dramatiker Europas und Nordamerikas; darüber hinaus auch der am meisten in Forschung und Lehre behandelte Autor überhaupt. Bereits im Jahre 1813 bemerkte Goethe in seinen *Schriften zur Literatur*:

> Es ist über Shakespeare schon so viel gesagt, dass es scheinen möchte, als wäre nichts mehr zu sagen übrig; und doch ist dies die Eigenschaft des Geistes, dass er den Geist ewig anregt.[18]

Das gilt nach wie vor. Verfilmungen von Shakespeare-Stücken sind nicht erst seit der Wiederentdeckung des Barden durch Hollywood in den 90er-Jahren populär, sondern lesen sich fast wie eine Geschichte des Mediums Films. Regisseure wie George Cukor, Max Reinhardt, Lawrence Olivier, Orson Welles, Joseph Mankiewicz, Akira Kurosawa, Franco Zeffirelli, Grigori Kozintsev, Peter Brook, Paul Mazursky, Jean-Luc Godard, Peter Greenaway, Oliver Parker, Kenneth Branagh, Baz Luhrman und Michael Redford haben ihre Version von Shakespeare auf Zelluloid gebannt.[19] Es gibt aber nicht nur westliche Adaptionen, sondern z.B. auch eine Maori-Version von *Der Kaufmann von Venedig,* indische Fassungen von *Macbeth* oder *Othello,* einen *Othello* aus Madagaskar sowie ghanaische, tibetische oder chinesische *Hamlet*-Interpretationen. Die Affinität des Films zu Shakespeare liegt nicht allein an der Popularität der Stücke, Figuren und Geschichten, sondern auch an einer gewissen Vergleichbarkeit des Shakespeare-Dramas mit der modernen Filmindustrie. Es ist ein verlockender Gemeinplatz, zwischen dem elisabethanischen Theater und Hollywood Vergleiche anzustellen. Wie der Film heute war das Theater *das* Unterhaltungsmedium seiner Zeit, das von allen Gesellschaftsschichten frequentiert wurde; die Londoner *Liberties* – Stadtbezirke, die wie Southwark mit dem *Globe*-Theater, den Bärenhatz-Arenen, Hinrich- tungs- und anderen Vergnügungsstätten außerhalb der Jurisdiktion des puritanisch-strengen Londons lagen – waren eine Mischung aus Rotlicht-Bezirk und *West End*; und Shakespeare war *der* Star, die „Seele des Zeitalters, das Entzücken und Wunder der Bühne“, „*the Spielberg of his day*“.[20] Darüber hinaus sind Shakespeares Stücke, die ja Gebrauchstexte für Aufführungen waren, oft filmisch geschrieben wie Drehbücher; sie warten mit lebendigen

Dialogen, häufigen Szenenwechseln und intimen Monologen auf, aber auch mit einer Wortkulisse, die es auf eine Verbildlichung im Kopf der Leser – und damit in der Phantasie der Drehbuchautoren – anlegt. Und schließlich hat Shakespeare sich genauso ungeniert seiner vielfältigen Quellen bedient, alte Geschichten neu erzählt und verändert, wie es das heutige Hollywood mit (nicht nur) seinen Stücken tut.

Dieser letzte Punkt liefert einen weiteren Anhaltspunkt für die anhaltende Beliebtheit Shakespeares: Seine Werke bilden eine 400-jährige lebendige literarisch-dramatische Tradition, über die wir Zugang zu vergangenen Formen unserer Kultur haben – genau wie Shakespeare selbst auf kulturelle Formen (und Formeln) zurückgriff, die zu seiner Zeit bereits veraltet waren. Shakespeares Stücke sind ein Kanon, eine kultureller Fundus, den man kennen muss, um mitreden zu können, vergleichbar der Bibel oder der griechisch-römischen Kultur. Seine Geschichten bilden eine moderne Mythologie (oder Mythologie der Moderne), ohne die die heutige Kulturszene nicht auskommt. Autoren wie Thomas Mann und Theodor Fontane, Herman Melville und James Joyce, Salman Rushdie und Aldous Huxley, Tad Williams und Terry Pratchett beziehen sich mehr oder weniger offen auf Shakespeare.[21]

Shakespeare-Adaptionen und Anspielungen sind allgegenwärtig nicht nur im Film (*Shakespeare in Love*; *Hamlet* „im klingonischen Original“ in *Raumschiff Enterprise)*, sondern auch im Theater (Edward Bonds *Lear*, Tom Stoppards kongenial verfilmtes *Rosencrantz and Guildenstern are Dead* oder Luc Percevals *Schlachten*), im Musical (*Westside Story, Kiss me Kate; Hair* oder *Return to the Forbidden Planet)* und Ballett (George Balanchines *A Midsummer Night's Dream*, John Neumeiers *Othello* und *Hamlet*, Prokofjews *Romeo und Julia*) – von der Bildenden Kunst und Malerei bzw. der Musik ganz zu schweigen.[22] „Es gibt wohl kaum einen Schriftsteller, dessen Werke so oft in Musik gesetzt wurden wie die Shakespeares. Seine Dramen inspirierten Tonsetzer nahezu aller Länder, Zeiten und Stilrichtungen“ hieß es etwa im Programmheft des Rheingau Musikfestivals, bei dem im Juni 2006 *Shakespeares Königsdramen in der Musik* Thema waren. Mehr als 300 Opern basieren auf Shakespeares Stücken (z.B. Verdis *Falstaff* und *Othello)*; fast alle großen Komponisten haben seinen Werken Sinfonien gewidmet; die Musiker des *New Globe* gehen mit einem elisabethanischen

Musikprogramm auf Tour; und auf einer CD mit dem (doppeldeutigen) Titel *Beat Shakespeare* kann man Shakespeares Sonette unterlegt mit coolem Clubsound konsumieren: „*If music be the food of love, play on…* “ („Wenn denn Musik für Liebe Nahrung ist, spielt auf...“, *Was Ihr Wollt,* I.1.1).

Aber auch Nicht-Intellektuelle kennen Shakespeare, ob sie es wissen oder nicht. Zitate wie „Ein Pferd, ein Königreich für ein Pferd“, „Sein oder Nichtsein“ oder „Das Leben ist eine Bühne“ sind, wie Goethes „Pudels Kern“, Allgemeingut geworden[23] – selbst Arnold Schwarzenegger erntet Gelächter, wenn er im Actionfilm *Last Action Hero* den Degen durch ein Maschinengewehr ersetzt und auf die Frage „Sein oder nicht sein?“ antwortet: „nicht sein!“. Figuren wie Hamlet, Othello, König Lear oder Richard III. haben längst ein Eigenleben außerhalb ihrer Stücke und – im Falle von historischen Figuren – auch gegenüber der Vorlage entwikkelt, sind zu archetypischen Symbolen und psychoanalytisch untersucht worden.[24] Ihr Bekanntheitsgrad übertrifft oft denjenigen zeitgenössischer Prominenter und wird sogar als Folie für die Aufarbeitung politischer Skandale benutzt. So schrieb und inszenierte der Hamburger Anglistik-Professor Dietrich Schwanitz 1988 eine viel beachtete Satire auf die Barschel-Affäre unter dem Titel *MacBarsh*.[25] Für Schwanitz, den Systemtheoretiker und wortgewaltigen Populisten, war Shakespeare nicht nur irgendein Klassiker, sondern der bedeutendste Autor der englischen Literatur- und Theatergeschichte überhaupt, „das größte Licht der Menschheit“ und „derjenige, der nächst Gott von der Welt am meisten geschaffen hat“ – eine Einschätzung, die Schwanitz veranlasste, in seinem Bestseller *Bildung* ein augenzwinkerndes Glaubensbekenntnis abzulegen, das gleichzeitig als Kurzbiografie daherkommt:

William Shakespeare (1564-1616), geboren am Tage des Heiligen Georg, des Schutzpatrons Englands, dem 23. April 1564, zu Stratford-upon-Avon, verheiratet mit der acht Jahre älteren Anne Hathaway aus Stratford, verschwunden und in London wieder aufgetaucht, von Kollegen als Hansdampf-in-allen-Gassen beschimpft, Schauspieler, Teilhaber und Stückeschreiber [...], gestorben an seinem Geburtstag, dem 23. April 1616, dem Tag der Vollendung, in der Pfarrkirche zu Stratford begraben, während er selbst ewig weiterlebt in seinen unsterblichen Werken. Amen.[26]

Shakespeares Geheimnis sieht Schwanitz zum einen – wie Sylvia Rotter und Harold Bloom – in der Lebendigkeit der Figuren, die sich bis heute „auf allen Bühnen der Welt herumtreiben", zum anderen in der schieren Sprachgewalt, der „sprachlichen Kernfusion", die Energien freisetzt, „die wie reiner Sinn strahlen".[27]
Ein Beispiel: Wenn Hamlet dem „armen Geist" seines Vaters versichert, er werde sich an ihn erinnern, *„while memory holds a seat in this distracted globe"* („solange die Erinnerung einen Sitz in diesem zerrütteten Globus hat", I.5.96), dann ist das nicht nur eine poetische Umschreibung seines Zustands. Hamlet meint mit *Globe* nämlich nicht allein seinen Kopf, sondern zugleich das Theater und die Welt überhaupt. Das *Globe*-Theater mit seinem Motto *Totus mundus agit histrionem* ist die bauliche Repräsentation der Welt, des neuen Globus, und der Mensch ist ein Schauspieler, frei, das zu sein, was er scheint, und zwar im Guten wie im Bösen. Hamlet selbst thematisiert diese Zusammenhänge im Stück: Für ihn ist die Bühne der Wanderschauspieler das Leben; nur hier sieht man ihn frei und unbefangen agieren. Das Leben am Hof von Elsinor hingegen ist eine Bühne, auf der er verrückt spielt. Mit diesem Spiel von Sein und Schein – *das* Thema in Shakespeares Stücken überhaupt – verweist die *Globe*-Metapher auf die Modernität des Shakespeare-Theaters: Es ist modern, weil es jenseits der historischen Stoffe, jenseits der traditionellen Genres, jenseits der weltanschaulichen Probleme die menschliche Psyche zum Thema hat. Hamlet ist zugleich elisabethanische Rachetragödie und die Studie eines skeptischen, zeitgenössischen Geistes, der unter der existentiellen Verunsicherung des modernen Menschen leidet. Das alles fasst Shakespeare *in nuce* in der *Globe*-Metapher zusammen, die vom zeitgenössischen Publikum sicher auch in ihrer komplexen Vielfalt verstanden wurde.

1.2 Shakespeare heute

Nor sequent centuries could hit / Orbit and sum of Shakespeare's wit.
(Ralph Waldo Emerson, *May-Day and Other Pieces*)

Die *Globe*-Metapher macht allerdings auch die beiden Hürden deutlich, die der heutige Leser zu nehmen hat, bevor er sich ganz dem Shakespeare-Genuss hingeben kann. Da ist zum einen der zeitgenössische Kontext, zum anderen die Sprache, oder vielmehr die Übersetzung. Shakespeare war ein Sprachgenie, dessen Verdienst es war, wie T.S. Eliot feststellte, der Nachwelt die Muttersprache höher entwickelt, verfeinerter und genauer zu hinterlassen, als sie zu dem Zeitpunkt war, als er zu schreiben begann.[28] In den Stücken ist die Verwendung von ca. 29.000 Wörtern dokumentiert – sechsmal mehr, als sich im durchschnittlichen Wortschatz eines gebildeten Engländers finden.[29] Viele davon sind Neologismen, unbekümmerte Wort-Neuschöpfungen, die in die Alltagssprache übergegangen sind – darunter so bekannte Worte wie *barefaced, nerve, countless, tongue-tied, critical, obscene, submerged, fretful, hurry and lonely.*[30] Auch heute gebräuchliche Namen wie Jessica, Ophelia, Olivia, Miranda oder Viola hat Shakespeare erfunden. Darüber hinaus mischte Shakespeare in seinen Stücken munter Stilebenen und Genres. Der renommierte Übersetzer Frank Günther, der 2016 seine theatertaugliche Gesamtübersetzung aller 38 Shakespeare-Dramen beendet[31], lobte anlässlich einer Lesung „die Vielzahl der Sprachen, in denen er sein Personal reden lässt“:

> Da gibt's in der Tat preziöses, hochsprachliches Hofgefloskel; und: Gassen- und Gossensprache, Jargon, Umgangssprache, derben Idiolekt und Soziolekt, Kalauer und Geblödel neben rhetorischen Koloraturarien – eine breite Palette. Shakespeare war ein bewusster Sprachkünstler, ein James Joyce des 16. Jahrhunderts![32]

Gerade diese stilistische Heterogenität aber macht es Lesern wie Übersetzern nicht leicht. Die Shakespearesche Sprache ist in ihrer Vielfalt und Reichhaltigkeit überwältigend, besonders im Original – die Stücke sind randvoll mit komischen, derb-realistischen oder hoch poetischen Passagen, bildgewaltigen Wortgemälden, Anspielungen und Wortspielen, Wortkulissen und impliziten Bühnenanweisungen. Zudem unterscheiden sich die Aussprache und daher auch die Reime des frühen Neuenglisch vom heutigen Englisch. Reimpaare waren seinerzeit z.B. *remedies/lies, lie/enmitie* und *dye/eternally,* aber auch *sweat/heat, read/dead, bear/appear* und *clear/where* sowie *have/grave, last/taste* oder *dumb/tomb, hour/whore, word/afford* bzw. *reason/raisin.* Shakespeare benutzt Reime für

Lieder und beendet Szenen mit einem Reim oder *Couplet*; außerdem lässt er Liebende oder übernatürliche Wesen oft in Reimen sprechen.

In der lyrischen Tragödie *Romeo und Julia* beispielsweise, deren Figurenensemble und erste zwei Akte eher dem Schema einer Komödie als einer Tragödie entsprechen, stößt man allenthalben auf die Form des Sonetts, die um 1597 gerade en vogue war.[33] Nicht nur der Prolog mit der bekannten Formulierung der *star-crossed lovers* (der „vom Unstern getroffenen Liebenden“) ist als Sonett geschrieben, sondern auch die berühmte Liebesszene im ersten Akt, in der Romeo sich – wie der Sonett-Dichter Petrarca – als Pilger der Liebe auf dem Weg zu seiner „angebeteten“ Jungfrau Julia stilisiert:[34]

ROMEO: If I profane with my unworthiest hand / This holy shrine, the gentle fine is this: / My lips, two blushing pilgrims, ready stand / To smooth that rough touch with a tender kiss.	ROMEO: Entweihe ich mit unwürdigster Hand / Sie Heiligenbild, muss ich die Buße schildern: / Lippen, schamrot wie Büßer, sind imstand, / Den rauen Griff mit zartem Kuss zu mildern.
JULIET: Good pilgrim, you do wrong your hand too much, / Which mannerly devotion shows in this; / For saints have hands that pilgrims' hands do touch, / And palm to palm is holy palmers' kiss.	JULIA: Die Buße, Büßer, bleibt der Hand erlassen, / Die Anstand mit der Andacht schön verband. / Denn Büßerhand darf Heilgenhände fassen, / Beim Büßerkuss küsst nur die Hand die Hand.
ROMEO: Have not saints lips, and holy palmers too?	ROMEO: Hat nur der Büßer Lippen, Heilge nicht?
JULIET: Ay, pilgrim, lips that they must use in prayer.	JULIA: Doch Büßer, Lippen zum Gebetesprechen.
ROMEO: O, then, dear saint, let lips do what hands do; / They pray, grant thou, lest faith turn to despair.	ROMEO: Lass Lippen tun, was schon die Hand verspricht! / Nimm ihr Gebet, sonst muss ihr Glaube brechen.
JULIET: Saints do not move, though grant for prayers' sake.	JULIA: Das Bild erhört, doch darf's sich nicht bewegen.
ROMEO: Then move not, while my prayer's effect I take. (I.5.93)	ROMEO: Beweg dich nicht, ich hol mir selbst den Segen.

Daneben gibt es in *Romeo und Julia* etliche Passagen, die mit dem Bild des aufleuchtenden und vergehenden Lichts spielen, das die Beziehung der Protagonisten kennzeichnet. In II.2.2. beispielsweise vergleicht Romeo Julias Erscheinen mit der Morgenröte und sie selbst mit der Sonne; seine Aufforderung, den „neidischen Mond" zu töten – ein Symbol der Keuschheit, aber auch der Veränderung –, heißt im Klartext, Julia möge ihre Jungfräulichkeit aufgeben:

But, soft, what light through yonder window breaks? It is the east, and Juliet is the sun! Arise, fair sun, and kill the envious moon [...] (II.2.2)	Doch still! Was für ein Licht fällt dort durchs Fenster? Der Osten ist's, und Julia ist die Sonne! Strahl, schöne Sonne, schlag Frau Luna tot [...]

Hier wird die lyrische Sprache in den Dienst des thematischen Kontrasts zwischen der „reinen Liebe" der Jugendlichen und der Liebe als rein sexuellem, anzüglichen Aspekt gestellt – ein Kontrast, der sich wiederum vor dem Hintergrund der andauernden, das Staatswesen gefährdenden Familienfehde abspielt: Kurz zuvor hat Julia erstmals ihren Romeo erblickt, ein Mitglied der verfeindeten Familie der Montagues, der auf ein Schäferstündchen mit der hübschen Rosaline aus ist, diese aber beim Anblick Julias sofort vergisst. In ihrem Monolog kommt Julia schnell zu dem Schluss, dass Romeos Name (der aus dem Italienischen abgeleitet „Pilger" bedeutet) eigentlich gar nichts mit seinem Charakter zu tun hat. Ihre (oder besser, Shakespeares) Worte haben Jahrhunderte später Gertrude Stein zu der berühmten Phrase *„a rose is a rose is a rose"* inspiriert:

'Tis but thy name that is my enemy: / Thou art thyself, though, not a Montague. / What's Montague? It is nor hand, nor foot, / Nor arm, nor face, nor any other part / Belonging to a man. O be some other name. / What's in a name? That which we call a rose / By any other word would smell as sweet. (*Romeo and Juliet,* II.2.38)	Dein Name, nur dein Name ist mein Feind: / Du bleibst Du selbst, auch ohne Montagu. / Was ist schon Montagu? Nicht Hand noch Fuß / Noch Arm noch Kopf noch irgend sonst ein Teil, / Das einen Menschen macht. Tausch deinen Namen! / Was sagt ein Name? Das, was Rose heißt, / Würd gleichsüß unter anderm Namen duften.

Das „Teil“ ist hier übrigens eindeutig zweideutig gemeint – was in der entschärften Schlegelschen Fassung untergeht. Frank Günthers Übersetzung ist in Sachen sexueller Anspielungen expliziter: Eine Szene zuvor haben zwei Freunde beobachtet, wie Romeo sich in den Garten der Capulets schleicht, vermeintlich zu Rosaline. Mercutio will ihn „hervorzaubern“ und verspottet Romeo mit den Worten *“Romeo! humours! madman! passion! lover!”* („Schmachtlappen! Spinner! Schmusebold!“); Benvolio warnt, das könne Romeo verärgern. Darauf Mercutio:

This cannot anger him: ’twould anger him / To raise a spirit in his mistress’ circle / Of some strange nature, letting it there stand / Till she had laid it and conjur’d it down: / That were some spite. My invocation / Is fair and honest; in his mistress’ name / I conjure only but to raise up him. (*Romeo and Juliet,* II.1.23).

Das kann er nicht verübeln. Übel wär, / Wenn ich in seiner Liebsten Zaubertopf / Solang mein eignes Zauberstäbchen steck, / Bis sie es schlaff und schlapp und schrumplig hext. / Das wär ganz übel. Doch mein Zauberspruch / Ist keusch und rein. Im Namen seiner Süßen /Hex ich doch nur, dass er sich endlich stellt.

Um diese Anspielungen im Original zu verstehen, muss man wissen, dass die abergläubischen Elisabethaner glaubten, ein Zauberer könne in einem magischen Zirkel einen Geist oder *spirit* erstehen lassen; gleichzeitig war *spirit* aber auch ein Slang-Ausdruck für den Penis bzw. die männliche Zeugungskraft. Entsprechend doppeldeutig sind die Begriffe *circle* (der weibliche „Kreis“), *stand* („steht“) und *laid* („legen“, „flachlegen“). Wenn Mercutio von einem *„Spirit [...] of some strange nature“* spricht, so will er sagen, Romeo würde sich vor allem ärgern, wenn ein anderer vor ihm Sex mit Rosaline hätte.

Die zitierten Passagen illustrieren die Notwendigkeit, Shakespeares Stücke in einer kommentierten Ausgabe zu lesen. Wortspiele und Doppeldeutigkeiten – besonders sexuelle wie *prick, sting, lap,* oder *rose* – sind Legion und werden am deutlichsten beim Laut-Lesen. Ein paar Beispiele:

- *angel* ist eine „Goldmünze (10 Schillinge)“ bzw. ein „Engel“
- *sun/son* kann „Sonne“ bzw. „Sohn“ bedeuten

- *(un)kind/ness* „artgemäß, naturgemäß" bzw. „Zuneigung"
- *Kate/kite* Abkürzung für Katherine bzw. „Raubvogel"
- *grave* „ernsthaft" bzw. „Grab"
- *lie* „Lüge" bzw. „liegen"
- *tale/tail* „Geschichte" bzw. „Schwanz"

Der schnelle Witz der Elisabethaner sowie ihre Eigenart, in Bildern und (oft mythologischen und/oder sexuell konnotierten) Anspielungen zu denken und zu sprechen, erschwert dem heutigen Leser das Verständnis ebenso wie der weitgehend verloren gegangene historisch-kulturelle Bezugsrahmen. Letzterer stützte sich nicht nur auf die Kenntnis der antiken Literatur, sondern auch auf eine umfassende rhetorische Bildung, die vor allem in den vielen ausgefeilten Reden in den Stücken zum Tragen kommt – z.B. in *Julius Cäsar* oder *Heinrich V.* Insgesamt ist die elisabethanische Sprachkultur unserer Zeit der visuellen Medien und Kurztexte fremd geworden. So poetisch sie ist, Shakespeares Sprache ist gewöhnungsbedürftig, das Produkt eines weniger optisch-literarischen als vielmehr rhetorisch-auditiven Zeitalters und somit für den heutigen Leser streckenweise schwierig.

Dies gilt übrigens auch für englische Leser, auf die das blumige elisabethanische Englisch eher veraltet als poetisch dicht wirkt, vergleichbar der Wirkung klassischer deutscher Übersetzungen von Wieland oder Schlegel/Tieck. Dazu kommen grammatische Veränderungen der Sprache – so kennt das moderne Englisch, anders als das elisabethanische, weder eine Flexion der Verben noch die Unterscheidung der Personalpronomina *thou, thee, ye* und *you. Ye* und *You* sind eigentlich Pluralformen der 2. Person, die als Höflichkeitsformen für das Subjekt bzw. Objekt gebraucht wurden, so wie im Deutschen die altertümlichen Formen *Ihr* und *Euch.* Die Singularform *thou* dagegen bezeichnete das informelle Duzen, das nicht nur Freunden, sondern auch Dienern gegenüber angebracht war – bis es seinerseits zur Höflichkeitsform mutierte, die im Kirchenenglisch als Anrede Gottes bis heute gebräuchlich ist. Die Deklination dieses Pronomens – *thou, thee, thyself, thy, thine* – hat keine Entsprechung mehr im modernen Englisch – wohl aber im Deutschen *(du, dich, dein, dir).*[35] Vor diesem Hintergrund sollte man sich von der Sprache im Original nicht abschrecken lassen, sondern am besten zu einer gut kommentierten zweisprachigen Ausgabe greifen.[36] Wer sich dagegen mit der geglätteten Fassung des „deutschen Shakespeares" von Schlegel, Tieck und Graf Baudissin zufrieden gibt, wird kaum je ein Gefühl für die Sprachvielfalt, die unkonventionelle Frechheit und vor allem den Sprachwitz Shakespeares entwickeln.

Die zweite Hürde, die ein Buch wie das vorliegende notwendig macht, ist die anfangs erwähnte zeitliche und kulturelle Distanz. Der Zugang zu Shakespeare ist selbst jenseits der Sprachbarriere nicht leicht, da es auch in der kritischen Literatur oft keine eindeutigen Erklärungen oder Interpretationen der Stücke gibt. Nicht nur, dass die Shakespeare-Rezeptionsgeschichte (wie die Literaturkritik überhaupt) von den verschiedensten Modeströmungen geprägt ist;[37] die sprichwörtliche Universalität Shakespeares, die Tatsache, dass seine Stücke in der Regel mehr Fragen aufwerfen, als sie beantworten, erlaubt und ermöglicht häufig eine Vielzahl von Interpretationen. *Hamlet* beispielsweise ist als Dekonstruktion einer Rachetragödie und als Tragödie eines Zögernden gelesen worden, als Drama des modernen Subjekts und als Politthriller, als Porträt eines elisabethanischen Melancholikers und als Allegorie Deutschlands.[38] *Romeo und Julia* lässt sich zwar als Kammerspiel oder Musical um die ewigen Gefühle von Liebe und Hass modern inszenieren, begreifen lässt sich das Stück insgesamt aber erst vor dem neuen Menschenbild der Renaissance, vor dem Gegensatz von altem Feudalismus und neuem Humanismus – oder vielleicht doch eher vor dem Gegensatz zwischen Shakespeares Theatertruppe und den konkurrierenden *Admiral's Men*, die in ihren Stücken ein eher traditionelles Frauen- und Ehebild auf die Bühne brachten, während Shakespeares Dramen (vermutlich zur Freude der zahlreich anwesenden Frauen, Lehrlinge und Studenten) die zu jener Zeit heftig umstrittene Liebesheirat propagierten?

Beide Interpretationen sind stichhaltig; entscheidend ist aber die Tatsache, dass beide sich auf den zeitgenössischen Kontext stützen, der in allen Dramen Shakespeares eng mit den Fährnissen der Figuren verwoben ist. So thematisieren die großen Historienzyklen nicht nur den Untergang der titelgebenden Monarchen, sondern auch denjenigen des englischen Feudaladels; so entlarvt *Verlorene Liebesmüh* einerseits die Diskrepanz von höfischer und ‚wahrer' Liebe und macht andererseits über die Figur des Don Antonio „de Armado" spanische Invasionsgelüste lächerlich; so geht es im *Kaufmann von Venedig* um den Aufstieg der geldorientierten bürgerlichen Mittelschicht, aber auch um die zutiefst menschlichen Rachegefühle eines Unterdrückten. Shylocks viel zitierte Zeilen –

– if you prick us do we not bleed? if you tickle us do we not laugh? if you poison us do we not die? and if you wrong us shall we not revenge? (*Merchant of Venice,* III.1.56)	– wenn ihr uns stecht, bluten wir nicht? Wenn ihr uns kitzelt, lachen wir nicht? Wenn ihr uns vergiftet, sterben wir nicht? Und wenn ihr uns Unrecht tut, soll'n wir uns dann nicht rächen?

– stehen dabei scheinbar im Kontrast zu der heute als unwürdig empfundenen finalen Zwangstaufe; beides muss aber vor dem Hintergrund der allgemeinen antijüdischen Stimmung nach der grausamen Hinrichtung des (schuldlosen) jüdischen Leibarztes Königin Elisabeths gesehen werden, eines Doktor Lopez, der der pro-spanischen Verschwörung angeklagt war. Shakespeare schrieb sein Stück mit dem (für damalige Verhältnisse) Happy End wahrscheinlich 1594, im selben Jahr, in dem Lopez gefoltert und gehängt wurde, und zwar als Antwort auf Christopher Marlowes früheres Gruseldrama *Der Jude von Malta*, das nach der Hinrichtung wieder aus der Schublade geholt worden war.

Diese Beispiele machen deutlich, dass Shakespeares Werk im Kontext seiner Zeit gelesen werden muss, wenn man es verstehen will. Es entstand im 16. Jahrhundert, einer Zeit des Umbruchs und des Übergangs zwischen Mittelalter und Neuzeit, und in ihm finden sich, um noch einmal Schwanitz zu zitieren, „alle Spannungen, die die Geburt einer neuen Welt freisetzt".[39] Aus diesem Grund gibt es bei Shakespeare eine Fülle erstaunlich moderner oder vielmehr zeitloser Erkenntnisse, die allerdings mitunter verkleidet im prachtvollen Gewand seiner Epoche daherkommen. Das Weltbild der Elisabethaner, ihre Gesellschaftsordnung, ihre Vorstellung von der Psychologie und Physiologie des Menschen, um nur einige Aspekte zu nennen, waren grundverschieden von unserer modernen, säkularisierten, romantisch und naturwissenschaftlich geprägten Weltanschauung. Ist man sich dieser Unterschiede nicht bewusst, so läuft man Gefahr, am Text vorbeizuinterpretieren; im besten Fall bleibt es bei einem oberflächlichen

Verständnis. Um die reichhaltigen Anspielungen und Vergleiche nachvollziehen, die Motivationen der Figuren begreifen und vor allem die Stücke *im Lesefluss* einigermaßen verstehen zu können, ist es wiederum am besten, eine gut kommentierte, mit einer fundierten Einführung zum jeweiligen Stück versehene zweisprachige Ausgabe zur Hand zu nehmen. Zugleich ist aber ein gewisses Vorwissen über Politik und Religion, Wissenschaft und Kultur der Zeit unabdingbar. Die folgenden Kapitel sollen dem Leser dieses Vorwissen vermitteln.

2 Das elisabethanische „goldene“ Zeitalter

–Local colour. Work in all you know. Make them accomplices
(James Joyce, *Ulysses*)

Kaum eine historische Epoche war je so zerrissen und gespalten wie die beginnende Neuzeit – und kaum jemand hat diese Widersprüchlichkeit so umfassend ausgedrückt wie Shakespeare. In der englischen Renaissance, dem kurzen Zeitraum zwischen dem Beginn des 16. und der Mitte des 17. Jahrhunderts, änderten sich die Vorstellungen von der Welt und dem Menschen, von Himmel und Hölle, der Erde und den Sternen radikal. Neue Horizonte öffneten sich: Horizonte des Wissens und der Geographie, der Geschichte, Medizin und der Psychologie. Der Humanismus definierte das Bild des Menschen vor dem Hintergrund der wieder entdeckten Antike neu und propagierte erstmals das Ideal einer allgemeinen Erziehung; die Reformation erfand die Gewissensfreiheit (auch wenn sie diese nicht politisch verwirklichte), und die Wissenschaft schickte sich an, die Welt zu revolutionieren, indem sie diese geographisch und astronomisch neu beschrieb. Im Jahrhundert nach der zufälligen Entdeckung Amerikas im Jahre 1492 publizierten Kopernikus, Galileo und Kepler ihre beunruhigenden Thesen über das Universum, gründeten abenteuerlustige Entdecker Handelsposten in Afrika und Südamerika, schrieben Gelehrte wie Erasmus von Rotterdam, Thomas Morus oder in Wittenberg Philipp Melanchthon. Alle zusammen räumten mit Vorurteilen, traditionellen Überzeugungen und mittelalterlichen Konzepten auf, die im täglichen Leben und Glauben der Menschen jedoch nach wie vor tief verwurzelt waren – so z. B. die Vorstellung einer Analogie von Körper und Geist, wie sie beim buckligen Schurken Richard III. deutlich wird, oder die Humoral- bzw. „Viersäftelehre“, die zu Shakespeares Zeit die Medizin ebenso wie die Bildsprache dominierte. Krankheiten oder Verhaltensweisen wurden dabei auf das Vorhandensein in mehr oder minder ausgeglichenem Maß von vier Körpersäften zurückgeführt – Blut, Schleim, schwarze Galle und gelbe Galle. Noch heute kennen wir die damit assoziierten Charaktertypen als Sanguiniker (assoziiert mit dem Element Luft), Phlegmatiker (Wasser), Melancholiker (Erde) und Choleriker (Feuer).

Insgesamt verstärkten und konkretisierten sich zu Shakespeares Lebzeiten die zukunftsweisenden Strömungen des Nationalismus, des Protestantismus und der wissenschaftlichen Aufklärung, des Parlamentarismus, der Geldwirtschaft sowie des radikalen Puritanismus. Das ist die eine, die moderne Seite des elisabethanischen Zeitalters. Doch trotz aller Neuerungen in Politik, Wissenschaft und Gesellschaft waren die alten Mächte nach wie vor unheimlich präsent: das mittelalterliche, hierarchische Weltbild; die klassizistischen Vorgaben der wiederentdeckten Antike; das absolutistische Herrschertum von Gottes Gnaden; und allen voran die katholische Kirche mit ihrem militanten Allmachtsanspruch. Aus diesem Grund waren die wissenschaftlichen, religiösen und weltanschaulichen Veränderungen für die Menschen in Shakespeares Zeit mit einem tief greifenden Gefühl der Spaltung und der Verunsicherung verbunden. Die Erkenntnisse der Renaissance und diejenigen der Wissenschaftler, Astronomen und Entdecker erschütterten das traditionelle Weltbild einer göttlich gegebenen, harmonischen Ordnung im Großen wie im Kleinen zutiefst und drängten zumindest die gebildeten Zeitgenossen – diejenigen zwei Prozent der Bevölkerung, die sich *gentlemen* nennen durften – zum Umdenken und Abschiednehmen von liebgewordenen Ideen über das Wesen der Welt und des Menschen. Indem sich eine neue Vorstellung vom Himmel, von der Erde und der Natur des Menschen entwickelte, ging gleichzeitig die Gewissheit einer Sinn gebenden, überirdischen Wirklichkeit verloren. Ein Gefühl der inneren Zerrissenheit prägte die Epoche und zwang die Menschen der frühen Neuzeit zu einer Gratwanderung zwischen Tradition und Moderne, zwischen altem und neuem Glauben, zwischen Angst, Verunsicherung und Aufbruch.

2.1 Der Konflikt zwischen England und Spanien

Unter Elisabeth I. geriet England als protestantische, kirchenpolitisch autonome Nation, die dank der Einziehung und Umverteilung der katholischen Kirchenschätze unter Heinrich VIII. über einen größtenteils königstreuen protestantischen Adel verfügte, in Dauer-Gegnerschaft zum katholischen Europa, zum Papst und zum mächtigen spanischen König Philipp II.. Mit der Thronbesteigung Philips im Jahr 1556 begann ein knappes halbes Jahrhundert der politischen, wirtschaftlichen und religiösen Spannungen zwischen England und Spanien, die das öffentliche Leben in London zeitweise dominierten. Der Zwist zwischen der katholischen Großmacht Spanien und dem elisabethanischen England als Vorreiter der protestantischen Staaten dauerte bis zu Philips Tod 1598 – erst 1604, im Jahr nach Elisabeths Tod, schloss ihr Nachfolger Jakob I offiziell Frieden mit dem Erzfeind Spanien.

Vor allem zwei Faktoren hatten im 16. Jahrhundert Englands nationales Selbstverständnis sowie seine politische und wirtschaftliche Rolle in Europa verändert: die Reformation und die Entdeckung (und Ausbeutung) Amerikas. Beide sind undenkbar ohne die technische Revolution. 1620 definierte Francis Bacon in seinem *Novum Organum* die Erfindungen des Kompasses (13. Jahrhundert), des Schießpulvers (1249) und der Druckerpresse (1440) als Motoren der Moderne, da diese die Schifffahrt, das Kriegswesen und das Schrifttum grundlegend verändert hatten.[40] Besonders weit reichende Folgen hatte der Buchdruck, der nicht nur „ein neuartiges kulturelles Gedächtnis, das Entstehen nationaler Sprachen und moderner sozialer Systeme in Rechtsprechung, Politik, Handel und Öffentlichkeit"[41] förderte, sondern auch die Voraussetzung für den Erfolg der Reformation war. In den 60er Jahren des 16. Jahrhunderts erschienen in kurzer Folge zwei Bibelübersetzungen, die den Engländern das heilige Wort in ihrer Muttersprache vermittelten: die populäre *Geneva Bible* sowie die von der anglikanischen Staatskirche autorisierte *Bishop's Bible.*[42] Linguisten haben nachgewiesen, dass Shakespeare beide kannte, dass er aber meist aus der *Geneva Bible* zitiert hat (überhaupt ist die Bibel dasjenige Buch, auf das Shakespeare am häufigsten Bezug nimmt).

Die technischen Neuerungen des Kompass und des Schießpulvers wiederum hatten die Entdeckung und brutale Eroberung Amerikas zur Folge, die wiederum gewaltige Auswirkungen auf den Handel und die Weltwirtschaft hatte. In Shakespeares Zeit dominierte Spaniens Silberflotte die Weltmeere, doch war England mit seiner moderneren Marine und legendären Freibeutern wie Drake, Hawkins oder Frobisher zunehmend in der Lage, den Konquistadoren Beute und Rang abzulaufen. Mit ihren Kaperschiffen sicherte sich die aufstrebende Seemacht England bereits im elisabethanischen Zeitalter ihren Anteil am lukrativen Überseehandel mit Sklaven, Silber, Zuckerrohr und Baumwolle[43] – wobei die Einfuhr von Silber aus Südamerika eine rasante Inflation zur Folge hatte. Spanien reagierte verständlicherweise erbost auf die Übergriffe auf hoher See, und so zog sich der Streit zwischen den beiden Nationen in gegenseitigen Sticheleien, Piraterien und Überfällen über 42 Jahre hin. Er gipfelte in der Niederschlagung der spanischen Armada im Jahre 1588, war damit aber keineswegs beigelegt.

Eine beispielhafte Figur der Zeit ist Sir Francis Drake (1540-1596), der notorische englische Seeheld und Freibeuter, der für seine (offiziell nie anerkannten) Raubzüge in Südamerika von der Königin zum Ritter geschlagen wurde. Das war 1580, und Drake hatte gerade Schätze in Höhe des doppelten Jahreseinkommens der englischen Krone von den Spaniern erbeutet. Drake war zeitgenössischen Berichten zufolge ein höflicher und für seine Zeit fairer und anständiger Gegner, der aber einen Privatkrieg mit Spanien führte und der spanischen Silberflotte in vielen Unternehmungen große Verluste zufügte. Sogar die Bank von Sevilla ging in Folge einer seiner Kaperfahrten Bankrott. 1577-80 umsegelte er als erster Engländer die Welt – einen Nachbau seines Schiffes, der *Golden Hind,* kann man heute in London am St. Mary Overie Dock besichtigen –, wurde Bürgermeister von Plymouth, wo er eine Wasserleitung bauen ließ, war 1588 Vizeadmiral bei der Vernichtung der spanischen Armada, saß im englischen Parlament und kam schließlich bei einem Raubzug in Westindien ums Leben – ein vielseitig begabter Mann mit einem abenteuerlichen Lebenslauf. Selbst der Papst musste seinen Wert anerkennen:

> Der König spielt mit seiner Armada herum, doch die Königin handelt in Ernsthaftigkeit. Wäre sie nur katholisch ... sie wäre unsere meistgeliebte, denn sie ist von großem Wert! Seht nur diesen Drake: Wer ist er? Was für Kräfte hat er? Und dennoch hat er vor Gibraltar 25 von des Königs Schiffen verbrannt, und noch einmal so viele in Lissabon! Er hat die Flotte beraubt, und Santo Domingo eingenommen. Sein Ruf ist so groß, dass seine Landsleute zu ihm strömen, um an seiner Beute teilzuhaben ... Es tut uns leid, dies sagen zu müssen, aber wir haben keine hohe Meinung von dieser Spanischen Armada und befürchten ein Unglück![44]

Ob Shakespeare Drake gekannt hat, ist unbekannt; die Vermutung, er sei ein Mitglied von Drakes Crew auf der Weltreise gewesen, reine Spekulation. Dennoch war der Seeheld Drake viel zu berühmt, als dass das zeitgenössische Theater nicht Bezug auf ihn genommen hätte. „Ethel die Piratenprinzessin" – der fiktive Titel des Stückes, an dem der junge *Shakespeare in Love* in dem gleichnamigen Film laboriert, ist ein bezeichnend augenzwinkernder Hinweis dafür, wie populär derartige Stoffe waren. Auch in Shakespeares Werk gibt es Piraten: In *Antonius und Kleopatra* sind sie der Grund für die Trennung der Liebenden; in *2 Heinrich VI.* enthaupten Piraten einen Verschwörer, während in *Maß für Maß* ein Pirat geköpft wird; in *Hamlet* verhelfen sie dem Helden zur Rückkehr nach England; in *Was Ihr Wollt* ist der charismatische Freund Sebastians, Antonio, ein ehemaliger Pirat; und noch im *Perikles* wird die Heldin von Piraten zuerst gerettet und dann in ein Bordell verkauft.

Elisabeth bot Spanien aber nicht nur die Stirn, indem sie die Freibeuter unterstützte – sie förderte auch von Anfang an den Aufstand der protestantischen Niederlande gegen das katholische Spanien. Allerdings tat sie dies zunächst vorsichtig und vermied offizielle Kriegserklärungen. Von diesem Bürgerkrieg profitierte England in wirtschaftlicher Hinsicht immens, da sich aufgrund der Kampfhandlungen nach 1568 das Zentrum des europäischen Handels von Antwerpen nach London verlagerte. 1509 war die erste Börse in Brügge gegründet worden; 1570, Shakespeare war sechs, eröffnete der *Royal Exchange* in London. Niederländische Handwerker, Kaufleute und Gelehrte flohen vor den heranrükkenden katholischen Truppen nach England und trugen zum wirtschaftlichen Aufschwung bei. Auch aus wirtschaftlicher und politischer Gegnerschaft zu Spanien wurde die Reformation in England daher immer mehr zur nationalen Angelegenheit: Als die Königin 1585 schließlich offen Truppen in die Niederlande entsandte und das Kommando ihrem Jugendfreund Robert Dudley, dem Grafen von Leicester anvertraute, jubelte das Volk.

Ein weiterer Aspekt der dauerhaften Feindschaft zwischen England und Spanien war nämlich Philips Anspruch auf den englischen Thron. Zu Beginn seiner Regierungszeit hatte dieser gehofft, durch eine dynastische Hochzeit England dem spanischen Imperium zugesellen zu können. Bereits als Thronfolger hatte er zu diesem Zweck 1554 die damalige englische Königin Maria I., Elisabeths katholische Halbschwester geehelicht. Nachdem diese vier Jahre später starb, ohne einen Erben in die Welt zu setzen, sah Philip sich als rechtmäßigen Herrscher Englands, was bei den unabhängigen Inselbewohnern auf wenig Gegenliebe stieß. Sicherheitshalber umwarb Philip daher auch die protestantische Elisabeth. Die aber wies ihn ab – angeblich mit den herben Worten „meine Schwester hat durch die Heirat mit Euch die Gunst ihres Volkes verspielt – glaubt ihr, ich werde denselben Fehler machen?"

Elisabeth konnte es sich leisten, so zu antworten: Als Sicherheit hatte sie eine andere Maria, nämlich die Schottenkönigin Maria Stuart, die in der englischen Thronfolge vor Philip rangierte und mit dem französischen Thronerben verheiratet war, dem größten Konkurrenten Spaniens. Nach dem Tod des Dauphins 1560 kehrte Maria Stuart nach Schottland zurück, geriet zwischen die Fronten von Protestanten und Katholiken und suchte 1568 in England Schutz. Dort wurde sie inhaftiert, da sie als Thronaspirantin von der katholischen Minderheit unterstützt wurde und somit ein Sicherheitsrisiko für ihre Kusine Elisabeth darstellte. Erst nach Marias Hinrichtung im Jahre 1587 – Shakespeare war 23 und seit kurzem in London – beschloss Philip, in England militärisch zuzuschlagen und mit seiner Invasion sowohl den Katholizismus als auch seinen Anspruch auf Englands Thron durchzusetzen, den die schottische Maria Stuart in ihrem Testament noch einmal bekräftigt hatte.

Das Unternehmen Armada endete 1588 bekanntlich im Desaster. Der legendäre Untergang seiner Invasionsflotte kostete Philip ein Drittel der Flotte, 10.000 Mann und 72 seiner 130 Kriegs- und 30 Transportschiffe. Die Armada scheiterte an der Schwerfälligkeit und mangelnden Hochseetauglichkeit ihrer Mittelmeergaleonen, die von den schnellen englischen Kriegsschiffen in Brand gesteckt und auf der Flucht im Atlantik von – natürlich ausschließlich protestantischen – Winden weiter dezimiert wurden: „Gott blies, und sie waren zersprengt" – das waren die Worte, die anlässlich des Sieges auf einer Gedenkmünze eingeprägt wurden.[45]

Der Erfolg gegen Spanien war zwar nur von kurzer Dauer – schon im folgenden Jahr scheiterte die so genannte Gegen-Armada der Engländer in Spanien und der Triumph wich dem Katzenjammer –, aber er war derart spektakulär, dass er als fast mythisches Ereignis bis heute im kollektiven Gedächtnis Englands verankert ist. Die Gegen-Armada hingegen ist nur noch ein Fall für die Geschichtsbücher.

Shakespeare – der vermutlich im Jahr vor der Armada nach London kam und beim tagelangen Freudenfest auf den Straßen dabei gewesen sein dürfte – hat der gescheiterten Invasion übrigens mit der Figur des lächerlichen, geschwollen im manieriert euphuistischen Stil daherredenden Spaniers Don Armado aus *Verlorene Liebesmüh* ein unvergesslich persiflierendes Denkmal gesetzt:

Great deputy, the welkin's vicegerent and sole dominator of Navarre, my soul's earth's God, and body's fostering patron. [...] So it is, besieged with sable-coloured melancholy, I did commend the black oppressing humour to the most wholesome physic of thy health-giving air; and, as I am a gentleman, betook myself to walk [...] (*Love's Labour's Lost,* I.1.216).

Großmächtiger Staatsverweser, des Firmaments Stellvertreter und alleiniger Herrscher Navarras, meiner Seele irdischer Abgott, und meines Leibes nährender Schutzherr. [...] So ist es nun, dass ich, von schleiertrüber Melancholie umflort, dem düsteren Fluss andersschwarzer innerer Säfte die allerhöchtheilungskräftige Arzenei Deiner erquicksamen Luft verordnet hatte; und so wahr ich Edelmann bin, mich zum Lustwandeln begab [...]

2.2 Die Krise des ptolemäischen Weltbilds

Im Vatikan herrschte in Shakespeares jungen Jahren – von 1572 bis 1585 – Gregor XIII., jener Papst, der die Inquisition vorantrieb, die Jesuiten unterstützte, den französischen König Heinrich III. zur Verfolgung der Hugenotten ermunterte und 1572 – Shakespeare kam gerade in die Schule – das Blutbad der Bartholomäusnacht mit einer Prozession verherrlichte. Die Dominanz der Gegenreformation begründete auf dem Kontinent nicht nur die Inquisition und die politische Unterdrückung anders Denkender, sondern auch eine restriktive Kulturpolitik. Erst durch die Erfindung des Buchdrucks im 15. Jahrhundert war die antike Literatur allgemein zugänglich geworden, hatte sich der Humanismus als Bildungsbewegung entwickeln können, der den Menschen als Teil der sich historisch entwickelnden Welt begriff und ihn in den Mittelpunkt wissenschaftlichen Denkens, Schreibens und Lesens stellte. 1559 aber wurde die klassische Lektüre durch eine Liste verbotener Bücher des tridentinischen Konzils (*Index librorum prohibitorum)* massiv eingeschränkt. Die Folge war eine Art intellektueller Erstarrung, die sich im Überbieten des bisher da Gewesenen äußerte und ihre Ausdrucksformen in dem fand, was man heute als Manierismus bezeichnet.

Vor diesem Hintergrund bedeutete die Reformation in England auch eine größere kulturelle Freiheit. Die Loslösung vom Papst, die Heinrich VIII. 1531 vollzogen hatte, führte zwar unter Elisabeth zum Dauerzwist mit dem katholischen Europa und zu einem Riss in der englischen Gesellschaft – auch dort gab es Katholiken, die sich in erbitterten Pamphleten Luft machten, Komplotte planten und von der Regierung brutal verfolgt wurden (was das alles für Shakespeare bedeutete, davon wird weiter unten noch die Rede sein). Sie ermöglichte in England aber auch eine erstaunliche Kulturblüte, die ihren Höhepunkt im elisabethanischen Theater und im Shakespeare-Drama hatte: Etwa zur gleichen Zeit, als in Rom Giordano Bruno als Ketzer verbrannt wurde, schrieb Shakespeare seinen *Hamlet*. Bereits 1589 hatte Christopher Marlowe die Geschichte vom Doktor Faustus für das englische Theater adaptiert und damit die Problematik der Naturwissenschaft bühnentauglich gemacht. Der Entdecker Sir Walter Ralegh führte der erstaunten Queen vor, wie man Tabakrauch wiegen konnte; der Mathematiker Thomas Hariot erfand die mathematischen Zeichen =, < und >; und die englischen Intellektuellen der *School of Night* diskutierten über die revolutionären *Sechs Bücher über die Umdrehungen der Himmelskreise* des Nikolaus Kopernikus (1473-1543), in denen dieser argumentierte, die Erde müsse sich um die Sonne drehen und nicht, wie allgemein angenommen, umgekehrt.

Im katholischen Europa landeten Kopernikus' Schriften 1616, im Todesjahr Shakespeares, auf dem päpstlichen Index der verbotenen Bücher, wo sie bis zum Jahr 1757 verweilten. So lange dauerte es, bis sich das religiöse Establishment endgültig mit der Tatsache abgefunden hatte, dass die Erde nicht der Mittelpunkt des Universums ist. Dabei war Kopernikus' Theorie, die er 1543 in seiner dem Papst gewidmeten Schrift *De revolutionibus orbium coelesti-*

um libri VI veröffentlicht hatte, rund 70 Jahre lang von der katholischen Kirche geduldet oder zumindest ignoriert worden. Erst die astronomischen Studien Galileis (1564–1642) und Keplers (1571-1630), die das kopernikanische Weltbild wissenschaftlich untermauerten, brachten die kopernikanische Theorie Anfang des 17. Jahrhunderts bei der Kirche in Verruf. Im Zuge der Gegenreformation wurden Kopernikus' Thesen zur ketzerischen astronomischen Irrlehre erklärt. Damit begann die in gewisser Hinsicht bis heute andauernde Aus-einandersetzung zwischen zwei konkurrierenden Weltbildern, zwischen Religion und Wissenschaft, zwischen mittelalterlicher und moderner Erklärung der Welt.
Im kirchlich-offiziellen, geozentrischen oder ptolemäischen Weltbild, das zu Shakespeares Zeit noch verbreitet war,[46] ist die Erde der gefallene, d.h. vom Bösen infizierte Mittelpunkt des Universums. Wie das faulige Innerste einer Zwiebel schwebt sie inmitten der in festen kristallenen Sphären kreisenden Gestirne zwischen dem Himmel und der Hölle, die man sich als im Inneren der Erde lokalisiert vorstellte. Als äußerste Schicht umhüllt das *coelum empyreum*, der ewig unveränderliche, vollkommene Bereich Gottes und der reinen Vernunft die so genannte sublunare Welt, die vergängliche, veränderbare, unvollkommene Welt „unter dem Mond", die alle Dinge von den Elementen bis zum Menschen in einer strengen Hierarchie umfasst. Beim Drehen in ihren glasartigen Schichten machen die Himmelskörper Musik – daher der Ausdruck „Sphärenmusik", auf den seinerzeit auch Goethe im *Faust I* Bezug nahm, als er den Erzengel Raphael sagen ließ:

Die Sonne tönt, nach alter Weise, / In Brudersphären Wettgesang, / Und ihre vorgeschriebne Reise / Vollendet sie mit Donnergang.

Shakespeare bezieht sich häufig sowohl auf das ptolemäische Weltbild als auch auf die Idee der Sphärenmusik, von der alle menschliche Musik nur ein Abglanz ist. Ein Beispiel dafür findet sich im *Kaufmann von Venedig*. Lorenzo umschwärmt hier seine Geliebte Jessica mit den Worten:

How sweet the moonlight sleeps upon this bank! Here will we sit, and let the sounds of music / Creep in our ears – soft stillness and the night / Become the touches of sweet harmony. Sit, Jessica – look how the floor of heaven / Is thick inlaid with patens of bright gold, / There's not the smallest orb which thou behold'st / But in his motion like an angel sings, / Still quiring to the young-ey'd cherubins; / Such harmony is in immortal souls [...] (The Merchant of Venice, V.1.54)	Wie süß das Mondlicht auf dem Hügel schläft! / Hier lass uns sitzen und den Klang der Töne / In unsere Ohrn sich schleichen – Nacht und sanfte Still, / Das fügt sich schön zu süßen Harmonien: / Komm, setzt dich – schau, wie das Himmelszelt so reich / Bestückt ist wie mit Hostien reinen Golds; / Kein kleinster Sphärenkreis, den du dort siehst, / Der nicht in seiner Bahn wie Engel singt, / Im Chor zu frisch-äugigen Cherubin; / So Harmonie lebt auch in unsterblichen Seelen

Der Schlüsselbegriff in dieser Passage ist derjenige der Harmonie. Das ptolemäische Weltbild basierte auf der Vorstellung einer stabilen, konstanten und gänzlich unhistorischen Welt, in der alle Dinge einander entsprachen. Ihr lag die Idee eines in mathematischer Vollendung gedachten Universums zugrunde, entsprechend dem Leitsatz „alles ist Zahl" der Pythagoräer. Diese antiken Zahlenmystiker hatten erstmals ein abstraktes Prinzip, nämlich die natürliche Zahl, als diejenige Kraft betrachtet, die der gesamten Natur zugrunde liegt. Ihre Ideen wurden von Platon übernommen und mit der Synthese von antikem Wissen und christlicher Lehre im Humanismus auf die Schöpfung übertragen, die nun als rational erfass- und erklärbare, harmonisch vollendete Weltenordnung interpretiert wurde. Entsprechend war der ewig unveränderliche Himmel ein Sinnbild für die Harmonie des Kosmos, wobei auch das griechische Wort *Kosmos*, das eigentlich „Schmuck" bedeutet, angeblich erstmals von Pythagoras verwendet wurde.

Diese Harmonie des Kosmos wiederum verglich man mit der irdischen Musik, dem Abglanz der Sphärenmusik.[47] Anfang des 17. Jahrhunderts untersuchte beispielsweise Johannes Kepler die unterschiedlichen Bahngeschwindigkeiten der Planeten, um auf diese Weise die himmlische Harmonie besser verstehen zu lernen; dabei verglich er die Planetenbahnen mit den Stufen der Tonleiter und formulierte 1619 in einer Schrift mit dem Titel *Harmonices*

Mundi heute noch relevante Gesetze zum Aufbau des Planetensystems.[48] Auf Grund dieser postulierten „Weltenharmonie" wird in Shakespeares Komödien das Happy End, die Wiederherstellung der Ordnung, meist mit einem festlichen Umzug oder einem Tanz gefeiert, so z.B. im *Sturm* oder im *Sommernachtstraum*. Aus demselben Grund endeten im elisabethanischen Drama alle Stücke, ob Komödie oder Tragödie, mit einem Tanz der Schauspieler auf der Bühne. Dieser Abschlusstanz hatte die Funktion, nach den auf die Bühne gebrachten Verwicklungen und Verwirrungen die durch die Musik symbolisierte Harmonie der Welt zu beschwören. Der Schweizer Arzt Thomas Plattner d. J. hat ihn in London erlebt und folgendermaßen beschrieben:

> zu endt der comedien dantzeten sie ihrem Gebrauch nach gar überauß zierlich, ye zwen in mannes undt 2 in weiber kleideren angethan, wunderbahrlich mitt einanderen.[49]

Zumindest den Gebildeten schwante allerdings bereits zu Shakespeares Zeit, dass das ptolemäische Weltbild in der Krise steckte, dass die Erde eben nicht, wie von der Kirche behauptet, das Zentrum des Universums war. Zwar lieferten erst Galileos 1610 veröffentlichte Fernrohrbeobachtungen der Jupitermonde den endgültigen Beweis dafür, dass das ptolemäische System unhaltbar war – allein schon deshalb, weil diese Monde bei ihren Umkreisungen die kristallene Sphäre des Planeten hätten zerschlagen müssen. Bereits 1492 aber hatte Columbus Amerika erreicht; 1522 hatte die Expedition des Portugiesen Ferdinando Magellan erstmals die Welt umsegelt; 1543 hatte Kopernikus seine *Discorsi* veröffentlicht. Im Jahre 1569, fünf Jahre nach Shakespeares Geburt, war die neue, winkeltreue Merkator-Weltkarte auf den Markt gekommen, die den Seeleuten erstmals das sichere Navigieren auf den Weltmeeren ermöglichte, da sie dank der abgebildeten Längen- und Breitengrade die Rundung der Erde auszugleichen vermochte. Elf Jahre später – Shakespeare war 16 – hatte Sir Francis Drake es als erster Engländer Magellan gleichgetan und die Welt umsegelt; seine Rückkehr nach London war ein Ereignis von allergrößtem öffentlichen Interesse, bei dem die Königin den Freibeuter zum Ritter schlagen ließ (und zwar pikanterweise vom französischen Gesandten, der damit die Spanier brüskierte). 1583 bis

1585 schließlich lebte der später als Ketzer hingerichtete dominikanische Philosoph Giordano Bruno (1548-1600) in London, wo er die Oxforder Universitätsgelehrten provozierte und seine *Italienischen Dialoge* veröffentlichte. Darunter war die Schrift *De l'Infinito, Universo e Mondi* (über die Unendlichkeit, das Universum und die Welten), in der Bruno ein unendliches Universum postulierte und die damals absurde Ansicht vertrat, die Sonne sei nur einer von vielen Sternen. Bei dem ebenfalls in den Dialogen beschriebenen Aschermittwochsmahl, der *Cena de le ceneri,* waren bedeutende elisabethanische Höflinge zu Gast, man sprach unter anderem über das neue kopernikanische Weltbild.
All diese Veröffentlichungen, Expeditionen und Entdeckungen wiesen deutlich darauf hin, dass es mehr Dinge zwischen Himmel und Erde gibt, als unsere Schulweisheit sich träumen lässt, wie Shakespeare Hamlet – zugegeben in einem etwas anderen Kontext – sagen lässt.[50] Die Idee, dass nicht die Sonne um die Erde, sondern umgekehrt die Erde um die Sonne kreist, war jedenfalls schon zu Shakespeares Zeit in den Köpfen der Menschen, wenn nicht allgemein akzeptiert, so doch präsent.

2.3 Die hierarchisch geordnete Schöpfung

Die Vorstellung des heliozentrischen Weltbilds hatte weit reichende Konsequenzen, denn durch sie wurde zugleich das traditionelle Weltbild einer göttlich gegebenen, harmonischen und allumfassenden Ordnung erschüttert. Das Konzept einer hierarchisch geordneten Schöpfung mit der Erde im Mittelpunkt und dem Menschen an erster Stelle geriet ins Wanken. Die mittelalterliche, ständische Gesellschaft war von einer Welt ausgegangen, in der alles Geschaffene seinen festen Platz hat und stufenweise zu Gott hin geordnet ist. Diese Ordnungsvorstellung, die auch noch in Shakespeares Stücken dominiert, spiegelte sich nicht nur im Kosmos, sondern in den großen gesellschaftlichen ebenso wie in den kleinsten Dingen. So wie Jesus das Haupt der Kirche ist und die Gläubigen die Glieder, so ist der König das Haupt des Staatswesens, der Mensch die Krone der Schöpfung, der Edelmann Herr seiner Untergebenen, der Mann der Frau überlegen (und diese den Dienstboten und Kindern), der Kopf der Beherrscher der

Gliedmaßen, die Vernunft den Affekten übergeordnet. Und alle diese Ordnungen hingen zusammen in der berühmten *great chain of being*, der „Kette des Seins". Wurde die Ordnung auf Staatsebene gestört, betraf dies deshalb auch jeden einzelnen – so steht in *Macbeth* nach dem Mord an König Duncan die Natur Kopf. Ist umgekehrt die Ordnung im Kleinen beeinträchtigt, so gerät gleich auch das Ganze aus den Fugen. Der Ehestreit zwischen Titania und Oberon im *Sommernachtstraum* beispielsweise zeitigt eine Klimakatastrophe – eine Passage, die in modernen Inszenierungen durchaus umweltpolitische Konnotationen erhalten kann:

These are the forgeries of jealousy: / And never, since the middle summer's spring, / Met we on hill, in dale, forest or mead [...] To dance our ringlets to the whistling wind, / But with thy brawls thou hast disturb'd our sport. / Therefore the winds, piping to us in vain, / As in revenge, have suck'd up from the sea / Contagious fogs; which falling in the land / Have every pelting river made so proud /That they have overborne their continents: / The ox hath therefore stretch'd his yoke in vain, / The ploughman lost his sweat, and the green corn / Hath rotted ere his youth attain'd a beard; [...] And thorough this distemperature we see / The seasons alter: [...] the spring, the summer, / The childing autumn, angry winter, change / Their wonted liveries, and the mazed world, / By their increase, now knows not which is which: / And this same progeny of evils comes / From our debate, from our dissension; / We are their parents and original. (*A Midsummernight's Dream,* II.1.81)

Alles nur Einbildung aus Eiersucht. / Seit Sommeranfang trafen wir uns nie / Am Berg, im Tal, in Wäldern oder Wiesen [...] um nach / Des Windes Pfeife dort zu tanzen, dass / Nicht du mit Stänkerei uns allen Spaß verdirbst. / Der Wind, der uns vergeblich pfiff, hat sich / Dafür gerächt: er riss aus tiefer See / Giftige Nebel, die fielen in das Land / Und ließen jedes Rinnsal stolzgeschwellt / Aus seinem Bett in Feld und Wiesen steigen. / Der Ochse stemmte sich umsonst ins Joch, / Umsonst war Bauernschweiß, denn jung verfault / Das Korn, bevor der Ähren Stachelbart / Ihm sprießt [...] Durch die Zerrüttung weit und breit ändern / Sich Jahreszeiten: [...] Das Frühjahr und der Sommer, / Der Ernteherbst, der raue Winter tauschen / Die Kleider unter sich – die Welt wird irr / An ihren Früchten, weiß nicht, wer was ist. / Und diese ganze üble Brut des Bösen / entspringt aus unserm Streit und Widerspruch. / Wir sind die Anstifter und die Erzeuger!

Im *Julius Caesar* – am Vorabend der gescheiterten Essex-Rebellion, gegen Ende von Elisabeths Regierungszeit verfasst – führt der (von Shakespeare nicht explizit verurteilte) Tyrannenmord zum Bürgerkrieg, der sich bereits im ersten Akt durch unnatürliches Wetter und andere Vorzeichen ankündigt; und in *König Lear* wütet der Titelheld, der selbst gegen die geltende feudale Ordnung verstoßen hat, indem er in absolutistischer Manier über sein Reich verfügt und seine ihm von Gott verliehene, lebenslange Königsmacht an seine Töchter delegiert hat, gegen eine Natur, die er als im Bunde mit diesen nunmehr rebellischen Töchtern begreift:

I tax not you, you elements, with unkindness; / I never gave you kingdom, call'd you children, / You owe me no subscription: then let fall / Your horrible pleasure: here I stand, your slave, / A poor, infirm, weak, and despised old man: / But yet I call you servile ministers, / That have with two pernicious daughters join'd / Your high engender'd battles 'gainst a head / So old and white as this. O! O! 'tis foul! (*King Lear,* III.2.16)

Euch Elemente schimpf ich nicht unmenschlich; / Ich gab euch niemals Reiche, hieß euch Kinder; / Ihr schuldet mir nicht Dienste: dann lasst falln, was ihr / An Schreckensspäßen habt; hier steh ich, euer Sklave, / Ver-achtet, arm, siech, schwach, ein alter Mann. / Und doch nenn ich euch knechtische Lakaien, / Die ihr im Bund mit zwei giftspeienden Töchtern / Himmelsgeborne Schlachtreihn auf ein Haupt / Führt alt und weiß wie meins. Oh, ho, 's ist faul.

Natur, Gesellschaft und Psychologie entsprechen sich in diesem Stück in einem komplexen, poetischen System von Korrespondenzen und Analogien. Es ist daher nur folgerichtig, dass Lear im Laufe des Stücks wahnsinnig wird, dass die Unvernunft die Macht über die Vernunft erlangt. Hierin weicht Shakespeare übrigens signifikant von seinen Quellen ab, in denen Lear bzw. Cordelia wieder an die Macht gelangen.

Das wiederum ist ein Zeichen für die Krise, in der das Konzept der hierarchischen Ordnung steckte. Mit den vom Papst exkommunizierten Königen, der zunehmenden sozialen Durchlässigkeit, dem aufstrebenden, protestantischem Bürgertum sowie dem Zustrom an protestantischen Forschern und Intellektuellen, die vor der Gegenreformation Zuflucht suchten, waren die klassischen Hierarchien im elisabethanischen England brüchig geworden. Aus dieser Krise der mittelalterlichen, tief im allgemeinen Bewusstsein verwurzelten Ordnungsvorstellung erklärt sich die Angst vor Unordnung, Naturkatastrophen, Rebellion (gegen Gott, den König, den Vater), vor Bürgerkrieg, Wahnsinn, Leidenschaften und Veränderungen, die in Shakespeares Stücken immer wieder thematisiert wird. Und es wird gleichzeitig die Traumatisierung einer Gesellschaft verständlich, die im Verlauf von nur anderthalb Jahrhunderten all diese Veränderungen erleben musste – die Rosenkriege, die Glaubensspaltung und die beginnende wissenschaftliche Revolution, den Niedergang des Feudalwesens und den Aufstieg des Bürgertums, die Absetzung von Königen und das Erstarken des Parlaments. Gegen Ende von Elisabeths Regierungszeit kam die drängende Nachfolgefrage hinzu, da die Königin sich bis an ihr Lebensende weigerte, einen Nachfolger zu bestimmen und so eine friedliche Sukzession zu sichern. Auch in der Regierungszeit ihres absolutistischen Nachfolgers Jakob I. war die Gefahr von Revolution und Bürgerkrieg immer gegenwärtig, gab es andauernd Attentats- und Putschversuche, Verschwörungen und Invasionsgerüchte (oder tatsächliche Invasionsversuche), Schauprozesse und Hinrichtungen.

Dementsprechend zieht sich das Gefühl einer verloren gehenden Sicherheit wie ein roter Faden durch Shakespeares gesamtes Werk. Von den frühen Historien um *Heinrich VI.* an thematisieren seine Stücke immer wieder die Auflösung der „natürlichen Ordnung“, die fatale Störung jenes *degree,* den Odysseus in einer berühmten Passage aus *Troilus und Cressida* beschreibt, und die einen „Missklang“ der Gesellschaft zur Folge hat:

The heavens themselves, the planets and this centre / Observe degree, priority and place, [...] Office, and custom, in all line of order. [...] O, when degree is shak'd, / Which is the ladder to all high designs, / Then enterprise is sick. How could communities, / Degrees in school, and brotherhoods in cities, / Peaceful commerce from dividable shores, / The primogenity and the due of birth, / Prerogative of age, crowns, sceptres, laurels, / But by degree stand in authentic place? / Take but degree away, untune that string, / And hark what discord follows. (*Troilus and Cressida,* I.3.85)

Die Sphären, die Planeten selbst, dies Zentrum / Beachten Rangstufung, Vorrecht und Stellung, [...] Amt und Gewohnheit ganz in strenger Ordnung: [...] Oh, wankt die Rangordnung, / Die Stufenleiter allen hohen Planens, Dann krankt das Ganze bald! Wie könnten Bürgerschaften, / In Schulen Leistungsrang, in Städten Gilden, / Friedlicher Handel zwischen fernen Küsten, / Erbrecht und Rechtsanspruch der Erstgeburt, / Vorrecht von Alter, Krone, Zepter, Lorbeer / Im rechten Rang stehn, wenn nicht durch Rangordnung? Nimm Rangordnung den Tönen, verstimm *diese* Saite, / Und hör, welch Missklang folgt.

In den Historien, aber auch in Tragödien wie *Romeo und Julia, Julius Caesar, Macbeth, Hamlet, Othello* oder *König Lear,* die in der Regel mit einer oder mehreren Leichen auf der Bühne enden, führt die Verletzung der Ordnung – oft symbolisiert durch die patriarchalische Ehestiftung im privaten oder die Unantastbarkeit der Machtbefugnisse und Person des Herrschers von Gottes Gnaden im öffentlichen Umfeld – unausweichlich in die Katastrophe. In Komödien und Romanzen wie der *Komödie der Irrungen, Ein Sommernachtstraum* oder *der Sturm* wird dagegen eine im doppelten Wortsinn „verrückte" Ordnung am Ende wiederhergestellt, wenn auch häufig mit einem ominösen Fragezeichen. So schwört am Ende von *Was Ihr wollt* der gefoppte Puritaner Malvolio Rache mit den prophetischen Worten: *„I'll be revenged on the whole pack of you"*.

In der Tat hatten die Puritaner – eine seit 1563 aktive calvinistische Bewegung zur ‚Reinigung' der Kirche vom ‚papistischen' Beiwerk, die ein freies Bibelchristentum, freie Gemeinden und asketische Lebensführung propagierte – historisch das letzte Wort, als sie 1642 die Theater schlossen und so einen endgültigen Schlussstrich unter die größte Epoche des englischen Dramas setzten (vgl. Punkt 3.7). Hat Shakespeare diese Entwicklung vorausgesehen? Wohl kaum. Auf jeden Fall aber hat er diese Zeitströmung wahrgenommen und auf die Bühne gebracht – genauso wie den Verlust althergebrachter Autorität und viele andere Themen der Zeit, von denen im Folgenden noch die Rede sein wird: die Intrigen des Hofes, die Liebesheirat, die religiösen Verfolgungen, den Machiavellismus oder die Sonettmode. Dabei war er nie apodiktisch. Selbst der durchtriebene Odysseus beschwört in seiner oben zitierten Rede die natürliche Ordnung, die Vorherrschaft des Älteren, Erstgeborenen, Adligen, Gebildeten, kurz, diejenige der zeitgenössischen Autoritäten allein deshalb, um Achilles zu provozieren und ihn dazu zu bringen, wieder im desaströsen Krieg um Troja mitzumischen. Insofern wird die natürliche Ordnung als inhärent instabil dargestellt, als instrumentalisierbares Recht des Stärkeren, das sich letztlich selbst zerstört.

Diese Brüchigkeit und Relativität der dargestellten Ordnungs- und Gesellschaftsstrukturen ist typisch für Shakespeares Werk und kennzeichnend für die Epoche. Die Religion, das Gottesgnadentum des Königs, die zentrale Stellung des Menschen – in Shakespeares Zeit wurde alles relativ. Plötzlich war die Welt nicht mehr, wie noch im Mittelalter, ein sicherer Hort, in dem die Dinge ihren festen Platz hatten, in der Gottes Reich (aber auch die Hölle!) als gewissermaßen parallele und Sinn stiftende Gegenwelt zur gefallenen Welt ständig gegenwärtig und erreichbar waren. Stattdessen erschien das Jenseits nun zeitlich und örtlich vom Diesseits getrennt. Im heliozentrischen Weltbild war buchstäblich kein Platz mehr für die klingenden Sphären des Himmels, hinter denen Gott und die Engel wohnten, für das Fegefeuer oder die sieben Kreise der Hölle, die Dante so anschaulich beschrieben hatte. Im protestantischen Weltbild fand sich der Mensch allein und eigenverantwortlich in einer säkularisierten Welt, die zwar noch als einstmals von Gott geschaffen begriffen wurde, aus der aber die Heiligen und Wunder, die Engel, die Toten und die Teufel verschwunden waren – einer Welt also, die nicht mehr offen war für jederzeit mögliche Eingriffe aus dem parallelen Jenseits in das Diesseits. Die Zeit selbst bekam eine andere Qualität und einen anderen Stellenwert – Taschenuhren wurden jetzt erstmals von der Oberschicht als Schmuckstücke getragen. Nicht mehr die zyklischen Rhythmen der Jahreszeiten und des Kirchenjahres bestimmten das Leben der Menschen, sondern die Vorstellung einer linear ablaufenden Lebenszeit, die bestmöglich „genutzt“ werden musste – eine wesentliche Vorstellung der Puritaner, die auch Olivia in *Twelfth Night oder Was Ihr wollt* meint, wenn sie sagt, die Uhr schelte sie wegen ihrer Zeitverschwendung („*The clock upbraids me with the waste of time*“, III.1.128). Genauso klagt der abgesetzte Richard II. sich im Gefängnis an, die ihm gegebene Zeit verschwendet zu haben:

I wasted time, and now doth time waste me; / For now hath time made me his numb'ring clock. (*Richard II.*. V.5.49)	Ich hab viel Zeit vertan, nun vertut mich die Zeit; / Zu ihrem Uhrwerk hat sie mich gemacht.

Entsprechend wird die (schlagende Turm-)Uhr, dieses präzise technische Instrument, ein Symbol für die Vergänglichkeit, wie beispielsweise in Shakespeares Sonett XII:

When I do count the clock that tells the time, /And see the brave day sunk in hideous night; / When I behold the violet past prime, / And sable curls all silver'd o'er with white; / When lofty trees I see barren of leaves / Which erst from heat did canopy the herd, / And summer's green all girded up in sheaves / Borne on the bier with white and bristly beard, / Then of thy beauty do I question make, / That thou among the wastes of time must go, / Since sweets and beauties do themselves forsake / And die as fast as they see others grow; / And nothing 'gainst Time's scythe can make defence / Save breed, to brave him when he takes thee hence.	Hör ich die Turmuhr, wie sie zählt die Zeit, / Seh, wie der Tag versinkt in dumpfer Nacht, / Seh Veilchen welken, seh, wie Silber schneit / auf blonde Locken, wie die Blätterpracht / Der stolzen Bäume fällt und ist verschwunden, / Einst Schutzdach für die Herde vor der Glut, / Seh Sommergrün, in Garben aufgebunden, / wie's stoppelbärtig auf der Bahre ruht, / Dann frag ich mich, ob deine Schönheit hält, / Ob nicht die Zeit auch dich einmal verdirbt, / Wo alles Schöne wie von selbst verfällt, / Wie's neue Schönheit wachsen sieht, und stirbt. / Nichts, was dem Sensenblatt der Zeit entgeht, / Und nur wer Nachfahrn hat, der widersteht.[51]

Der Sensenmann Tod, allzeit präsent in einer Epoche, die von immer wiederkehrenden Pest-Epidemien heimgesucht wurde, markiert in diesem Sonett den End- und Zielpunkt des menschlichen Lebens, das vom Individuum sinnvoll gestaltet sein will – was in diesem Falle konkret heißt, einen Sohn zu zeugen. Denn auch die Unsterblichkeit wird im 16. Jahrhundert säkularisiert: Die Elisabethaner waren besessen von der Idee, die Zeit zu überdauern, was ihrer Ansicht nach entweder durch zahlreiche Nachkommen, veristische Grabmonumente oder durch poetische Werke erreicht werden konnte. Ersteres war Shakespeare nicht vergönnt; sein Grabmal kann in der restaurierten Fassung in Stratford bestaunt werden; sein literarisches Werk aber hat ihn in der Tat unsterblich werden lassen.

2.4 Weltentheater und Theatermetapher

Zugleich setzte sich die Vorstellung durch, dass der Mensch sein Leben selbst in die Hand nehmen konnte. Entsprechend wird dem boethianischen Topos des *Rades der Fortuna*[52] derjenige des *Weltentheaters* an die Seite gestellt: Das Schicksal eines Menschen erscheint nicht mehr allein als Resultat der Launen Fortunas, sondern hängt auch davon ab, wie gut er seine Rolle auf der „Bühne des Lebens“ spielt. Shakespeare verweist immer wieder auf diese gängige Theatermetaphorik, die Gleichsetzung des Lebens und des Theaters – so z.B. in *Julius Caesar,* wo die Verschwörer sich ausmalen, wie ihre Mordszene in Zukunft gespielt werden wird, oder in *Richard III.* mit seinem theatralischen Antihelden und der *painted queen* Elisabeth. Aber auch die populäre Vorstellung der launischen Glücksgöttin mit ihrem Schicksalsrad wurde, dem Vorbild der Antike entsprechend, weiterhin bei jeder passenden und unpassenden Gelegenheit evoziert – so gibt es kaum ein Theaterstück von Shakespeare, in dem man den Begriff *Fortune* (im Sinne von Schicksal) nicht findet.

Daneben suchte man in der Epoche auch gern in den Sternen nach Gründen für das eigene Scheitern oder den Erfolg. Die Astrologie wurde zum Steckenpferd der Oberschicht; John Dee, der „Weißmagier“ und Astrologe Königin Elisabeths, avancierte zum einflussreichen Berater in Staatsfragen. Dementsprechend gibt es hunderte Anspielungen auf magische und astrologische Zusammenhänge in Shakespeares Stücken, die in aller Regel in den Begriffen des ptolemäischen Weltbildes beschrieben werden. So werden Planeten, die aus ihren Sphären ausbrechen, regelmäßig für Aufruhr und Katastrophen verantwortlich gemacht; Romeo und Julia sind *star-crossed lovers*; Posthumus (aus *Cymbelin)* ist unter einem guten Stern (nämlich Jupiter) geboren; Parolles (aus *Ende gut, alles gut),* geboren unter dem ‚martialischen' Sternzeichen Mars, wird Soldat, usw.

Das Spannende ist nun, dass Shakespeare genau diesen Widerspruch zwischen Schicksalhaftigkeit und Eigenverantwortung – oder, wie man heute sagen würde, Fremdbestimmung und Selbstverwirklichung – durchschaut und immer wieder zum Thema macht. In *Othello* scheitert der zunächst tugendhaft-zivilisierte Titelheld schicksalhaft und fällt schließlich in die ihm zugeschriebene Rolle des „Wilden" zurück – aber auch der intrigante Jago hat den „Garten" seiner Lüste nicht im Griff und am Ende das Nachsehen. Explizit wird Shakespeare im *König Lear,* wo gleich zu Beginn des Stücks Edmund, der illegitime Sohn und Verräter, der im Verlauf der Handlung selbst mehrfach Fortuna anrufen wird, folgendermaßen monologisiert:

This is the excellent foppery of the world, that, when we are sick in fortune, often the surfeit of our own behavior, we make guilty of our disasters the sun, the moon, and the stars; as if we were villains on necessity, fools by heavenly compulsion, knaves, thieves, and treachers by spherical predominance, drunkards, liars, and adulterers by an enforc'd obedience of planetary influence; and all that we are evil in, by a divine thrusting on. An admirable evasion of whoremaster man, to lay his goatish disposition to the charge of a star! (*King Lear*, I.2.118)

Das ist die grandiose Narretei der Welt, dass wir, wenn unser Glück anfängt zu kränkeln, oft als Folge unseres eigenen maßlosen Verhaltens, dass wir die Schuld an unsern Unfällen Sonne, Mond und Sternen in die Schuhe schieben; als ob wir Schufte wären aus höherer Notwendigkeit, Narren durch himmlische Fügung, Gauner, Diebe und Verräter durch sphärische Einflüsse, Säufer, Lügner und Ehebrecher durch zwanghaften Gehorsam vor Planetenstellungen; und alles was wir Böses tun, nur durch höhere Gewalt. Ein wunderbares Hintertürchen für den Hurnbock Mensch, seine geißbockgeile Veranlagung einem Stern anzulasten!

Edmund ist, wie so viele Schurken bei Shakespeare – Richard III., Macbeth, Jago, Claudius, um nur einige zu nennen – ein Schauspieler par excellence, ein Bastard und Bösewicht, der sein Schicksal skrupellos selbst in die Hand nimmt: Seinem Vater spielt er den treuen Sohn vor, während er seinen älteren Bruder ins Unglück stürzt, um sich dessen Erbe zu erschleichen.
Die berühmteste Passage, die das Leben als Theaterstück beschreibt, in dem der Mensch seine Rolle zu spielen hat, findet sich allerdings in der Komödie *Wie es Euch gefällt*, in der Jaques auf die Bemerkung des Herzogs, dieses „große, weite Welttheater“ zeige „leidensvollre Szenen als das Stück, worin wir spielen“, entgegnet:

All the world's a stage, / And all the men and women merely players. / They have their exits and their entrances, / And one man in his time plays many parts, / His acts being seven ages. At first the infant [...] (*As You Like It*, II, 7)

Die ganze Welt ist Bühne, / Und Schauspieler nur all die Fraun und Männer. Sie treten auf und gehn auch wieder ab, / Und mit der Zeit spielt einer viele Rollen, / Durch sieben Lebensakte hin. Zuerst der Säugling…

Diese hier elaborierte *Theatermetapher* ist ein zeitgenössischer Topos, der auch von anderen Autoren bearbeitet wird – beispielsweise von Sir Walter Ralegh:

What is our life? A play of passion, / Our mirth the music of division; / Our mother's wombs the tiring-houses be, / Where we are dressed for this short comedy; / Heaven the judicious sharp spectator is / That sits and marks still who does act amiss; / Our graves that hide us from the searching sun / Are like drawn curtains when the play is done. / Thus march we playing to our latest rest. / Only we die in earnest, that's no jest. (*What Is Our Life,* 1612)	Was ist unser Leben? Ein Schauspiel der Leidenschaften, unser Frohsinn die Musik zwischen den Akten, unser' Mutter Leib die Garderobe, wo wir für diese kurze Komödie kostümiert werden; der Himmel ist der scharfsinnig urteilende Zuschauer, der da sitzt und immer aufpasst, wer schlecht agiert; unsere Gräber, die uns vor der suchenden Sonne verstecken, sind wie zugezogene Vorhänge, wenn das Stück vorbei ist. So marschieren wir spielend zu unserer letzten Ruhe. Nur sterben wir im Ernst, das ist kein Scherz.[53]

Beide Texte gehen auf die *Fabula de homine* (Fabel über den Menschen) des spanischen Humanisten Juan Luís Vives (1493–1540) zurück, dessen Vater auf dem Scheiterhaufen der Inquisition umkam. Unter Heinrich VIII. lehrte Vives am englischen Hof, wo er dessen Tochter Maria unterrichtete. In der Fabel inszeniert Jupiter ein Schauspiel, wobei das Theater, das er erschafft, die Welt ist. Am Ende des Stücks, in dem der Mensch zunächst als perfekter Imitator der Tiere, dann als zivilisiertes Gesellschaftswesen und schließlich gottgleich agiert, wird er als Bruder der Götter gekrönt – eine Entwicklung, die wiederum auf Pico della Mirandolas (1463-1494) Oration *De hominis dignitate (Die Würde des Menschen)* und sein Konzept vom Menschen als Zwischenwesen zwischen Tier und Engel zurückgeht. Damit versuchte die Renaissance die klassische Idee des guten und schönen Menschen mit dem mittelalterlichen Bild des gefallenen Adams zu vereinbaren. Derselbe Kontrast steckt hinter Hamlets Gegenüberstellung seines gottgleichen Vaters und seines satyrhaften Onkels: Beides, das göttliche und das tierische Prinzip, ist dem Menschen wesenhaft, und darum hat der Mensch die Wahl zwischen Gut und Böse, eben darum ist er frei, in der Welt, diesem „verrückten Globus", eine Rolle zu spielen. Aber nicht nur im *Hamlet* ist die Theatermetapher zentral – sie zieht sich durch Shakespeares gesamtes Werk. König Lear räsoniert voller Methode im Wahnsinn: „Wenn wir geborn sind, schrein wir, dass wir kamen / Auf diese Narrenbühne." („*When we are born, we cry that we are come / To this great stage of fools.*" *King Lear,* IV.6.180). Macbeth resümiert am Ende zynisch und großartig:

Life's but a walking shadow; a poor player, / That struts and frets his hour upon the stage, / And then is heard no more: It is a tale / Told by an idiot, full of sound and fury, / Signifying nothing. (*Macbeth,* V.5.24)	Leben ist nur ein Wanderschattenspiel, / Ein armer Komödiant, der seine Zeit / Abstolzt und abschnauft auf der Bühne und / Nie mehr gehört wird dann: ist eine Mär / aus einem Tölpelmund, voll von Getön / und Toben, und bedeutet nichts.

In all diesen Zitaten wird das Leben als Spiel, als Theaterstück stilisiert – und umgekehrt das Schauspiel als Abbild und Gleichnis des Lebens begriffen. Entsprechend wird das Theater komplexer, individueller, psychologischer. An die Stelle der mittelalterlichen Moralitäten und Allegorien tritt im 16. Jahrhundert die sich entwickelnde elisabethanische Bühne; an die Stelle der Vorstellung eines angeborenen Platzes des Menschen in der Welt tritt die Frage nach Bedeutung und Rolle des Menschen darin; an die Stelle eines statischen Weltbildes, über das man nicht nachdenken muss, tritt die Frage nach dem Aufbau und der Ordnung des Universums. Gott war zwar nicht aus der Welt verschwunden, doch konnte man ihn sich nicht mehr als allzeit über die Erde wachenden Vater vorstellen, sondern musste ihn als in die Vergangenheit entrückten Schöpfergott, als Autor des Weltendramas sehen. Entsprechend allein – und zugleich frei – war der Mensch auf der Bühne der Welt.

Es ist daher kein Zufall, dass viele Zeitgenossen Shakespeares vom Establishment verfolgte Freidenker und Atheisten waren – darunter sein Rivale Christopher Marlowe, der Autor des *Doktor Faustus,* dieses vom Teufel verfolgten Wissenschaftlers.[54] Ebenso wenig ist es ein Zufall, dass die Beschäftigung mit Alchemie, Esoterik und Okkultismus *en vogue* war – die neu gewonnene Freiheit machte nämlich Angst. Gewissermaßen kompensatorisch

verbreiteten sich nicht nur Astrologie, sondern auch Aberglaube und Hexenwahn. Bei einer Aufführung des *Doktor Faustus* beispielsweise bemerkten die Schauspieler zu ihrem Entsetzen einen Teufel zu viel auf der Bühne; sie brachen die Aufführung ab, und Edward Alleyn trug fortan ein Kreuz, wenn er den Faust spielte.[55] Zwar sah das 17. Jahrhundert die Geburt des von Francis Bacon entwickelten Empirismus – der rationalen Beobachtung der Welt und der Psyche des Menschen – sowie der von Thomas Morus erfundenen Utopie; dennoch war die Allgemeinheit von einer aufklärerischen Freiheit des Denkens, wie sie das 18. Jahrhundert revolutionieren sollte, noch weit entfernt. Die verdrängten magischen Aspekte des katholischen „alten Glaubens" lebten fort als Glaube an die Macht der Gestirne und als Hexenwahn. König Jakob I., Elisabeths Nachfolger, war Experte auf diesem Gebiet; er verfasste sogar einen dämonologischen Traktat. Unter seiner Regentschaft schrieb Shakespeare die Geschichte von Macbeth, der – von Hexen beeinflusst – den König ermordet, dem er vorher treu gedient hatte. Shakespeares unaufgeklärte Welt ist bevölkert von Dämonen und Geistern, dem Einfluss der Sterne unterworfen, von Zauberkräften und der Allgegenwart eines wundertätigen, gerechten Gottes erfüllt.
Aber auch den Zwiespalt zwischen Wunderglaube und Rationalismus thematisiert Shakespeare. So stellt der Wittenberger Student Hamlet in seinem berühmtesten Monolog fest, dass kein Reisender je aus dem Totenreich wiederkehrt – obwohl ihm am Anfang des Stückes gerade der Geist seines toten Vaters erschienen war. Besonders deutlich hat Shakespeare die Ratlosigkeit des Menschen angesichts der gesellschaftlichen und naturwissenschaftlichen Umwälzungen am Anfang des *König Lear* formuliert. Dort grübelt Gloucester in bester ptolemäischer Ordnungs-Manier über die Zusammenhänge zwischen der (Natur-)Wissenschaft und den von ihm (wie von Shakespeares Zeitgenossen) erlebten politischen und persönlichen Katastrophen nach:

These late eclipses in the sun and moon portend no good to us: though the wisdom of Nature can reason it thus and thus, yet Nature finds itself scourg'd by the sequent effects. Love cools, friendship falls off, brothers divide: in cities, mutinies; in countries, discord; in palaces, treason; and the bond crack'd 'twixt son and father. (*King Lear*, I.2.103).

Diese Finsternisse von Mond und Sonne neulich verheißen uns nichts Gutes: obwohl's die Naturlehre so und so erklären kann, treffen uns Naturwesen die Folgen allemal. Liebe erkaltet, Freundschaft zerfällt, Brüder entzwein sich: in Städten Aufruhr; Zwietracht auf dem Land; Verrat in den Palästen; und zerrissen das Band zwischen Vater und Sohn.

Shakespeare hat die durch diesen Verlust eines festen, unverrückbaren Weltbildes hervorgerufene existentielle Verunsicherung auch in einem berühmten melancholischen Monolog Hamlets ausgedrückt:

I have of late, but wherefore I know not, lost all my mirth, forgone all custom of exercises; and indeed it goes so heavily with my disposition that this goodly frame the earth seems to me a sterile promontory, this most excellent canopy the air, look you, this brave o'erhanging firmament, this majestical roof fretted with golden fire, why, it appeareth nothing to me but a foul and pestilent congregation of vapours. What piece of work is a man, how noble in reason, how infinite in faculties, in form and moving how express and admirable, in action how like an angel, in apprehension how like a god: the beauty of the world, the paragon of animals – and yet, to me, what is this quintessence of dust? (*Hamlet*, II.2.294)

Ich habe seit kurzen, doch ich weiß nicht, warum, all meine Heiterkeit verloren, hab alles Hofmanstreiben aufgegeben; und wirklich steht's so schwarz um mein Gemüt, dass dieses herrliche Bauwerk, die Erde, mir wie ein dürres Vorgebirge scheint, dieser ganze prachtvolle Baldachin, die Luft, seht ihr, dies glorreich weitgewölbte Firmament, dies majestätische Dach mit goldnen Feuern ausgelegt, tja, als nichts andres kommt's mir vor als ein übel stinkender Pestilenzhaufen von Dünsten. Welch Meisterwerk ist doch der Mensch, wie groß an Vernunft, wie unbegrenzt an Fähigkeiten, an Gestalt und and Geste wie wunders harmonisch verschmolzen, im Tun wie gleich einem Engel, im Begreifen wie gleich einem Gott: das Schmuckstück der Welt, die Vollendung alles Lebendigen und dennoch, für mich, was ist diese Quintessenz des Staubs?

Der Mensch als Schmuckstück oder, wie Schlegel übersetzte, Zierde der Welt und gleichzeitig als Quintessenz des Staubs – das ist ein typisches Renaissance-Bild, das nicht nur aus dem Stück heraus zu begreifen ist. Verständlich wird es erst vor dem Hintergrund eines Zeitalters, in dem erstmals die Spaltung zwischen Natur- und Geisteswissenschaft, die Entfremdung des Menschen von der Welt spürbar wird[56] – eine Entfremdung, die in gewisser Weise auch das 20. Jahrhundert dominiert hat. So ist es nur logisch, dass Nobelpreisträger William Faulkner im Titel seines 1929, zwischen den Weltkriegen erschienen Romans *The Sound and the Fury*, der den Untergang einer Südstaatenfamilie in *Stream-of-consciousness*-Technik erzählt, *Macbeth* zitiert, oder dass der oben zitierte Text Hamlets in dem 68er-Musical *Hair* wieder auftaucht – einem Bühnenstück, das mit dem Vietnamkrieg und der Hippie-Bewegung ebenfalls das Trauma einer Generation beschreibt, die sich von althergebrachten Werten entfremdet und alte Sicherheiten verloren hat.

2.5 Nationalismus und Tudormythos: die Historien

In der frühen Neuzeit entwickelt sich in Europa erstmals ein Natio-nalgefühl der Bevölkerung. Politisch wurde der Nationalstaat zuerst in Spanien, Frankreich und England verwirklicht, Ländern, in denen sich starke früh-absolutistische Monarchien etabliert hatten. Hintergrund dieser Entwicklung war paradoxerweise die wachsende Bedeutung des Bürgertums, die den König von Gottes Gnaden als Schiedsrichter zwischen Adel und Bürgertum unentbehrlich machte. So bildete der Absolutismus zusammen mit der Reformation die Grundlage für die Entstehung moderner Staaten: An die Stelle des mittelalterlichen Feudalwesens trat der Nationalstaat, in dem der absolutistische Fürst das Gewaltmonopol ausübte; an die Stelle des katholischen Reiches in Europa trat der Nationalismus als Ersatz-religion. In England wird dies, wie im Film *Elisabeth* (1998) schön dramatisiert, mit dem Mythos der „jungfräulichen Königin“ verknüpft, die an Stelle der jungfräulichen Himmelskönigin Maria verehrt und inszeniert wird.

Elisabeth I. war die jüngste Tochter Heinrich VIII., der sich 1534 bekanntlich vom Papst losgesagt, sich zum Oberhaupt der anglikanischen Kirche gemacht hatte und ab 1538 die Klöster plünderte – darunter auch das Kolleg und Klosterseminar in Stratford, die „Gilde zum Heiligen Kreuz", auf dessen Gelände Shakespeare später die Schule besuchte. Auslöser dieser bis dahin unerhörten Auflehnung eines Königs gegen die Kirche war Heinrichs Wunsch nach einem männlichen Erben sowie die Weigerung des Papstes, einer Scheidung von seiner spanisch-katholischen Frau zuzustimmen. 1517 hatte der Tudor-Herrscher sich nach acht Jahren Ehe ohne Thronfolger in die Hofdame Elisabeth Blount verliebt, die ihm einen illegitimen Sohn gebar; zugleich verlangte er vom Papst die Auflösung seiner Ehe mit Katharina von Aragon, die seit der Geburt einer Tochter nur noch Fehlgeburten hatte. Den Scheidungswunsch begründete Heinrich damit, dass Katharina bereits mit seinem jung verstorbenen Bruder Arthur verheiratet gewesen war, womit sie nach kirchlichem Recht als seine Schwester zu gelten habe, da Mann und Frau ja „ein Blut" sind.

Diese Auffassung war gängig: Auch Hamlet sieht die Ehe seiner Mutter mit dem Bruder ihres verstorbenen Mannes als Inzest an. Allerdings hatte Heinrich sich anfangs wenig daran gestört, dass er Katharina sozusagen gemeinsam mit dem Königstitel geerbt hatte, da ihre sehr kurze erste Ehe als nicht vollzogen galt. Erst als der in dynastischer Hinsicht notwendige männliche Erbe ausblieb, kamen Heinrich so seine Zweifel, wobei es eine offene Frage ist, ob der hoch gebildete König tatsächlich an einen Fluch Gottes wegen der „inzestuösen" Verbindung glaubte oder diese Befürchtung nur vorschützte. Grundsätzlich war eine Scheidung bei Ausbleiben des erwünschten Thronfolgers jedenfalls kein unübliches Ansinnen, und Heinrich hatte sich vor seiner Anfrage in Rom beim katholischen Bischof von Winchester rückversichert – nur leider hatte er es versäumt, die Sache abschließend mit seiner Frau zu besprechen. Der Absolutismus hat eben auch seine Schattenseiten, und mangelnde Kommunikation unter Ehegatten war sicherlich eine davon. Katharina jedenfalls, die Heinrich stets eine treue und unterwürfige Ehefrau gewesen war, war mit der geplanten Maßnahme keineswegs einverstanden, und da sie die Tante des Habsburger Kaisers Karl V. war, der wiederum gerade Papst Clemens VII. in der Hand hatte, verweigerte der Papst Heinrich den notwendigen Dispens.

Ganz unrecht hatte die katholische Katharina, die sich bis zu ihrem Tod als rechtmäßige Königin Englands fühlte, übrigens nicht, wenn sie die Schuld an ihrem Ehedilemma von sich wies. Historiker schließen nicht aus, dass die Ursache für Heinrichs Schwierigkeiten, einen männlichen Erben zu produzieren, eine unerkannte Syphilis-Infektion gewesen sein könnte, die er sich bei einer seiner zahllosen Affären eingefangen hatte. Elisabeth Blount war nämlich nicht die einzige, für die sich der König interessierte. 1520 machte er der Hofdame Mary Boleyn den Hof; fünf Jahre später umwarb er deren kluge und gebildete Schwester Anne Boleyn, die spätere Mutter Elisabeths. Die aber verweigerte sich ihm zunächst: Sie wollte nicht Mätresse, sondern Königin sein. Tatsächlich erreichte sie es, dass Heinrich sich von Katharina trennte und sie 1533 heimlich heiratete. Um diese Heirat nachträglich zu legitimieren, sagte der König sich schließlich vom Papst los, trennte die katholische Kirche von der englischen und schuf mit der Suprematsakte von 1534 die anglikanische Kirche mit dem englischen Monarchen an Stelle des Papstes als Oberhaupt – was den angenehmen Nebeneffekt hatte, dass die Reichtümer der katholischen Kirche und der englischen Klöster an die Krone fielen. Nur zwei Jahre später ließ Heinrich Anne allerdings unter dem Vorwand des Ehebruchs hinrichten, um wiederum Jane Seymour zu heiraten, die ihm endlich den ersehnten, wenn auch kränklichen Thronerben Edward schenkte und dabei im Kindbett starb. Heinrichs folgende drei Ehen – englische Schulkinder lernen die Ehefrauenabfolge des promisken Heinrichs mit Hilfe des Abzählreims *divorced, beheaded, died; divorced, beheaded, survived* – blieben kinder- und somit in dynastischer Hinsicht folgenlos. Als er 1547 starb, folgten ihm seine drei Kinder nacheinander auf den Thron – zunächst der minderjährige Edward, nach dessen frühem Tod 1553 die älteste Tochter Maria, und schließlich, 1558, Elisabeth.

Elisabeths Geburt wird in *Heinrich VIII.* thematisiert, einem der letzten Stücke Shakespeares, das ursprünglich *All Is True* hieß, vermutlich gemeinsam mit John Fletcher geschrieben wurde und heute nur selten gespielt wird, da es einem der Zeit entsprechenden, hoch zeremoniellen, heute aber schlicht langweiligem Prunk huldigt. Am bekanntesten ist *Heinrich VIII.* sicherlich dafür, dass bei seiner Uraufführung im Jahr 1613 das *Globe*-Theater in Flammen aufging – vermutlich aufgrund der zeremoniellen Kanonenschüsse, vielleicht aber auch als Folge eines antikatholischen Brandanschlags.[57] Am Ende dieses Stücks jedenfalls hält Erzbischof Thomas Cranmer eine lange, prophetische Rede und feiert Elisabeth mit den Worten, sie verspräche dem Land „tausendmal Tausend Segen“:

This royal infant [...] promises / Upon this land a thousand thousand blessings [...] She shall be loved and fear'd: her own shall bless her; / Her foes shake like a field of beaten corn, / And hang their heads with sorrow: good grows with her: / In her days every man shall eat in safety, / Under his own vine, what he plants; and sing / The merry songs of peace to all his neighbours: / God shall be truly known; and those about her / From her shall read the perfect ways of honour, / And by those claim their greatness, not by blood. Nor shall this peace sleep with her: but as when / The bird of wonder dies, the maiden phoenix, / Her ashes new create another heir, / As great in admiration as herself [...]: peace, plenty, love, truth, terror, / That were the servants to this chosen infant, / Shall then be his [...] our children's children / Shall see this, and bless heaven. (*Henry VIII,* V.4.22)	Dies Königskind [...] verheißt dem Reich / Tausend und abertausend Segensfülle, [...] Geliebt wird sie, gefürchtet sein; gesegnet / Von ihren Freunden. Die Feinde zittern gleich geschlagnen Halmen, / Gebeugt das Haupt in Gram. Heil wächst mit ihr, / In ihren Tagen ißt in Frieden jeder / Unter dem eignen Weinstock, was er pflanzte. Des Friedens heitre Klänge tönen rings, / Gott wird erkannt in Wahrheit; ihre Treuen, / Durch sie geführt zum wahren Pfad der Ehre, / Erkämpfen hier sich Größe, nicht durch Blut. / Auch schläft mit ihr der Friede nicht; nein, wie / Der Wundervogel stirbt, der Jungfraun-Phönix, / Erzeugt aus ihrer Asche sich der Erbe, / So wunderwürdig auch, wie sie es war; [...] Schreck, Friede, Fülle, Lieb und Treu, / Die Diener waren dieses hehren Kindes, / Sind seine dann [...] Unsre Kindeskinder sie sehn, Gott preisend, dies.[58]

In der Tat erlebte England unter Elisabeth und ihrem Nachfolger Jakob I. sein „Goldenes Zeitalter“. Elisabeth war wie ihr Vater humanistisch gebildet, war sogar – als Frau an der Spitze einer patriarchalischen Gesellschaft – einer der gebildetsten Menschen ihrer Zeit. Von dem Gelehrten Roger Ascham erzogen, sprach sie sechs Sprachen, spielte mehrere Instrumente und übersetzte antike Literatur. Fit und fleißig, reiste sie zum Leidwesen ihrer Höflinge einmal im Jahr mit dem gesamten Hof durch das Land, wobei sie ihre jeweiligen Gastgeber, die adligen Lokalmagnaten, praktisch ruinierte. Vor allem in den Sommermonaten zog sie alle paar Wochen in ein anderes Schloss um, was aus hygienischen Gründen wohl auch notwendig war – eine zeitgenössische Quelle attestiert, dass die Paläste nach einiger Zeit gelüftet und parfümiert werden mussten. Sie war zugleich sparsam und prunksüchtig, sanierte die Staatsfinanzen, liebte aber auch das Spektakel und die höfische Pracht – so zählte man bei ihrem Tod über 3000 Roben. Politisch zögerlich, wankelmütig und jähzornig, aber klug und diplomatisch, lachte, spuckte und fluchte sie selbstbewusst in aller Öffentlichkeit. Sie gab ihren Höflingen wenig schmeichelhafte Spitznamen – den Herzog von Anjou, einen der viel versprechendsten Bewerber um ihre Hand, nannte sie „ihren Frosch" – und hasste es, wenn diese heirateten; dafür landeten sie, wie der Seefahrer und Entdecker Sir Walter Ralegh, genannt „Water", schon mal im Tower. Ihre größte Leistung war es vielleicht, im Zeitalter des Schismas den inneren Frieden zu bewahren, und zwar 43 Jahre lang. Katholiken und Protestanten saßen, wenn auch gezwungenermaßen und vorübergehend, in einem Boot; das Land war geeint. Vom Preis dafür wird weiter unten die Rede sein.

Von Shakespeare – immer dicht am Puls der Zeit – wird das sich erstmals regende Nationalgefühl in den so genannten Historiendramen evoziert – so in einer berühmten Passage aus *Richard II.*:

This royal throne of kings, this scepter'd isle, / This earth of majesty, this seat of Mars, / This other Eden, demi-paradise, / This fortress built by Nature for herself / Against infection and the hand of war, / This happy breed of men, this little world, / This precious stone set in the silver sea [...] This blessed plot, this earth, this realm, this England [...]. (II.1.40)

Hier dieser Königsthron, dies Kron-Eiland, / Dies Land der Majestät, dies Heim des Mars, / Dies zweite Eden, dieses Erden-Paradies, Dies Bollwerk, das Natur sich selbst gebaut / Hat gegen Kriegszugriff und Ansteckung, / Dies segensfrohe Völkchen, diese kleine Welt, / Dieses Juwel ins Silbermeer gefasst [...] Dies segensreiche Fleckchen, diese Erde, / Dies Reich, dies England [...].

Bereits im frühen, wenig erfolgreichen und bis heute unterschätzten Stück *König Johann* beschwor Shakespeare die nationale Einheit und Unantastbarkeit Englands:

This England never did, nor never shall, / Lie at the proud foot of a conqueror, / But when it first did help to wound itself. / Now these her princes are come home again, / Come the three corners of the world in arms, / And we shall shock them: nought shall make us rue, / If England to itself do rest but true. (*King John,* V.7.112)	Dies England lag niemals einem stolzen Eroberer zu Füßen – und wird es auch nie tun – außer wenn es zunächst selbst half, sich selbst zu verwunden. Nun, da diese seine Edlen wieder heimgekehrt sind, mögen die drei Enden der Welt in Waffen ankommen, und wir werden ihnen entgegentreten. Nichts wird uns reuen, wenn England nur sich selbst treu bleibt.[59]

Vor allem die beiden Tetralogien der Rosenkriege jedoch sind geradezu populistisch und waren seinerzeit unglaublich erfolgreich. Mit neuer Rhetorik feierten sie den Tudormythos, die Vereinigung der verfeindeten Bürgerkriegsparteien in der Person des ersten Tudor-Herrschers Heinrich VII.. Die so genannte „York“-Tetralogie (*Richard II., Heinrich IV., Teil 1* und *2* sowie *Heinrich V.)* und die „Lancaster“-Tetralogie (*Heinrich VI., Teil 1, 2* und *3* und *Richard III.)* sind ohne Kenntnis der historischen Hintergründe und des umfangreichen adligen Personals heute teils schwer zu verstehen, wurden aber vor einigen Jahren von Luc Perceval als ganztägiges „*Schlachten*“-Spektakel überzeugend in Szene gesetzt: Aus dem historischen Gemetzel der Rosenkriege, während dessen sich im späten 15. Jahrhundert die Anhänger der normannischen Adelshäuser York und Lancaster gegenseitig abschlachten (erstere trugen die weiße, letztere die rote Rose im Wappen, daher der Name), geht der Tyrann Richard III. hervor, der auf dem Schlachtfeld von Bosworth zunächst den unsterblichen Vers „ein Pferd, ein Königreich für ein Pferd“ von sich gibt, um danach von dem absolutistischen Tudor-Monarchen Heinrich VII. besiegt zu werden. Heinrich ist ein neuer, machtbewusster, wenn auch nicht ganz legitim an selbige gekommener Herrschertypus, der die streitenden Fraktionen vereinigt und dessen Enkelin Elisabeth Shakespeares Königin war.

Dass Shakespeare zumindest zu Beginn seiner Karriere bewusst den Tudormythos bedient und die junge Dynastie legitimiert hat, kann man recht deutlich an der Rede Richmonds, des künftigen König Heinrich VII., in *König Richard III.* ablesen:

England hath long been mad, and scarr'd herself; / The brother blindly shed the brother's blood [...]. O, now let Richmond and Elizabeth, / The true succeeders of each royal house, / By God's fair ordinance conjoin together, / And let their heirs, God, if Thy will be so, / Enrich the time to come with smooth-fac'd peace, / With smiling plenty, and fair prosperous days. (*King Richard III.*, V.5.23)	England war lange toll und schlug sich Narben; Der Bruder blind vergoss des Bruders Blut [...] O lasst nun Richmond und Elisabeth, / Die wahren Erben beider Königshäuser, / Durch Gottes schöne Fügung sich vereinen, / Und lass dies Haus, Gott, wenn's Dein Wille ist, / Die Zeit, die kommt, mit weichem Frieden segnen, / Mit heitrer Fülle und reichblühnden Tagen.

Dem war natürlich nicht auf Dauer so, denn mit Elisabeth endete bekanntlich die Tudor-Dynastie, und schon 39 Jahre später versank das Land erneut im Bürgerkrieg. Unter ihrer und ihres Nachfolgers, des schottischen Stuart Jakob I. Regentschaft aber entwickelte England sich endgültig zum Nationalstaat von europäischem Gewicht. Die Hauptstadt London wurde einer der führenden Höfe Europas, und damit auch ein kulturelles Zentrum ersten Ranges. Einen nicht unwesentlichen Anteil an dieser Entwicklung hatten die nach den Rosenkriegen neu in den Adel erhobenen, königstreuen Grafen und Herzöge, die sich bemühten, durch fleißiges Mäzenatentum von Dichtern und Theatertruppen sozusagen eine „gute Presse“ zu erhalten. Wie sagte doch schon Hamlet über die Schauspieler: „Es ist besser, nach Eurem Tode einen schlechten Epitaph zu haben, als ihre üble Nachrede im Leben“ („... *after your death you were better have a bad epitaph than their ill report while you live*“, II.2.518). Nicht umsonst waren die teuersten Plätze im *Globe* diejenigen direkt über der Bühne, wo man gesehen wurde. Klatsch und Tratsch bestimmten das Leben am königlichen Hof mit seinen über tausend Höflingen und Hofbeamten. Dementsprechend war das elisabethanische Theater auch immer ein Politikum, das – ebenso wie heute Hollywood – das Leben am Hof spiegelte und kommentierte.

2.6 Bürgertum und elisabethanischer Hof

Wie aber muss man sich das Leben bei Hof vorstellen, das in vielen Stücken Shakespeares thematisiert wird? Um das nachzuvollziehen, ist es notwendig, sich den Prozess der Verhöfischung im Absolutismus vor Augen zu führen. Dieser hing mit der wachsenden Bedeutung des Bürgertums zusammen, von dem Shakespeare, der seine beträchtlichen Einkünfte als Theaterautor, -schauspieler und -teilhaber gewinnbringend in Immobilien und Land investierte, ein typischer Vertreter war. Mit der Entwicklung der Geldwirtschaft – es war die Zeit, in der die ersten Börsen gegründet wurden – verloren die lokalen Fürstentümer ebenso wie die Kirche überall in Europa an Bedeutung für die Finanzen des Landes. Der alte Feudal-adel sah sich gezwungen, mit selbstbewussten *selfmade-men* zu konkurrieren, wie beispielsweise Shakespeares Vater einer war – Männern, die sich in öffentlichen Ämtern um die Selbstverwaltung ihres Gemeinwesens kümmerten, dem Parlament beiwohnten, Handel trieben, Ländereien und Adelstitel erwarben und ihre Söhne auf die öffentlichen Lateinschulen sowie auf die Universitäten von Oxford und Cambridge schickten.

Ein Symptom für die gestiegene Bedeutung des Handels gegenüber dem Grundbesitz war das Phänomen der Einzäunungen oder *enclosures,* ein massives soziales Problem der Shakespearezeit. Da der Wollhandel einträglicher war als die Landwirtschaft, wurde Acker- in Weideland umgewandelt. Das Nachsehen hatten die ehemaligen Pächter, die auf der Straße oder im Armenhaus landeten, denn Vagabundentum war verboten und wurde mit Prügeln und Einsperren bestraft. Was die Situation der verarmten Bevölkerung noch verschärfte, war die Tatsache, dass die Klöster nicht mehr existierten, die traditionell Mittellose unterstützt hatten; neue Institutionen und Gesetze gegen die Armut aber waren erst im Werden begriffen.[60] Shakespeare war mit dem Phänomen Armut gewiss vertraut und hat sich der Symptomatik, zum Beispiel im *König Lear,* wo Edgar sich als Armenhäusler *Poor Tom* ver- bzw. entkleidet, auch bedient.

Auf der anderen Seite gab es die Gewinner der wirtschaftlichen Entwicklung – soziale Aufsteiger. Die Krone vergab Land und einflussreiche Ämter ebenso wie lukrative Monopole – zum Beispiel dasjenige des Weinhandels oder des Bierbrauens – an Günstlinge.

Diese konnten allerdings nur von denjenigen Adligen (oder neu geadelten Bürgerlichen, den *gentlemen*) ergattert werden, die sich zuvor bei Hofe beliebt gemacht bzw. sich militärische oder anderweitige Verdienste erworben hatten. Anders als im Feudalwesen, wo die lokalen Fürsten auf ihren Adelssitzen schalten und walten konnten, wie es ihnen beliebte, setzte im Absolutismus der Hof die politischen und kulturellen Maßstäbe; wer nicht zu Hofe ging, blieb außen vor. Aus diesem Grund mussten die Adligen ihre Privatkriege aufgeben und Höflinge werden, wenn sie am Spiel der Macht teilhaben wollten. Dieses funktionierte über Prestige und Einfluss und beruhte nicht mehr auf Waffen und Gewalt, sondern auf Worten, Intrigen und höfischen Ritualen – man erkennt die Verwandtschaft mit der heutigen Politik, und natürlich auch wieder diejenige mit der Parallelwelt des Theaters.
Das Leben in diesen höfischen Kreisen war, wie der Soziologe Norbert Elias[61] eindrucksvoll beschrieben hat, ein Leben auf einem heute unvorstellbar glatten Parkett. Elias' Studien zur Entwicklung der menschlichen Zivilisation analysieren die Folgen der Tatsache, dass jede menschliche Gesellschaft auf Kooperation beruht und daher Selbstkontrolle von ihren Angehörigen verlangt. Mit den Gesellschaftsformen ändern sich auch die Formen der Selbstkontrolle, und die sind gerade in der höfischen Gesellschaft extrem ausgeprägt:

Das Leben in diesem Kreis ist kein friedliches Leben. Sehr viele Menschen hängen hier beständig voneinander ab. Der Druck um Konkurrenz und Prestige und die Gunst des Königs ist stark. Die ‚Affairen', die Rang- und Gunststreitigkeiten brechen nicht ab. Spielt der Degen als Mittel der Entscheidung keine so große Rolle mehr, so treten Intrigen, Kämpfe, bei denen um Karriere und sozialen Erfolg mit Worten gestritten wird, an seine Stelle. Sie verlangen und züchten andere Eigenschaften, als die Kämpfe, die mit der Waffe ausgefochten werden: Überlegung, Berechnung auf längere Sicht, Selbstbeherrschung, genauste Regelung der eigenen Affekte, Kenntnis der Menschen und des gesamten Terrains werden zu unerläßlichen Voraussetzungen jedes sozialen Erfolges.
Jeder einzelne gehört zu einer Clique, zu einem Verkehrskreis, der ihn gegebenenfalls unterstützt; aber die Gruppierungen wechseln. Er geht Bündnisse ein, und zwar Bündnisse mit Personen, die hoch im höfischen Kurs rangieren; aber der Kurs der Personen wechselt ebenfalls oft sehr rasch; er hat Konkurrenten; er hat offene und versteckte Feinde; und die Taktik der Kämpfe, wie die der Bündnisse bedarf einer genauen Über-

legung; Distanzierung und Näherung im Verhalten zu jedem anderen müssen genau dosiert werden; jeder Gruß, jedes Gespräch hat eine Bedeutung über das unmittelbar Gesagte hinaus; sie zeigen den Kurswert des Menschen an und sie tragen zur Bildung der höfischen Meinung über diesen Wert bei.[62]

Selbstkontrolle, Höflichkeit und Berechnung bestimmten also bei Hof über Macht, Einfluss und sozialen Erfolg; „Unhöflichkeit" und „aus der Rolle fallen" führten ins soziale Abseits – ein klassisches Beispiel ist das Eindringen des Grafen von Essex in Elisabeths Schlafgemach, das mit Hausarrest geahndet wurde; dessen Bruch und ein anschließend angezettelter Aufstand, die „Essex-Verschwörung", von der unten noch die Rede sein wird, brachten ihn schließlich trotz seiner enormen Beliebtheit beim Volk als Hochverräter aufs Schafott. Die Redewendung „aus der Rolle fallen" verweist wieder auf die enge Verbindung zum elisabethanischen Drama: Alle Höflinge spielen eine Rolle auf der Bühne des Hofes, der ja tatsächlich die Bühne war, auf dem das Staatsspektakel inszeniert wurde – was wiederum in vielen Stükken auf die Schauspiel-Bühne gebracht wurde. Shakespeares Adlige tragen dabei gerade in den frühen Stücken offensichtlich bürgerliche Züge – so z.B. der alte Capulet, der selbst Hand an die Hochzeitsvorbereitungen legt und den Dienstboten im Weg ist.[63] Umgekehrt amüsierten sich die Adligen bei den populären *Masques*, szenisch-musischen Darstellungen, in denen die Höflinge und sogar die Königin selbst stark stilisierte Rollen spielten. Insofern verwundert es nicht, dass viele Dramen des Bürgers Shakespeare in höfischen Kreisen spielen: Das ganze öffentliche Leben richtete sich am Staatstheater des Hofs aus. Und auf dieser Staatsbühne galten neue Spielregeln. Konnte der Adlige zuhause bei sich auf der Burg – frei nach Luther – rülpsen und furzen, wie es ihm beliebte, war ein solches Verhalten bei Hofe fehl am Platz – jedenfalls sofern man nicht ganz oben auf der Rangliste stand, sprich der oder die König(in) war.

Wie man sich benehmen musste, stand in einem äußerst einflussreichen, aus dem Italienischen übersetzten Buch von Baldassare Castiglione (1478-1529). Sein *Buch vom Höfling* ist eine Art Knigge der Renaissance-Gesellschaft, ein als Dialog geschriebenes Benimm-Buch der guten Umgangsformen, das der damals noch eher ungeschliffenen elisabethanischen Elite Zugang zur Kultur der europäischen Renaissance verschaffte. In ihm wurde das Ideal des perfekten Hofmannes entworfen, der, um mit *Hamlet* zu sprechen, „*the courtier's, soldier's, scholar's eye, tongue, sword*" (III.1.151) besitzen musste, also Höfling, Soldat und Gelehrter gleichzeitig sein sollte: adlig, kraftvoll, schlicht und elegant im Aussehen, ein Experte in Waffenfragen, versierter Musiker und Versedichter, Kenner der bildenden Kunst und nicht zuletzt ein anregender Gesellschafter. *Höfisches* Verhalten war eben auch *höfliches* Verhalten; Rücksichtnahme und Zurückhaltung gegenüber Schwächeren und Frauen kamen ebenso in Mode wie der sprachliche Witz und die sprichwörtliche „Schlagfertigkeit", die vonnöten waren, wollte man Duelle mit Worten statt mit Waffen fechten. Auch hier ist die Verbindung zum Shakespeare-Drama offensichtlich, das ja ganz erheblich vom Wortwitz lebt.

2.7 Sein und Schein: Shakespeares Schurken

Aber das Rollenspiel bei Hofe hatte noch eine andere Seite: Es eröffnete beunruhigende Möglichkeiten der Verstellung, der Täuschung und des Scheins. In einer Welt der Intrigen wurde die Beobachtung des anderen ebenso wichtig wie die Fähigkeit, selbst zu schauspielern. Dem entspricht auf der Bühne nicht nur das bereits erwähnte Konzept der Theatermetapher, sondern auch der dramaturgische Kunstgriff des „Spiels im Spiel". Shakespeare verwendet diesen Topos immer wieder, so im *Hamlet,* im *Sommernachtstraum* oder in *Wie es Euch gefällt,* und man findet ihn bis heute in (Theater-) Filmen wie Ernst Lubitschs *Sein oder Nichtsein* oder *Shakespeare in Love.*[64] Das „Spiel-im-Spiel" begründete eine theoretisch endlose Reihe von (Selbst-)bespiegelungen, bei denen das Leben und die Kunst, das Publikum und die Schauspieler sich gegenseitig reflektieren – bis der Zuschauer erkennt, dass er auch nur eine Rolle spielt und das Leben nichts ist als Theater. So wie *Die Mausefalle,* das Stück-im-Stück in *Hamlet,* die vom Titelhelden allegorisch veränderte Adaption einer historischen Geschichte ist – „überliefert und in feinstem Italienisch verfasst", wie Hamlet in III.2.257 sagt –, genauso ist auch das Stück *Hamlet* selbst eine von Shakespeare allegorisch veränderte und mit aktuellen politischen Bezügen gewürzte Adap-tion verschiedener literarischer

Quellen. Durch die Parallelisierung der Fiktionsebenen wird der elisabethanische Zuschauer in die Lage versetzt, sich quasi selbst beim Sehen zuzusehen. Andere metadramatische Konzepte in Shakespeares Stücken sind die Verdoppelung der dramatischen Situation z.B. in *König Lear*, wo Edgar seinem geblendeten Vater einredet, er befinde sich auf einer hohen Klippe, oder auch die häufigen Intrigen – z.B. diejenige in *Viel Lärm um Nichts,* bei der die Freunde von Beatrice und Benedick den eingefleischten Singles einreden, sie seien ineinander verliebt, oder der fingierte Liebesbrief in *Wie es Euch gefällt,* der Malvolio dazu bringt, lächerliches Theater zu spielen.

Auch Wortspiele haben oft eine metadramatische Funktion. Sie sind nicht nur rhetorische oder humorvolle Einlage, sondern verwiesen auf die Uneindeutigkeit und Doppelbödigkeit der Sprache, auf die semantische Trennung von Worten und Dingen, kurz, auf die Diskrepanz von Sein und Schein. Als Claudius ihn als „Sohn" bezeichnet, entgegnet Hamlet: *„a little more than kin, and less than kind"* – annäherungsweise mit „ein bisschen viel an artfremder Verwandtschaft" zu übersetzen.[65] Solche Wortspielereien charakterisieren den Sprecher ebenso wie den nur scheinbar gütigen König Claudius. Ein anderes klassisches Beispiel ist die doppelte Bedeutung des Wortes *common,* mit dem Hamlet in derselben Szene auf die Vorhaltungen seiner Mutter reagiert, er trauere zu lange um seinen Vater. „Du weißt, s'ist alln gemein: was lebt, muss sterben," sagt die neu vermählte Gertrude, und Hamlet entgegnet: *„Ay madam, it is common"* – „Ja, allgemein gemein". Natürlich ist es *gemein* von Gertrude, kurz nach dem Tod ihres ersten Gatten erneut zu heiraten und damit ihre frühere große Liebe als Schein zu entlarven.

Ebenfalls in den Bereich der metanarrativen Mittel des Shakespeare-Theaters gehört die Stilisierung einzelner Figuren zum Spielleiter – Falstaff, der Prinz Hal vor- und Jago, der *Othello* verführt, oder Prospero, der auf seiner Insel Theater spielt. Auch Schurke Richard gibt sich wahlweise als Schauspieler (so in der Szene, in der er Anne den Liebhaber vorgaukelt) und Regisseur, gibt anderen Figuren Spielanweisungen und palavert mit dem Publikum. Aber auch sein Gegenspieler Buckingham weiß seine Rolle zu spielen:

Tut, I can counterfeit the deep tragedian, / Speak, and look back, and pry on every side, / Tremble and start at wagging of a straw, / Intending deep suspicion. Ghastly looks / Are at my service like enforced smiles; / And both are ready in their offices, / At any time to grace my stratagems (*Richard III.*, III.5.5)	Pah, ich nehm's auf mit jedem Großtragöden, / Red und schau rückwärts und seh wild umher, / Zitter und zuck, wenn nur ein Strohalm wackelt, / Zum Zeichen tiefen Misstrauns. Wüste Blicke / Stehn zur Verfügung und verkrampftes Lächeln, / Und beide sind zum Einsatz jederzeit / Bereit, mir meine Finten auszuschmücken.

Dieses Vermögen, sich zu verstellen, brachte die Alternativen des individuellen Verhaltens zu Bewusstsein: Der Mensch war eben nicht nur frei, wie in der Renaissance gelehrt, sondern frei im Guten wie im Bösen. So wie er mit einem tugendhaften Dasein bereits im Diesseits am Reich Gottes teilhaben konnte – eine Vorstellung, aus der die Puritaner ihre asketischen Lebensregeln ableiteten –, so konnte er andererseits auch die Sünde wählen. Tugend, so erklärt z.B. der durchtriebene Jago, ist nichts als eine Frage des Willens (*Othello,* I.3.316). Entscheidend im Sinne des christlichen Humanismus ist also die Intention, die gute oder böse Absicht.

Allgemein bestand daher in der Shakespeare-Zeit ein gesteigertes Interesse an der Psychologie des Schurken oder *villain.* Auf der Bühne kamen die mittelalterlichen Todsünden und der *Vice* der Moralitäten aus der Mode. An ihre Stelle traten intrigante Machtmenschen wie Marlowes *Tamburlaine* oder Shakespeares *Richard III.* Gleich zu Beginn des Stückes verkündet dieser, da er nun einmal, missgestaltet wie er sei, nicht zum Liebhaber tauge, sei er entschlossen, ein Schurke zu sein. Sodann fährt er munter fort, dem sich wohlig gruselnden Publikum seine mörderischen Pläne zu enthüllen. Dabei geht er von der These aus, dass der Zweck die Mittel heiligt – ein beunruhigender, weil die öffentliche Ordnung gefährdender Gedanke, der in Shakespeares Zeit allgemein präsent war. So rechtfertigte sich Guy Fawkes, einer der katholischen Pulververschwörer, die 1605 versucht hatten, das Londoner Parlament samt Königsfamilie in die Luft zu sprengen, mit dem Argument, eine verzweifelte Krankheit müsste man eben auch mit gefährlichen Mitteln kurieren: *„A desperate disease requires a dangerous remedy.“*[66]

Der Theoretiker, auf dessen Ideen dieser Gedanke beruhte, war auch Italiener und hieß Niccolò Machiavelli (1469-1527); sein Name stand Pate für das Wort „Machiavellismus“. In seinem staatsphilosophischem Traktat *Il Principe (Der Fürst)* von 1513, das erstmals 1532 gedruckt wurde, hatte der Staatsmann Machiavelli eine zynische Theorie der Macht entwickelt, die allgemein bekannt und äußerst einflussreich war; zusammengefasst geht es darum, dass einem rechtmäßigen Herrscher das Recht und sogar die Verpflichtung zugesprochen wird, sich durch Intrigen, Täuschung und Einschüchterung an der Macht zu halten. Der Erfolg dieses Buches ist nur verständlich vor dem Hintergrund des oben beschriebenen veränderten Welt- und Menschenbildes: Mit dem Verlust des ptolemäischen Weltbildes und der mittelalterlichen „natürlichen Ordnung“, die jedem einzelnen seinen festen, unveränderbaren Platz in der Welt anwies, wurde auch die Moral zur Disposition gestellt. Wenn der Mensch plötzlich frei ist, gut oder böse zu sein, dann kann das eben auch heißen, dass der Zweck die Mittel heiligt – eine subversive Idee, die, wie gesagt, im elisabethanischen und jakobäischen England und damit auch auf der zeitgenössischen Bühne viel diskutiert wurde. Shakespeares Zeitgenosse Christopher Marlowe beispielsweise ließ Machiavelli den Prolog in seinem Stück *Der Jude von Malta* sprechen:

I count religion but a childish toy, / And hold there is no sin but ignorance [...]. / What right had Caesar to the empery? / Might first made kings [...].	Ich halte die Religion für kindischen Spielkram, als Sünde gilt mir nur Unwissenheit [...]. Welches Anrecht hatte Cäsar auf den Kaiserthron? Die Macht hat Könige erst gemacht.

Das ist natürlich im Kontext des Königtums von Gottes Gnaden unerhört schurkisch. Bis dato war eine Trennung von Religion und Staat kein Thema; ihre Legitimation bezogen die Tudor- und Stuart-Monarchen aus der gegebenen Tatsache ihrer göttlichen Erwähltheit. So kommentierte Elisabeth angeblich ihre Nachfolge mit dem Bibelvers *„This is the Lord's doing, and it is marvellous in our eyes“* (Psalm 118, 23). Nun aber wurde erstmals ein Verhaltenskodex formuliert, der nicht mehr auf Moral und Erwähltheit, sondern auf Verstellung und Macht basierte – einem Menschenbild entsprechend, das dem Ehrgeiz des Individuums Rechnung trug. Edmund etwa, der illegitime Sohn Gloucesters aus *König Lear*, argumentiert:

Thou, nature, art my goddess; to thy law / My services are bound. Wherefore should I / Stand in the plague of custom, and permit / The curiosity of nations to deprive me, / For that I am some twelve or fourteen moon-shines / Lag of a brother? Why bastard? wherefore base? [...] Well, then, Legitimate Edgar, I must have your land [...] Edmund the base / Shall top the legitimate. (*King Lear*, I.2.1)	Du bist mein Gott, Natur; deinem Gesetz / Nur folg ich nach. Warum sollt ich der Pest / Der Sittenkonvention mich beugen, dulden, / Dass mich Erbrechtshaarspalterei enterbt, / Nur weil ich zwölf bis vierzehn Mondenscheine / Dem Bruder nachhink? Wieso Bastard? Wie – unehrlich? [...] Nun denn, / Ehrlicher Edgar, also ich brauch dein Land [...] Edmund der ‚Un-' / [wird] Dem Ehelichen über.

Die *Natur* auf die der Bastard Edmund sich beruft, entspricht dabei keineswegs unserer romantischen Vorstellung, sondern konnotiert das machiavellistische Recht des Stärkeren, das im krassen Gegensatz zur – in einem noch früheren Sinne *natürlichen* – feudalen Ordnung der Gesellschaft steht. Wie der Jude von Malta oder Marlowes Tambourlaine ist auch Shakespeares Edmund, sind Macbeth, Claudius oder Richard III. zynische, machiavellistische Machtmenschen, die ihren scharfen Verstand nur für ihre unmittelbaren Zwecke nutzen, keine Moral mehr kennen und keine menschliche Ordnung mehr akzeptieren. Damit sind sie moderne, individualistische Antihelden – die allerdings das ganze Gefüge ihrer Welt ins Wanken bringen. Shakespeares Dramen spielen nämlich durch, was genau geschieht, wenn die gesellschaftliche Ordnung durchbrochen wird, wenn altes und neues Denken aufeinanderprallen. Sie sind damit das Bild einer historischen Epoche, die, wie die erfolgreichen Filme *Elisabeth* (1998) oder *Die Schwester der Königin* (2008) zeigen, selbst ganz gut zum Bühnenstück oder Film taugt – mit Luther und Heinrich VIII. als Vorspiel und dem 30-jährigen Krieg bzw. dem englischen Bürgerkrieg als ausgedehnter *Action*-Sequenz am Ende.

3 Shakespeare und die Katholikenverfolgung

–he died a papist (Richard Davies, Erzdiakon von Coventry, vor 1703)

In Europa führten die religiösen und weltanschaulichen Gegensätze der Reformationszeit wenige Jahre nach Shakespeares Tod zum Flächenbrand des 30-jährigen Krieges (1618-48). In England, das ein wenig hinter der kontinentalen Entwicklung hinterherhinkte, verursachten sie eine Neuauflage des lange gefürchteten, religionspolitisch motivierten Bürgerkrieges (1642-49), in dessen Verlauf erstmals ein Monarch von Gottes Gnaden auf dem Schafott endete, sowie später die Glorious Revolution von 1688. Da lag Shakespeare allerdings schon ein Menschenleben lang unter der Erde. Der Zeitraum zwischen Shakespeares Tod und dem Ausbruch der Revolution entspricht, um ihn anhand vertrauter historischer Ereignisse zu verdeutlichen, etwa demjenigen zwischen dem ersten Weltkrieg und der Deutschen Wiedervereinigung. Das Feuer dieser Konflikte brach also nicht plötzlich aus, sondern hatte bereits lange geschwelt.

3.1 Vorgeschichte

Am 31. Oktober 1517, dem heutigen Reformationstag, hatte Martin Luther als Protest gegen den Ablasshandel zur Finanzierung des Petersdoms seine 95 Thesen ans Portal der Wittenberger Schlosskirche gehämmert. Damit löste er zunächst einen Pamphletenkrieg und schließlich das bedeutendste Schisma der christlichen Kirche aus: Unterstützt vom einflussreichen Bürgertum in den wohlhabenden Städten setzte sich in halb Europa der Protestantismus durch.

Anderthalb Jahre vor Luthers öffentlichem Protest, im Februar 1516, hatte Katharina von Aragon dem englischen König Heinrich VIII. eine Tochter geschenkt: die spätere Königin Maria I. von England und erste Nachfolgerin Heinrichs, deren Rekatholisierungsmaßnahmen und blutige Verfolgung der Protestanten ihr 50 Jahre später die Bezeichnung *Bloody Mary* eintragen sollten (nach ihr ist der bekannte, tomatenrote Cocktail benannt). Zum Zeitpunkt von Marias Geburt war Heinrich VIII. noch überzeugter Katholik, Mitglied der Heiligen Liga gegen Frankreich und Bündnispartner Spaniens. 1521 wurde er vom Papst sogar wegen seiner gemeinsam mit seinem Kanzler Thomas Morus verfassten, antireformato-rischen Schrift *Assertio Septem Sacramentorum (Verteidigung der Sieben Sakramente)* mit dem Titel *Verteidiger des Glaubens (Defensor Fidei)* ausgezeichnet – ein Titel, den die englischen Monarchen heute noch führen. Ein Zeichen von Heinrichs pro-katholischer Bündnispolitik, die wie allgemein üblich durch dynastische Eheschließungen gefestigt wurde, war die Verlobung seiner Tochter im Jahre 1522 – Maria war sechs Jahre alt – mit ihrem Cousin Karl V., seines Zeichens spanischer König und Kaiser des Heiligen Römischen Reiches. Wie seine Vorgänger war Heinrich VIII. anfangs bestrebt, die Legitimation der Tudor-Dynastie durch eine enge Verbindung mit Spanien zu untermauern; der Protestantismus war in den ersten Jahrzehnten seiner Regierungszeit kein Thema in England. In Europa, vor allem in Norddeutschland, den Niederlanden und der Schweiz, war er hingegen auf dem Vormarsch. 1521, kurz vor Marias Verlobung mit dem Habsburger Kaiser, hatte Luther auf dem Reichstag zu Worms seine legendären Worte „Hier stehe ich, ich kann nicht anders“ gesprochen, mit denen er das in der Heiligen Schrift überlieferte Wort Gottes über das im Dogma dokumentierte Wort des Papstes stellte.

3.2 Religiöse Verfolgung und die *Via Media* in England

In den folgenden Jahrzehnten rissen Reformation, Gegenreformation und Inquisition tiefe Gräben in die Einigkeit des christlichen Abendlandes und forderten unzählige Opfer – darunter die 12.000 Hugenotten der französischen Bartholomäusnacht im Jahre 1572. In den 1590er-Jahren wurde dieses kontroverse, hoch gefährliche Thema von Christopher Marlowe als *The Massacre of Paris* auf die elisabethanische Bühne gebracht. Das war zum einen brisant, weil es zeitgeschichtliche Ereignisse behandelte, was generell untersagt war; zum anderen, weil auch in England religiöse Verfolgung die Regel war. Heinrich VIII. hatte zunächst die Protestanten und später, nach seiner Lossagung vom Papst, die

Katholiken unterdrücken und hinrichten lassen – seriöse Quellen geben die Zahl der Hinrichtungen unter seiner Herrschaft mit über 70.000 an.[67] Katholiken wurden auch unter seinem Sohn Edward VI. eingekerkert und auf dem Scheiterhaufen verbrannt. Im Zuge der strengeren Durchsetzung des anglikanischen Ritus und Gebetsbuches, des *Book of Common Prayer* (1552) ließ Edward VI. (bzw. sein Ratgeber Thomas Cranmer, der Erzbischof von Canterbury und Autor des Werkes) zudem überall im Land katholische Glaubensinsignien zerstören.

In den Jahren vor Shakespeares Geburt traf es dagegen die Protestanten. Heinrichs Tochter Maria, die von 1553-1558 regierte, ließ im Zuge ihrer rigiden Rekatholisierungspolitik 284 Menschen als Ketzer verbrennen, darunter auch Erzbischof Cranmer, der seinerzeit die Ehe Heinrich VIII. mit Marias Mutter Katharina von Aragon geschieden hatte. Die erzkatholische *Bloody Mary*, mittlerweile mit dem spanischen König Philip II. verheiratet, gab sich redliche Mühe, einen katholischen Thronerben zu produzieren. Als sie jedoch nach etlichen Scheinschwangerschaften wie ihr Bruder ohne Nachkommen starb, gingen Krone und öffentliches Bekenntnis an Elisabeth, ihre protestantische Halbschwester.

Unter Elisabeth I. waren dann wieder die Katholiken an der Reihe: 131 Priester und etwa 60 Laien wurden in ihrer Regierungszeit als Hochverräter auf grausamste Weise hingerichtet, weit mehr ins Gefängnis geworfen, gefoltert und/oder finanziell ruiniert. Zunächst versuchte es die *Virgin Queen* allerdings mit einer Politik der vergleichsweisen Toleranz und bemühte sich, sowohl die Anhänger des alten Glaubens als auch die Puritaner zufrieden zu stellen. So ließ sie sich zwar nach katholischem Ritus krönen, blieb allerdings der anschließenden Messe fern; sie duldete katholische Edelleute im Parlament, ließ aber die unter Maria ernannten katholischen Bischöfe einkerkern, da diese ihre Autorität nicht anerkannten. Mit ihrem Amtsantritt erneuerte Elisabeth die protestantische, königliche Kirchenherrschaft, die sie 1559 noch einmal vom Parlament bestätigen ließ. Im selben Jahr führte sie mit der Uniformitätsakte Kirchgang und das anglikanische Gebetsbuch verpflichtend ein.[68] Damit waren der Katholizismus illegal, und seine Spuren in den Kirchen getilgt. 1564 wurden die mittelalterlichen Wandmalereien in der Stratforder Dreifaltigkeitskirche übermalt; ironischerweise war es John Shakespeare, der möglicherweise katholische Vater des Dichters und damals Stadtrat Stratfords, der den diesbezüglichen königlichen Erlass durchzusetzen hatte. Gleichzeitig erlaubte Elisabeth aber Kruzifixe und Messgewänder und behielt einen weitgehend katholischen Ritus bei, wie er auch heute noch in der anglikanischen Kirche praktiziert wird.

3.3 Die päpstliche Bulle und die Englische Mission

Mit diesem englischen Mittelweg waren allerdings, wie sich bald zeigte, weder die calvinistischen Puritaner noch die Katholiken zufrieden. 1569, zehn Jahre nach Elisabeths Krönung – Shakespeare war fünf Jahre alt – kam es zum Katholikenaufstand im Norden Englands, ausgelöst durch die Flucht der Schottenkönigin *Maria Stuart* nach England. Maria Stuart war eine Urenkelin *Heinrich VII.*, Thronanwärterin nach Elisabeth und in den Augen der katholischen Minderheit die eigentlich rechtmäßige Thronfolgerin. In Zuge dieses blutig niedergeschlagenen Aufstandes wurde Elisabeth I. 1570 von Papst Pius V. exkommuniziert und mit dem Bannfluch *Regnans in excelsis* belegt;[69] auch ihre Anhänger wurden exkommuniziert und ihre Untertanen vom Treueid entbunden, was darauf hinauslief, dass einem Attentäter in spe im Voraus die Absolution erteilt wurde. Die Exkommunikation ihrer Königin muss die Mehrzahl der königstreuen englischen Katholiken, die sich nicht am Aufstand beteiligt hatten, in einen ungeheuren Gewissenskonflikt gestürzt haben – ihre Loyalität war nunmehr geteilt zwischen der Krone, denn Elisabeth war eine fähige Monarchin, und dem Papst als Stellvertreter Gottes auf Erden. Ihnen gegenüber standen diejenigen, für die Elisabeth eine Usurpatorin war – immerhin war sie auf Drängen ihres Vaters Heinrich VIII. nach der Hinrichtung ihrer Mutter für illegitim erklärt worden, was sie aus der Thronfolge hätte ausschließen müssen.

Nach der Exkommunion der Königin und während des Kriegs zwischen England und Spanien in den Niederlanden wurden die Maßnahmen gegen Katholiken in England verschärft. Nach 1571 galt es als Verrat, den Monarchen als Häretiker oder Kirchenspalter zu bezeichnen oder päpstliche Bullen einzuführen; 1577 wurde der erste Priester, Cuthbert Mayne, als Hochverräter hingerichtet. Gleichzeitig verstärkten Papst und Kaiser ihre Bemühungen, England zu rekatholisieren und den Weg für eine Invasion zu ebnen. Daraufhin begann in den 80er Jahren, also in Shakespeares Jugendzeit, ein unerbittlicher Kampf des Geheimdienstes Ihrer Majestät gegen die Jesuiten, die England im Auftrag des Papstes infiltrierten. 1580 hatte Rom eine geheime „Englische Mission" initiiert: 51 Jesuiten reisten heimlich nach England um dort inkognito seelsorgerisch für die katholischen Landadligen zu arbeiten, die ihnen Unterkunft und Verstecke, so genannte „Priesterlöcher" boten. Begleitet wurden diese Priester von jungen englischen Katholiken der im selben Jahr gegründeten *Catholic Association.* Unter anderem verteilten sie eine ins Englische übersetzte, gedruckte Fassung des „spirituellen Testaments" des berühmten Mailänder Kardinals Carlo Borromeo, eine Art Glaubenserklärung, verfasst in Italien im 16. Jahrhundert zur Zeit der großen Pest-Epidemie. Sie konnte von Katholiken als Absicherung für den Fall unterzeichnet werden, dass sie ohne priesterlichen Beistand und letzte Ölung starben. Ein Brief aus dem Jahr 1581, in dem „noch drei- oder vier Tausend Exemplare" aus Rom angefordert werden, „denn viele Personen hätten gern welche",[70] belegt, dass dieses spirituelle Testament im elisabethanischen England im Umlauf war. Als Antwort auf diese missionarischen Aktivitäten erließ Elisabeths Regierung weitere antikatholische Gesetze. Das Praktizieren der Messe wurde ebenso verboten wie die Anstellung von katholischen Lehrern, und das Fernbleiben vom anglikanischen Gottesdienst wurde mit hohen Geldstrafen und Gefängnis belegt. Priester, Missionare und Konvertiten wurden als Landesverräter verfolgt, gefoltert und – die Regelstrafe bei Landesverrat – auf dem Schafott gehängt und bei lebendigem Leib gevierteilt. Auch der Besitz katholischer Schriften oder Bildnisse, beispielsweise der Jungfrau Maria, war verboten. Zudem wurden konversionsunwillige Papisten, Rekusanten genannt, ebenso wie diejenigen, die Priestern Unterschlupf boten, systematisch zugunsten der kriegsgebeutelten Staatskasse enteignet; auch mit diesem Geld wurde der Dauerkrieg (1585-1604) gegen das katholische Spanien finanziert. Dass die katholische Seite im Zuge der Gegenreformation ebenfalls nicht zimperlich war, beweist die Tatsache, dass in den Jahrzehnten nach dem Bannfluch des Papstes etliche Mordkomplotte gegen Elisabeth aufgedeckt wurden; das bekannteste Beispiel ist die Babington-Verschwörung von 1586. Zwei Jahre zuvor hatte das Parlament den *Safety of the Queen, etc. Act* zur Sicherung des inneren Friedens verabschiedet, wonach jemand, der in ein Komplott zur Ermordung der Königin verwickelt war, nicht Thronfolger werden konnte.

In diesen unruhigen Zeiten gingen viele englische Katholiken ins Exil, teils nach Rom, teils nach Frankreich und Flandern. Im dortigen Douai hatte der Jesuit und spätere Kardinal William Allen 1568 ein englisches Studienkolleg, das *Collegium Anglicum* gegründet, das später aufgrund der spanisch-niederländischen Unruhen vorübergehend nach Rheims verlegt wurde (1578-1593). Dieses Kolleg bot jungen englischen Katholiken, die nicht in Oxford oder Cambridge studieren konnten, da sie dort den Suprematseid auf die Königin als Oberhaupt der anglikanischen Kirche hätten ablegen müssen, eine zweijährige Universitätsausbildung. Anschließend hatten sie die Möglichkeit, ein Priesterseminar zu besuchen, in dem sie für die Missionsarbeit in der Heimat ausgebildet wurden. Für die Jahre zwischen 1604 und 1606 existieren Zahlen; demnach besuchten in dieser Zeit etwa 2000 junge Männer unter 16 Jahren die katholischen Ausbildungsstätten auf dem Kontinent.

Der Mainzer Shakespeare-Forscherin Hildegard Hammerschmidt-Hummel zufolge gibt es Indizien dafür, dass auch Shakespeare zwei Jahre lang an diesem Kolleg studiert haben könnte – darunter ein im 19. Jahrhundert gelöschter Eintrag im Diarium von Douai sowie die Tatsache, dass sein Vater zu der Zeit Grundstücke verpfändete, um Bargeld locker zu machen. Außerdem wurde eine Geldbuße gegen John Shakespeare und weitere 140 Bürger aus ganz England verhängt – möglicherweise, weil diese ihre Kinder im Ausland studieren ließen. Als weiteres Indiz nennt sie die Tradition des jesuitischen Theaters, das sich nicht an die in der Renaissance-Poetik vorgeschriebene aristotelische Einheit von Ort, Zeit und Handlung hielt. Stattdessen wurden am Jesuitenkolleg Mischformen von Komödie und Tragödie bevorzugt – ein Stil, der sich auch in Shakespeares Theater wiederfindet. In den jesuitischen Ausbildungsstätten herrschte zeitgenössischen Berichten zufolge eine entspannte, intellektuell stimulierende Atmosphäre; man studierte ohne Zwang, arbeitete an einer englischen Bibelübersetzung (der *Douai Bible,* erschienen ab 1582) und empfing wichtige Persönlichkeiten des Exilkatholizismus. Das rief natürlich auch englische Spione auf den Plan – darunter Shakespeares größten Rivalen Christopher Marlowe, der die katholischen Studenten in Rheims 1587 für Elisabeths Geheimdienstchef Walsingham ausspionierte. Vielleicht ist die gesellschaftliche und religiöse Situation in dem Europa, in dem Shakespeare lebte, am besten zu fassen, wenn man sie bei aller gebotenen Distanz mit heutigen Religionskonflikten im nahen Osten vergleicht: die fundamentalistische Mentalität, die politische Unversöhnlichkeit und die skrupellose Machtversessenheit der Führer erscheinen jedenfalls unheimlich ähnlich. Damals wie heute verbanden sich religiöser Fanatismus und politischer Machtwille zu einer für die Bevölkerung unheilvollen Allianz. Eine andere als die religiöse Einheit als Grundlage der Nation war noch nicht denkbar. Schon der Titel des Habsburger Kaisers als Herrscher des „Heiligen Römischen Reiches" unterstreicht die Tatsache, dass im 16. Jahrhundert Politik und Religion untrennbar miteinander verknüpft waren. Ehen, und damit auch die dynastische Nachfolge, mussten kirchlich legitimiert sein; uneheliche leibliche Kinder der Monarchen blieben als Bastarde von der Nachfolge ausgeschlossen. Literarische Beispiele hierfür finden sich zuhauf – bei Shakespeare beispielsweise Thersites in *Troilus und Cressida,* der Schurke Edmund im *König Lear* oder der sympathische und tapfere Bastard Faulconbridge, der illegitime Sohn von König Richard Löwenherz und heimliche Held in Shakespeares *König Johann.* Auch der historische Heinrich VIII. hatte einen illegitimen Sohn, der nie als Nachfolger in Frage kam. Vor diesem dynastischen Hintergrund wird verständlich, warum die Frage der Konfession staatstragend war. Entsprechend war die Religion eine Staatskirche und eine abweichende religiöse Auffassung Landesverrat, war der Kirchenbesuch und das öffentliche Bekenntnis für jeden einzelnen Bürger Pflicht. Problematisch für die Bevölkerung wurde dieses System erst, als die Einheit der Konfession verloren ging und sich mit der Reformation eine Religion des Gewissens entwickelte. Über Jahrhunderte waren in Europa machtpolitische Kriege mit wechselnden Allianzen geführt worden, wobei die Päpste fleißig mitgemischt hatten. Nun aber gerieten private und öffentliche Belange, dynastische und machtpolitische Interessen in Konflikt. Untertanen wie Fürsten konnten in die prekäre Lage der Unvereinbarkeit ihrer politischen und religiösen Überzeugungen geraten. Ein berühmtes Beispiel ist Thomas Morus, der Kanzler Heinrich VIII., der sich 1534 weigerte, seinen König als oberste Autorität der Kirche anzuerkennen – worauf er im folgenden Jahr bekanntlich hingerichtet wurde. Ein anderer katholischer Märtyrer, den Shakespeare vielleicht persönlich gekannt hat, ist der intelligente und charismatische Jesuit Edmund Campion, der 1581 im Zuge der Katholikenverfolgungen in Tyburn hingerichtet wurde. Anfänglich als Lehrer in Oxford und Diakon der anglikanischen Kirche tätig, floh Campion nach seiner Konversion aus England und trat 1573 dem Jesuitenorden bei. Fünf Jahre später wurde er Priester, und 1580 war er einer der Leiter der Englischen Mission. Das Unternehmen war aber durch Elisabeths Spione auf dem Festland entdeckt worden und damit zum Scheitern verurteilt. Während viele seiner Begleiter schon kurz nach ihrer Ankunft in England aufflogen und zum Tode verurteilt wurden, gelang es dem verkleideten Campion zunächst zu entkommen und im Untergrund für den Katholizismus zu wirken: Er spendete die Sakramente, hielt heimliche Messen ab, zu denen sich die Anhänger des alten Glaubens vor allem im weitgehend katholisch gebliebenen Lancashire und anderen nordenglischen Grafschaften versammelten, und schrieb brillante, viel beachtete Pamphlete, die er schon mal spektakulär in der Kirche St. Mary's in Oxford verteilte, wo die Studenten sie beim morgendlichen Gottesdienst vorfanden. Diese subversiven Aktivitäten machten Campion zu einem der meistgesuchten Untergrundkatholiken Englands. 1581 wurde er schließlich gefasst und im Tower schwer gefoltert. Elisabeths Staatssekretär William Cecil hatte einen Fragenkatalog ausgearbeitet, um englische Jesuiten und Priester zu verhören, wobei die sprichwörtliche „Blutige Frage“ sein Schicksal besiegelte: wen denn der Angeklagte im Fall einer Invasion unterstützen würde – den Papst oder die Königin? Obwohl man ihm ein Generalpardon anbot, sofern er dem katholischen Glauben abschwor, blieb Campion standhaft; er stellte sich sogar, von der Folter schwer gezeichnet, mehreren theologischen Debatten mit anglikanischen Würdenträgern, die er trotz unfairster Voraussetzungen haushoch gewann. Am 1. Dezember 1581 wurde er schließlich öffentlich gehängt und gevierteilt. Viele Anwesende waren überzeugt, dem Ende eines Heiligen beizuwohnen, und 1970 wurde Campion tatsächlich heilig gesprochen.

3.4 Katholische Bezüge in Shakespeares Werk

Was aber hat all das mit Shakespeare zu tun? Wie erwähnt, gibt es die These, dass Shakespeare in den Jahren 1578 bis 1580 am Englischen Jesuitenkolleg in Rheims studiert haben könnte. Schon länger wird in wissenschaftlichen Kreisen die Vermutung diskutiert, dass er später unter dem Pseudonym *Shakeshaft* als Hauslehrer im katholischen Landsitz Thomas de Hoghtons in Lancashire tätig war.[71] Dort könnte er die Bekanntschaft Campions gemacht haben. Welcher Art diese Bekanntschaft gewesen sein könnte, und ob Shakespeare gar ein heimlicher Kämpfer im katholischen Untergrund war, bleibt (kontroverser) Forschungsgegenstand;[72] sicher ist, dass er in *Was Ihr Wollt* auf Campion Bezug nimmt, der als „alter Einsiedler" in Prag zurückgezogen lebte und während seines Verhörs im Tower weder Feder noch Tinte zugestanden bekam:

[...] as the old hermit of Prague, that never saw pen and ink, very wittily said to a niece of King Gorboduc, ‚That that is is': so I, being Master Parson, am Master Parson; for what is ‚that' but ‚that'? and ‚is' but ‚is'? (*Twelfth Night,* IV.2.12)	[...] wie der alte Einsiedler von Prag, der nie Feder und Tinte zu Gesicht gekriegt hat, sehr geistreich zu König Gorboduks Nichte sagte: ‚Was ist, das ist', so bin ich, als der Herr Pastor, der Herr Pastor; denn was ist ‚das', wenn nicht ‚das', und was ist ‚ist', wenn nicht ‚ist'?

Sicher ist auch, dass zwischen Douai und der de Hoghton-Familie in Lancashire eine enge Verbindung bestand. Familienoberhaupt Thomas de Hoghton, der wegen seines Glaubens im flandrischen Exil lebte, war ein Freund und Förderer von William Allen, dem Gründer des Jesuitenkollegs, dem er bei seinem Tod 1580 eine große Summe vererbte. Insofern könnte Shakespeare nach seinem Studium auf dem Kontinent mit einer Empfehlung der Jesuiten und unter falschem Namen nach Lancashire gegangen sein.

Wie auch immer man die gegenwärtige Debatte um Shakespeares *Lancashire-Connection* und seine Verbindungen zum gegenreformatorischen Katholizismus einschätzt, so ist es eine Tatsache, dass der blutige religionspolitische Konflikt, der zu Shakespeares

Lebzeiten ganz England erschütterte, seinen literarischen Niederschlag in seinem Werk fand. Gerade in jüngerer Zeit häufen sich Interpretationen unter diesem Gesichtspunkt. So wird z. B. das epische Gedicht *Venus und Adonis* als kryptisch-allegorische Kritik der Katholikenverfolgung gelesen: Königin Elisabeth als fordernd-aggressive Venus, Adonis als passiv leidender Märtyrer, und Staatssekretär Cecil als mörderischer Eber. Claire Asquith wiederum zeigt, dass Shakespeare sich einer Art Geheimsprache bediente, die von den Rekusanten benutzt wurde; dabei wurden religiöse Gegenstände und Themen in die Handelssprache übersetzt – Priester hießen „Händler", ihre Verfolger „Gläubiger", die Seele „Juwel".

Auch der forciert antipäpstliche Ton in dem frühen Historienstück *König Johann*, das lange als Beleg für Shakespeares anglikanische Überzeugung galt, wird heute eher als Abschwächung gegenüber der massiv antikatholischen Vorlage gesehen – und als öffentliche Rechtfertigung für Shakespeares damaligen Förderer Lord Strange, der aus einer alten katholischen Familie stammte und daher seine Loyalität gegenüber der Königin beweisen musste. In diesem Stück wirft ein intriganter Kardinal dem König im Namen des Papstes vor, den Erzbischof von Canterbury abgesetzt zu haben, worauf König Johann höchst anachronistisch antwortet:

KING JOHN: What earthly name to interrogatories / Can task the free breath of a sacred king? / Thou canst not, cardinal, devise a name / So slight, unworthy and ridiculous, / To charge me to an answer, as the pope. / Tell him [...] that no Italian priest / Shall tithe or toll in our dominions; / But as we, under heaven, are supreme head, / So under Him that great supremacy, / Where we do reign, we will alone uphold, / With-out the assistance of a mortal hand: / So tell the pope, all reverence set apart / To him and his usurp'd authority. [...]
CARDINAL: Then, by the lawful power that I have, / Thou shalt stand cursed and excommunicate. / And blessed shall he be that doth revolt / From his allegiance to an heretic; / And meritorious shall that hand be call'd, / Canonized and worshipped as a saint, / That takes away by any secret course / Thy hateful life. (*King John*, III.1.136)

KÖNIG JOHANN: Welch irdischer Name kann den freien Atem geheiligter Könige zwingen? Du kannst keinen schlechteren, unwürdigeren und lächerlicheren Namen erdenken, Kardinal, um mich zur Antwort zu nötigen, als den des Papstes. Sag ihm [...] wir werden keinem italienischen Priester gestatten, Zehnt oder Zoll in unsern Gebieten einzutreiben; sondern, so wie Wir unterm Himmel das oberste Haupt sind, so werden Wir auch unter ihm allein und ohne Hilfe einer sterblichen Hand diese Vormachtstellung behaupten. Sag das dem Papst, ohne Ehrfurchtsbekundungen für ihn und seine angemaßte Autorität. [...]
KARDINAL: Dann sei, kraft der rechtmäßigen Gewalt, die ich habe, mit dem Fluch und Bann der Kirche belegt; und gesegnet sei der, der sich wider seine Lehenspflicht gegen einen Ketzer empört; die Hand wird verdienstvoll genannt werden, kanonisiert und als heilig verehrt, die dir dein verfluchtes Leben nimmt.

Diese Worte wurden vom zeitgenössischen Publikum sicherlich mit einem wohligen Gruseln als Echo der päpstlichen Exkommunikation und Aufforderung zum Attentat auf Elisabeth I. verstanden – zumal König Johann am Ende des Stücks von einem Mönch vergiftet wird. Dem heutigen Leser verdeutlichen sie dagegen die Geschichtsauffassung der Shakespeare-Zeit, welche die Vergangenheit weniger als kausale Voraussetzung, sondern als Exempel für die Gegenwart betrachtete. So gesehen war das Stück nicht ganz unproblematisch, da es König Johann, der sich dem Papst widersetzt, nicht gerade in gutem Licht zeigte. Der historische König Johann „Ohneland“, bekannt aus den Robin Hood-

Legenden, regierte 1199 – 1216, also im Mittelalter und wurde tatsächlich vom Papst exkommuniziert; unter seinem Regime wurde 1215 die Magna Carta unterzeichnet, jener Freibrief, der erstmals die politischen Rechte des Adels festlegte und die (All-) Macht des Königs beschnitt. Dieses wichtige Dokument wird im Stück allerdings nicht einmal erwähnt. Statt dessen liegt der Fokus auf der Inkompetenz des Herrschers, der das Land in einen Bürgerkrieg und in einen Krieg mit Frankreich stürzt, der erst durch die Intervention des besagten Kardinals Pandolph beendet wird – was die protestantische Linientreue des Autors durchaus in Frage stellt.

3.5 War Shakespeare heimlicher Katholik?

Dass Shakespeare, wie von einigen Forschern vermutet, dem katholischen Glauben angehangen haben könnte, wird auch in zwei knappen zeitgenössischen Zeugnissen erwähnt. 1611 hatte der Historiker John Speed den Jesuiten Robert Persons und Shakespeare als „diesen Papisten und seinen Poeten“ bezeichnet;[73] und im 17. Jahrhundert soll der walisisch-anglikanische Erzdiakon Richard Davies gesagt haben, Shakespeare sei „als Papist“ gestorben.[74] Dies ist in der Tat möglich, da Shakespeare mütterlicherseits aus einer traditionell katholischen Familie stammte und Stratford und das umliegende Warwickshire in jener Zeit als Hochburg der Katholiken galten. Auch hat Shakespeare seine Frau Anne Hathaway nicht in Stratford geheiratet, wo zu der Zeit ein anglikanischer Pfarrer waltete, sondern im fünf Meilen entfernten Temple Grafton[75] – der dortige Geistliche aber galt als verkappter Katholik.[76] Die ansonsten rätselhaft bleibende Wahl des Hochzeitsortes – keine der beiden Familien hatte irgendeine bekannte Verbindung nach Temple Grafton – sorgt, zusammen mit einem offensichtlichen Schreibfehler des Namens der Braut, bis heute für Verwirrung. In der vom Bischof unterzeichneten Trau-Lizenz vom 27. November 1852 ist nämlich die Rede von einer Hochzeit zwischen „Shaxpere“ und einer „Anna Whateley aus Temple Grafton“.[77] Hat man den Bischof in Sachen Herkunft der Braut getäuscht, damit die Trauung von einem katholischen Geistlichen vollzogen werden konnte?

Zudem hatte Shakespeares Vater, der u.a. das Amt des Schatzmeisters in Stratford ausübte, katholische Lehrer eingestellt, von denen etliche sich später den Jesuiten anschlossen; gleiches ist für Schulkameraden Shakespeares dokumentiert. Der Lehrer Simon Hunt beispielsweise, der zwischen 1571 und 1575 an der Stratforder Lateinschule unterrichtete – also zu der Zeit, zu der Shakespeare sie besucht haben dürfte – wurde später Priester am Englischen Kolleg in Douai und ging schließlich als Jesuit nach Rom, wo er 1580 Englischer Beichtvater am Heiligen Stuhl wurde. Darüber hinaus spielte Hunt als Nachfolger des bereits erwähnten Robert Persons, des Kopfes der englischen Exilkatholiken, eine Schlüsselrolle bei der Planung der Armada. Hunts Nachfolger in Stratford, der Lehrer Thomas Jenkins, hatte bei Edmund Campion in Oxford studiert. Ein weiterer Stratforder Lehrer, John Cottom, der 1579-1581 unterrichtete, kam ursprünglich aus Lancashire und war ebenfalls Katholik. Cottoms Bruder Thomas wiederum, der 1582 als jesuitischer Priester hingerichtet wurde, studierte zusammen mit Shakespeares Zeitgenossen und vermutlich Mitschüler[78] Robert Debdale, der einige Jahre später wegen katholischer Aktivitäten gehängt und gevierteilt wurde – der Kreis schließt sich.
Darüber hinaus berichtete schon 1790 der erste Shakespeare-Biograph Edmond Malone über ein seither verloren gegangenes Dokument, das, sofern echt, John Shakespeare eindeutig als Rekusanten ausweisen würde, nämlich eines jener von den Jesuiten nach England geschmuggelten „spirituellen Testamente“ des Kardinals Borromeo. Dieses Dokument trug die Unterschrift von Shakespeares Vater und war am 29. April 1757 bei Renovierungsarbeiten unter den Dachsparren des Shakespeareschen Elternhauses gefunden worden. Unter Umständen hat Shakespeares Vater das brisante Testament, das ihn als Hochverräter gebrandmarkt hätte, 1580 erhalten, als Pater Robert Persons auf dem Weg nach Lancashire in Lapworth unweit von Stratford Station machte. Versteckt haben könnte er es dann 1583: In diesem Jahr gingen die Behörden mit großer Härte gegen die Katholiken in Warwickshire vor, nachdem John Somerville, ein verwirrter katholischer Fundamentalist, die Königin ermorden wollte. Dieser Attentäter, der sein Vorhaben auf dem Weg nach London lauthals verkündet hatte und prompt verhaftet worden war, war mit einer Kusine von Shakespeares Mutter verheiratet. Damit gehörten die

Shakespeares zum Kreis der Verdächtigen. Der zuständige Ratssekretär berichtete denn auch von den Versuchen der örtlichen Rekusanten, ihre Häuser von allem Verdächtigen freizumachen *(„to clear their houses of all show of suspicion“).*[79] Spätestens zu diesem kritischen Zeitpunkt würde John Shakespeare sein Borromeisches Testament unter dem Dach versteckt haben. Shakespeare war damals 19 Jahre alt und bereits ein verheirateter Familienvater.

In diesem familiären und zeitgeschichtlichen Kontext ist eine Verbindung Shakespeares mit den verfolgten Katholiken zwar nicht bewiesen, aber möglich. Jedenfalls würde sie das auffällige Fehlen von biografischen Spuren aus dieser Zeit erklären – zum einen wäre Shakespeare als Rekusant selbstverständlich unter größtmöglicher Geheimhaltung und unter Pseudonym nach Flandern und/oder Lancashire gereist; zum anderen ist es durchaus vorstellbar, dass Indizien und Schriftstücke, die auf die katholische Identität des späteren Nationaldichters verwiesen, spätestens in der Zeit der Republik Cromwells durch puritanische Zeloten absichtlich vernichtet worden sind. Schließlich würde der Krypto-Katholizismus des Autors auch erklären, warum Mönche – die es in England zu seiner Zeit offiziell nicht mehr gab – so oft Schlüsselrollen in Shakespeares Dramen spielen, und warum die Stücke in religiöser Hinsicht so vieldeutig scheinen. Am irritierendsten ist diese Vieldeutigkeit vielleicht in *Hamlet*, wo ein dänischer Student aus Wittenberg, der protestantischen Universitätsstadt, von einem Geist aus dem katholischen Purgatorium heimgesucht wird. Wenn dieser Geist mit offenkundigem Horror davon spricht, er sei:

Cut off even in the blossoms of my sin, / Unhous'led, disappointed, unanel'd, / No reck'ning made, but sent to my account / With all my imperfections on my head. / O horrible! O horrible! most horrible! (*Hamlet*, I.5.76)	In meiner Sünden Blüte grad gemäht, / Bar aller Beichte, Hostie, letztem Öl, / Die Rechnung nicht gemacht, zur Abrechnung / Gesandt mit aller Schuld auf meinem Haupt. / O grauen grauenvoll! Höchst grauenvoll!

– dann ist das ein Echo der Formulierung im Borromeischen Testament, welches die Möglichkeit in Betracht zieht, dass der Unterzeichnende „in der Blüte seiner Sünden“ aus dem Leben gerissen wird (*„cut off in the blossom of my sin“*, Paragraph I). Das Echo ist ebenso auffallend wie die zeitliche Koinzidenz: Shakespeares Vater starb 1601; *Hamlet* entstand zwischen 1599 und 1601. Wie auch immer Shakespeares religiöse Überzeugung und Praxis ausgesehen haben mögen: Aus der Affäre Campion und den religiösen Verfolgungen, deren Zeuge er war, muss er die Lehre gezogen haben, sich in religiöser Hinsicht unauffällig zu verhalten. Diese religiöse Unauffälligkeit war es nämlich, die Königin Elisabeth von ihren Untertanen verlangte. Anders als viele ihrer Zeitgenossen war die gebildete Königin nicht fanatisch religiös, sondern wie ihr Vater eher pragmatisch veranlagt. Aus diesem Grund übte sie anfänglich auch die eingangs erwähnte, für das Zeitalter der Glaubenskriege bemerkenswerte religiöse Toleranz. Solange ihre Untertanen den äußeren Schein der Konformität mit der anglikanischen Staatskirche wahrten, habe sie, so eine überlieferte Äußerung, nicht den Wunsch, Fenster in die Seelen der Menschen zu machen (*„I have no desire to make windows into men's souls").* Eine andere Äußerung, die ihr zugeschrieben wird, lautet: „Es gibt nur einen Christus, Jesus, einen Glauben. Alles andere ist ein Disput über Nebensächlichkeiten." (*„There is only one Christ, Jesus, one faith. All else is a dispute over trifles").*

3.6 Vom Essex-Aufstand zum Gunpowder-Plot

Andererseits ist es eine in der englischen Geschichtsschreibung bis heute wenig erwähnte Tatsache, dass diese „Nebensächlichkeiten" in Elisabeths Regierungszeit Hunderten von Menschen das Leben kosteten und viele mehr ihrer Existenzgrundlagen beraubten. Die verfolgten und diskriminierten Katholiken setzten daher gegen Ende des elisabethanischen Regimes ihre Hoffnungen in Robert Devereux, den 2. Grafen von Essex (1566-1601), einen glanzvollen, aber labilen und politisch unklugen Mann, den eine Art Hassliebe mit Elisabeth verband. Essex war der Stiefsohn von Elisabeths Jugendfreund Robert Dudley und ein populärer Volksheld, der in Irland gegen die aufständischen Katholiken gekämpft, aber auch heimliche Gespräche mit deren Anführer Tyrone sowie spanischen Abgesandten geführt und sich schließlich auf eigenmächtige Verhandlungen und einen Waffenstillstand eingelassen hatte. Auf jeden Fall war er ein einflussreicher Gegner der

Cecil-Partei am Hof, die hinter der Katholikenverfolgung stand. Gegen Ende von Elisabeths Regierungszeit bemühte er sich um eine Lösung der Nachfolgefrage im Sinne des schottischen Königs Jakobs VI. und versuchte schließlich vergeblich, den übermächtigen Geheimdienstchef Robert Cecil und dessen Vertrauten Ralegh zu stürzen, von denen er sich bedroht und verfolgt fühlte. Im Zuge des Aufstands, den Essex Anfang Februar 1601 gemeinsam mit seinem engen Freund Henry Wriothesley, dem Grafen von Southampton anzettelte, um die „korrupten Berater" der Königin gewaltsam auszuschalten, erhielt der Graf jedoch nicht die erhoffte Unterstützung der Londoner Stadtbevölkerung; zudem war sein Plan durchgesickert, so dass die Aufständischen nach kurzer Belagerung verhaftet wurden. Essex wurde zum Tode verurteilt und am 25. Februar hingerichtet. Sein konservierter Kopf, den Elisabeth in ihren Privatgemächern begutachtet haben soll, wurde ein Jahr lang im Tower ausgestellt, wo Shakespeare ihn vielleicht sehen konnte.

Shakespeare war höchstwahrscheinlich ein Anhänger Essex', der immer seine Sympathien für die englischen Katholiken bekundet hatte. Unmittelbar vor dem Aufstand hatten die Verschwörer Shakespeares Theatertruppe, den *Lord Chamberlain's Men*, 40 Schillinge (£2; nach heutiger Währung ungefähr 600 Euro[80]) dafür gezahlt, dass sie das veraltete Stück *Richard II.* aufführten, in dem es um die Absetzung und Hinrichtung eines Tyrannen geht. Das kam bei Hof natürlich gar nicht gut an. Bezeichnenderweise kommentierte Elisabeth später: *„Know ye not that I am Richard II?"* („Ich bin Richard II., wisst Ihr das nicht?"). Zum Glück konnten die Schauspieler sich herausreden – das Argument, sie hätten das Stück nur gespielt, weil man ihnen Geld geboten hätte, zog offenbar. Sicherheitshalber befahl die Königin den *Lord Chamberlain's Men* jedoch, am Vorabend von Essex' Exekution bei Hof aufzutreten – mit welchen Gefühlen die Schauspieler und vor allem Shakespeare diesem Befehl Folge geleistet haben, bleibt Konjektur. Danach wechselte er jedenfalls den Wohnsitz, mietete sich in der Nähe von St. Paul's bei dem unverdächtigen Hugenotten Mountjoy ein und schrieb seinen *Hamlet,* als dessen Vorbild Essex gilt (s. Punkt 4.3). Insofern könnte die Essex-Affäre durchaus mit der Wende zum Tragischen in Shakespeares Werk um die Jahrhundertwende in Zusammenhang stehen.

Von Shakespeares offensichtlicher Verehrung für Essex zeugt auch der Chorus im fünften Akt von *Heinrich V.* – einem patriotischen Stück, das als Raubdruck kurz nach der Uraufführung 1599 erhältlich war, wegen seiner politischen Brisanz aber erst in der Folioausgabe nach Shakespeares Tod offiziell gedruckt wurde. In ihm wird die Begeisterung der Londoner anlässlich der ruhmreichen Rückkehr ihres siegreichen Königs Heinrich (lies: Essex) beschrieben:

[...] he forbids it, / Being free from vainness and self-glorious pride; / Giving full trophy, signal and ostent / Quite from himself, to God. But now behold, / In the quick forge and working-house of thought, / How London doth pour out her citizens. / The mayor and all his brethren in best sort, / Like to the senators of th' antique Rome, / With the plebeians swarming at their heels, / Go forth and fetch their conqu'ring Caesar in: / As, by a lower but by loving likelihood, / Were now the general of our gracious empress, / As in good time he may, from Ireland coming, / Bringing rebellion broached on his sword, / How many would the peaceful city quit, / To welcome him! (*Henry V., V.Chorus.19*)	Er untersagt's, / Von Eitelkeit und Eigenlobsucht frei, / Und weist Trophäen, Pomp und Siegeszeichen / Ganz von sich weg an Gott. Doch jetzt, jetzt seht / In der Gedanken schneller Schmiedewerkstatt, / Wie London seine Einwohner verströmt! / Der Bürgermeister nebst Beisitzern im / Ornat, wie einst die Senatorn von Rom, / Umwuselt an den Fersen von Plebejern, / Ziehn aus, den Sieger Cäsar heimzuholen; / So – im Vergleich bescheidner, doch gleich zärtlich – | Als käm der Feldherr unsrer Königin, / Wie er's demnächst wohl tut, von Irland heim / Und brächt den Aufstand auf sein Schwert gespießt; / Wie viele liefen aus dem ruhigen London los, / Ihn zu begrüßen!

Auf den Höhenflug folgte der Fall: Essex' gescheiterter Staatsstreich am 7. Februar 1601 war ein bitterer Schlag für die Katholiken in England. Zwei Jahre später aber schöpften sie wieder Hoffnung. Nach dem Tod Elisabeths 1603 folgte ihr tatsächlich, wie von Essex erhofft, der schottische König Jakob VI. als Jakob I. auf den englischen Thron. Von ihm, dem Sohn der katholischen Maria Stuart und Ehemann der ebenfalls katholischen dänischen Prinzessin Anna, versprachen sich die englischen Katholiken eine Erleichterung ihrer Lage; viele kehrten anlässlich seiner Nachfolge aus dem Exil zurück. Die religiöse Verfolgung ging jedoch auch unter Jakob I. weiter. So bestätigte er die antikatholischen Gesetze Elisabeths, die Katholizismus mit Verrat gleichsetzten und Katholiken u. a. verboten, sich mehr als fünf Meilen von ihrem Wohnsitz zu entfernen. Am 10. Februar 1605 erließ er sogar ein Ultimatum, wonach Katholiken innerhalb eines Jahres zur neuen Religion zu konvertieren hatten.

Als Reaktion darauf versuchten enttäuschte radikale Katholiken am 5. November 1605, zwei Jahre nach Jakobs Amtsantritt, im berühmten *Gunpowder Plot* das Parlament mitsamt der königlichen Familie in die Luft zu sprengen. Die 36 Fässer mit rund 3000 Kilogramm Schießpulver, die im Keller unter dem Parlamentsgebäude deponiert waren, hätten ausgereicht, um ganz Westminster zu zerstören. Der Anschlag wurde vereitelt, weil am 26. Oktober ein anonymer Warnbrief bei einem Mitglied des Oberhauses, dem katholischen Lord Monteagle, einging, den dieser sofort dem mächtigen Staatssekretär Sir Robert Cecil zutrug. Ein schrecklicher Schlag bzw. eine Explosion (*„a terrible blow"*), so hieß es in dem Brief, werde das Parlament treffen. Nach einer volkstümlichen (wahrscheinlich vom Geheimdienst verbreiteten) Legende war es Jakob selbst, der, einer göttlichen Eingebung folgend, den Auftrag gab, in den Vorratsräumen unter dem Parlament nachzusehen. Tatsächlich jedoch war es Robert Cecil, der die Verschwörer beschatten und publikumswirksam „in letzter Minute" verhaften ließ.

Danach hatte Jakob, ohnehin ein labiler, menschenscheuer Typ mit neurotischer Angst vor einem Attentat auf seine Person, endgültig genug. Die Hochverräter wurden auf die übliche, grausame Weise hingerichtet; alle „Papisten" wurden enteignet und vom öffentlichen Leben, von Universitäten und Ämtern ausgeschlossen. Erst 1787 wurden die antikatholischen Gesetze im *Relief Act* gelockert; 1797 durften Katholiken wieder bei Kommunalwahlen wählen; das allgemeine Wahlrecht erhielten sie schließlich 1829. Noch heute aber erinnern Freudenfeuer am *Guy Fawkes Day* an den vereitelten Anschlag.

Erstaunlicherweise ist es wenig bekannt, dass Shakespeare die Verschwörer vermutlich gekannt hat. Sein Vater war ein enger Freund Sir William Catesbys gewesen, des Vaters eines der Rädelsführer; zudem hatte sich die Truppe regelmäßig in der berühmt-berüch-

tigten *Mermaid's Tavern* getroffen, einer Kneipe in der Nähe der St. Paul's Kathedrale, die Shakespeares Freund und Vertrauten William Johnson gehörte. Johnson war ein eher zwielichter Kumpan, der in seinem Laden die Londoner Bohème zum so genannten *Friday Street Club* versammelte, aber auch den Pulverfass-Verschwörern eine mehr oder weniger ruhige Ecke bot. Sowohl er als auch Shakespeare dürften im Zuge der Ermittlungen nach dem gescheiterten Anschlag zum Kreis der Verdächtigen gehört haben – vielleicht ein Grund dafür, dass Shakespeare in *Macbeth*, dem „schottischen Stück", das kurz nach der Vereitelung der Pulverfass-Verschwörung entstand, so offenkundig König Jakob huldigte. Dieser konnte sich zum einen in der verklärten Figur des von Macbeth ermordeten Königs Duncan wieder erkennen, eines – ganz im Gegensatz zum historischen Original – gütigen und weisen Herrschers von Gottes Gnaden, und war zum anderen ein Nachfahre des Helden Banquo, dem die Hexen königliche Nachkommen prophezeit hatten.
Andererseits konnten aufgeschlossene (katholische) Zeitgenossen auch den Antihelden Macbeth durchaus mit Jakob I. in Verbindung bringen: Beide waren schottische Herrscher, die als mutige Kämpfer für eine gerechte Sache anfingen und als blutige Tyrannen endeten. Insofern ist auch eine bekannte direkte Anspielung auf das zeitgenössische Geschehen im Stück zweideutig. Im ersten Akt sagt Lady Macbeth zu ihrem Mann:

[...] look like th' innocent flower, / But be the serpent under't. (*Macbeth* I.5.64)	[...] zeig Blümchen's Unschuldsmiene, / Doch sei im Gras die Natter.

Diese Zeilen beziehen sich auf eine Münze, die Jakob I. anlässlich des gescheiterten Attentats prägen ließ, und die eine Schlange unter Blumen darstellte. Macbeth, der Königsmörder, ist die Schlange – doch wer ist Macbeth? Ein mörderischer (Pulverfass-) Verschwörer, wie es auf den ersten Blick scheint – oder der Herrscher, der sich als Katholikenfreund gebärdete und anschließend die Verfolgung noch intensivierte?
Eine andere Textstelle in *Macbeth* verweist kritisch auf den englischen Jesuiten Henry Garnett, der als Beichtvater und damit Mitwisser zweier Angeklagter ebenfalls zum Tode verurteilt wur-

de. Garnett hatte seine Mitwisserschaft unter Eid erst geleugnet, schließlich aber doch zugegeben und seinen Meineid damit gerechtfertigt, er habe im Kampf gegen die Ungerechtigkeit gelogen, ohne jemandem zu schaden, was kein Meineid sei. Wegen dieser Wortklauberei wurde er als *the great equivocator* (der große Zweideutler) bekannt. Angesichts des Schafotts zeichnete er sich dann nicht durch große Tapferkeit aus. Als der grimmig-komische Pförtner in Macbeth nun in der Szene, in der oben gerade König Duncan ermordet wird, darüber sinniert, wer denn unten ans Tor klopft, sagt er unter anderem:

Faith, here's an equivocator, that could swear in both the scales against either scale; who committed treason enough for God's sake, yet could not equivocate to heaven. (*Macbeth*, II,3).	Mein Treu, ein Zweideutler, der in beide [Waag]schalen gegen jede Schale schwören konnte, der um Gottes willen Verrätereien genug beging und sich doch nicht zum Himmel hinein zweideuteln konnte.[81]

3.7 Der Sieg der Puritaner

Im Zuge des langjährigen, erbitterten Kampfes gegen die Gegenreformation und den Katholizismus in England wurde allerdings eine andere Gefahr für den inneren Frieden unterschätzt, nämlich der Puritanismus. Die calvinistisch geprägten Puritaner waren protestantische Hardliner, die das einfache, arbeitsame Leben der von Gott Auserwählten (zu denen natürlich sie selbst gehörten) propagierten, strikte Bibeltreue und tägliche Bibellektüre praktizierten und alle weltlichen Amüsements grundsätzlich ablehnten. Das Theater mit seiner Nähe zum katholischen Ritus, seinen prachtvollen Gewändern und Prozessionen, seinen Darstellungen des Übernatürlichen und Subversiven und seinen deftigen Obszönitäten war ihnen höchst suspekt, und es gab immer wieder polemische Attacken – so z. B. 1594, als der Londoner Bürgermeister das Kabinett beschwor, alle Theater niederreißen zu lassen, da sie „Treffpunkte für Rumtreiber und herrenlose Männer, Diebe, Pferdediebe, Zuhälter, Betrüger, Hochstapler, Verräter und anderes Gesindel“ seien.[82] Puritaner dominierten den Stadtrat Londons, der jede Gelegenheit nutzte, um den „unmoralischen" Theaterbetrieb zu diskreditieren und zu verbieten. Gleiches geschah mit zunehmender Protestantisierung des Landes in anderen Städten: So wurde 1612 das Schauspielern in Stratford für illegal erklärt; 1622 bezahlte man die lizenzierte Truppe der *King's Men* gar dafür, dass sie die Stadt verließen, ohne ein Stück aufgeführt zu haben. Puritanische Juristen beherrschten auch das Unterhaus des Parlamentes und damit die Steuergesetzgebung. Ein bezeichnendes Beispiel für das Konflikt-Potential des Puritanismus bereits in elisa-bethanischer Zeit bietet ein überlieferter Streit zwischen Erzbischof Matthew Parker und dem einflussreichen puritanischen Parlamentarier Peter Wentworth von 1571. Vom Erzbischof befragt, warum bestimmte Passagen eines Gesetzesentwurfs zur Abgrenzung der anglikanischen Kirche von der römisch-katholischen und den Wiedertäufern nicht in die parlamentarische Vorlage übernommen worden waren, sagte Wentworth, die Delegierten hätten nicht die Zeit gehabt, zu untersuchen, inwieweit diese Passagen mit dem Wort Gottes übereinstimmten. Darauf entgegnete der Erzbischof:

PARKER: What! surely you mistook the matter. You will refer yourselves wholly to us therein.
WENTWORTH: No, by the faith I bear to God! we will pass nothing before we understand what it is, for that were but to make you Popes. Make you Popes who list, for we will make you none.[83]

PARKER: Wie! Ihr habt Euch sicher geirrt. Ihr werdet Euch in dieser Sache ganz auf uns verlassen.
W.: Nein, bei meinem Glauben! Wir werden nichts verabschieden, ohne zu verstehen, was es ist, denn das hieße nur, Euch zu Päpsten zu machen. Möge Euch zu Päpsten machen, wer will, wir werden es nicht tun!

Die folgende Parlamentsdebatte war, gelinde gesagt, unruhig. Unter Elisabeth und mehr noch unter Jakob I. und seinem absolutistischen Sohn Karl I., der von 1625 bis 1649 regierte, verbanden sich die Puritaner zunehmend mit den parlamentarischen und antimonarchistischen Kräften. Sie wandten sich gegen etablierte Hierarchien, kritisierten weltliche Machtbefugnisse und beanspruchten institutionalisiert Freiräume und Rechte. Eines dieser Rechte war das Versammlungsrecht, das zu freikirchlichen

Zusammenkünften genutzt wurde, bei denen Laienprediger die Bibel auslegten. Elisabeth waren diese *Prophesyings* ein Dorn im Auge, da sie die Einheit des Bekenntnisses im ganzen Land durchsetzen wollte und zu Recht befürchtete, die religiösen Diskussionen könnten leicht ins Politische umschlagen. 1576 befahl sie daher dem damaligen Erzbischof von Canterbury, Edmund Grindal, die *Prophesyings* zu unterbinden. Als dieser sich weigerte, wurde er bis kurz vor seinem Tod 1583 von der Königin suspendiert.

Insgesamt hat die Geschichte gezeigt, dass Elisabeths Misstrauen gegenüber den Puritanern durchaus berechtigt war. Zwar emigrierten wegen der 1593 verabschiedeten Ketzergesetze auch viele englische Protestanten, vor allem nach Amerika.[84] Es blieben aber noch genug Puritaner in England übrig, um im 17. Jahrhundert gegen den zunehmend absolutistischen Anspruch der Stuart-Monarchen zu opponieren und unter Oliver Cromwell gegen die Partei des Königs Krieg zu führen – was, wie oben erwähnt, 1649 dazu führte, dass König Karl I. einen Kopf kürzer gemacht wurde. Bereits sieben Jahre zuvor waren alle Theater endgültig geschlossen worden.

4 Shakespeare und seine Zeitgenossen

–But this prying into the family life of a great man (…)
(James Joyce, *Ulysses*)

Es ist ein nicht zutreffender Allgemeinplatz, dass über Shakespeare als Person und seine Tätigkeit als Theaterautor wenig bekannt ist. Das Gegenteil ist der Fall: Schon der Oxforder Historiker A. L. Rowse (1903-1997) stellte fest, dass wir mehr über Shakespeare wissen als über jeden anderen Dramatiker der Zeit. Es gibt 32 zeitgenössische Dokumente, in denen William Shakespeare aus Stratford-upon-Avon namentlich als Theaterautor, -schauspieler oder -teilhaber erwähnt wird, und über hundert, die seine familiäre oder finanzielle Situation betreffen.[85] Noch vor 1623, dem Jahr der ersten Gesamtausgabe, wurde in Stratford ein Denkmal errichtet, das ihn als berühmten Schriftsteller darstellt; Zweifel an Shakespeares Urheberschaft an seinen Stücken gab es weder im 17. noch im 18. Jahrhundert.[86]

4.1 Die Urheberschaftsdebatte

Erst im 19. Jahrhundert mehrten sich die Stimmen derjenigen, die nicht glauben wollten, dass der Sohn eines angeblich illiteraten Stratforder Gerbers und Handschuhmachers tatsächlich der Autor der ihm zugeschriebenen Werke sein sollte. Shakespeares grandiose Theaterstücke könnten, so die „Anti-Stratfordianer", nicht von einem *„butcher's son"* geschrieben worden sein, wie James Joyce ihn nannte, der laut Ben Jonson über „wenig Latein und noch weniger Griechisch" verfügte, sondern nur von jemandem, der rhetorisch gebildet, weit gereist und mit Recht und Wissenschaft sowie dem höfischen Leben vertraut war. All dies war für junge elisabethanische Adlige selbstverständlich, wie man in Shakespeares Stück *Die zwei Veroneser* nachlesen kann. Aber nicht nur für diese: Im Zeichen der beginnenden sozialen Durchlässigkeit absolvierten bereits im 16. Jahrhundert auch wohlhabende elisabethanische Bürgerssöhne die Universität und eiferten den humanistischen und höfischen Idealen des Adels nach. Es scheint paradox, dass 300 Jahre später gerade im Zeitalter des Bürgertums

Shakespeares Biografie – so weit bekannt – suspekt wurde. Andererseits: Die größten Snobs sind immer diejenigen, die selbst neu arriviert sind.

Vor diesem Hintergrund ist die so genannte „Urheberschaftsdebatte“ zu sehen, die bis heute allsommerlich in den Feuilletons und auch im Internet auf unzähligen Seiten geführt wird. Diese auch „Bacon'sche Häresie“ genannte Argumentation kreist um die nicht tot zu kriegende These, dass ein anderer als William Shakespeare der Autor seiner Werke sei – zum Beispiel der Staatsmann und Philosoph Francis Bacon (ein Vielschreiber, der einen völlig anderen Stil pflegte) oder Shakespeares Rivale, der Theaterautor Christopher Marlowe (wurde dummerweise schon 1593 ermordet, also bevor Shakespeare viele seiner Stücke schrieb). Weitere Kandidaten sind der weit gereiste Diplomat Sir Henry Neville; Mary Sidney, die hoch gebildete Schwester des Dichters Philip Sidney; Shakespeares Frau; oder gar Königin Elisabeth I. höchstselbst. Favorisiert wird in einschlägigen Kreisen allerdings der Lebemann und Gelegenheits-Dichter Edward de Vere, Graf von Oxford. Auch er hat aber das Problem, dass er bereits 1604 das Zeitliche segnete – sieben Jahre, bevor *Der Sturm* geschrieben wurde. All diese Kandidaten können daher nur im Zusammenhang mit abstrusen, keineswegs belegten Verschwörungstheorien bestehen. In akademischen Kreisen findet die Diskussion um alternative Shakespeares denn wohlbemerkt auch keine Akzeptanz.[87]

Es gibt dazu einen gängigen Witz: Im Seminar fragt ein Student den Professor, ob es tatsächlich Shakespeare war, der seine Stücke geschrieben hat. Antwortet der Professor: „Mein junger Freund, wenn nicht Shakespeare diese Stücke geschrieben hat, dann jemand, der zur selben Zeit gelebt und denselben Namen getragen hat!“

Ganz abgesehen von der Datenlage ist es keineswegs nötig, irgendwelche Ghostwriter zu bemühen, um die scheinbaren Widersprüche zwischen Shakespeare, dem (wohl dokumentierten) Menschen und Shakespeare, dem (ebenfalls hinreichend dokumentierten) Theatermann aufzulösen. So gehörte der Klassizismus zum Bildungskanon der Shakespeare-Zeit, der bereits in der Grundschule unterrichtet wurde. Selbst, wenn Shakespeare tatsächlich nie eine Universität besucht hätte, würde er seinen Ovid, seinen Plautus und seinen Seneca im lateinischen Original auswendig gekannt haben. Zudem gehörte Shakespeare ebenso wie sein Vater zur aufstrebenden, gebildeten Mittelschicht, die erwiesenermaßen enge Kontakte zum Hof hatte.[88] Überhaupt spielte das höfische Leben sich höchst öffentlich ab, auf der Bühne des Hofes, die von der Theaterbühne gespiegelt und kommentiert wurde wie heute Hollywood von der Klatschpresse – kein Problem für einen bürgerlichen Schreiberling. Die Kolumnisten wissen schließlich auch bestens Bescheid über die intimen Details der Stars.

Und schließlich stellen sich viele scheinbare historische Ungenauigkeiten der Shakespeare-Stücke, die ja dafür sprächen, dass der Autor keine Bildungsreisen nach Frankreich oder Italien unternommen haben kann, anhand neuerer Forschungsergebnisse durchaus als zeitgeschichtlich korrekt heraus. Zwar gab es keine Turmuhren im antiken Rom, die Shakespeare in *Titus Andronicus* schlagen lässt – wohl aber in dem Rom, das Shakespeare vielleicht besucht, jedenfalls aber knapp 300 Mal in seinen Stükken erwähnt hat, und in dem es – anders als im elisabethanisch-protestantischen England, von Klöstern ebenso wimmelte wie in Shakespeares Werk (London kommt übrigens nur rund 60 mal vor).

Ebenso liegen natürlich weder Böhmen noch die Stadt Mailand am Wasser. Beide gehörten jedoch im 16. Jahrhundert zur Habsburgermonarchie, deren Gebiete – darunter Triest – unter Rudolf II., dem König von Böhmen, ab 1575 an die Adria grenzten. Das Herzogtum Mailand, aus dem Prospero und Miranda entführt werden, war zudem von Kanälen durchzogen und hatte über die Flüsse Ticino und Po Zugang zum Meer. Vor diesem Hintergrund klingen die relevanten Zeilen aus *Der Sturm* ganz anders:

[...] they hurried us aboard a bark, / Bore us some leagues to the sea [...] (*The Tempest*, I.2.144)	[...] sie hievten uns auf eine Bark an Bord, / Fuhrn raus aufs Meer ein Stück [...]

Ein abschließendes Indiz für die Autorschaft Shakespeares aus Stratford sind die vielfältigen Anspielungen in dessen Werk auf das ländliche Warwickshire mit seinen Feldern und Wäldern, seinen Hecken, Blumen und dem Fluss:

I know a bank where the wild thyme blows, / Where oxlips and the nodding violet grows, / Quite overcanopied with luscious woodbine, / With sweet musk-roses, and with eglantine. *A Midsummer Night's Dream* (II.1.249)

Ich weiß den Ort, wo wilder Enzian blaut, / Wo Thymian blüht und Goldklee, Moschuskraut / Und süße Wolfsmilch wächst, wo Anemonen, / Jasmin und Mohn im Geißblattschatten wohnen.

Kein anderer Autor der Zeit hat seine Wurzeln so offensichtlich auf dem Land wie Shakespeare, der selbst in den Tragödien immer wieder lebendig-bildhaften Bezug auf die Natur und den Lauf der Jahreszeiten nimmt:

Winter's not gone yet, if the wild geese fly that way. (*King Lear*, II.4.45)

Der Winter bleibt noch, wenn die Wildgans so rum fliegt.

4.2 Stratford, 1564: die frühen Jahre

Shakespeares Geburtsstadt Stratford war im Jahr 1564 mit 300 Häusern und sechs kreuzförmig angeordneten Straßen ein *emporium non inelegans*, ein „nicht unelegantes Städtchen", wie ein zeitgenössischer Kartograph es beschrieb. Idyllisch inmitten von Obstgärten und Feldern am weidenbeuferten Flüsschen Avon gelegen, hatte es einen wichtigen Markt, eine Geschichte, die bis in römische Zeit zurückreichte, eine gotische Dreifaltigkeits-Kirche aus dem 13. Jahrhundert – die *Holy Trinity Church*, in der Shakespeare getauft und begraben wurde und die heute zu den meistbesichtigten Gotteshäusern Englands zählt – sowie ein nicht mehr existierendes, damals überquellendes Beinhaus, in dem exhumierte Knochen gestapelt wurden. Dieses Beinhaus hat den jungen William offenbar so beeindruckt, dass es in seinem Werk Spuren hinterließ. In *Romeo und Julia* beispielsweise gruselt sich die Titelheldin anlässlich ihrer bevorstehenden Zwangsvermählung mit dem verhassten Paris:

O, bid me leap, rather than marry Paris, / From off the battlements of any tower [...] Or hide me nightly in a charnel-house, / O'er-cover'd quite with dead men's rattling bones, / With reeky shanks and yellow chapless skulls. (*Romeo and Juliet,* IV.1.77)	O heiß mich statt der Hochzeit lieber dort / Vom Zinnenkranz des Turms herunterspringen [...] Steck mich in ein Gebeinhaus über Nacht / Zu klappernden Skeletten, Knochenhaufen / Voll zahnlos gelber Schädel, fauler Knöchel [...].

Stratford hatte auch eine steinerne Brücke über den Avon, die 1490 von Sir Hugh Copton, dem späteren Bürgermeister von London erbaut worden war. Copton ließ sich zudem das schönste Haus am Platz errichten: *New Place*, einen dreistöckigen Ziegelbau mit parkähnlichem Garten. 1597 – auf dem ersten Höhepunkt seines Erfolges – kaufte William Shakespeare dieses repräsentative Haus für £60 (ca. 18.000 Euro); 1610 setzte er sich dort zur Ruhe. Im Garten ließ er eine steinerne Sonnenuhr errichten, auf deren Sockel er das Zitat über die sieben Lebensalter aus seiner Komödie *Wie es Euch gefällt* eingravieren ließ. Heute existieren nur noch die Fundamente des Hauses, ein rekonstruierter Garten und der verwitterte Sockel. Genervt vom Rummel um den berühmten Vorbesitzer ließ der Puritaner Francis Gastrell, der das Gebäude 1756 gekauft hatte, es wenige Jahre später abreißen. Die erbosten Stratforder vertrieben ihn daraufhin aus der Stadt – schon damals wusste man um die finanziellen Vorteile des Shakespeare-Tourismus.

Stratford-upon-Avon lag und liegt 170 km nordwestlich von der Hauptstadt London, in einer Distanz also, die man zu Pferd in wenigen Tagen bewältigen konnte. Dass es einen regen Kontakt zwischen dem aufstrebenden Marktstädtchen und der Metropole gab, beweisen zahlreiche Stratforder Biografien, darunter der Aufstieg des erwähnten Sir Hugh Copton. Shakespeare hat die Strecke Stratford-London sicherlich mindestens einmal im Jahr zurückgelegt.[89] Unterwegs pflegte er in Oxford – genauer gesagt im dortigen *Crown Inn* – Station zu machen, dessen Inhaber ein Freund war: Shakespeare wurde Patenonkel seines 1606 geborenen Sohnes William Davenant. Da die Wirtin eine Lokalschönheit war, ging bald das Gerücht, William sei in Wirklichkeit Shakespeares leiblicher Sohn. Sir William Davenant, selbst ein

zweitklassiger Dramatiker, unterstützte diese Spekulationen später nach Leibeskräften.
In Shakespeares Geburtsjahr 1564 rafft die Pest in Stratford ein Siebtel der Bevölkerung dahin. Das entsprach 200 bis 300 Menschen, denn das Städtchen hatte damals knapp 2.000 Einwohner, von denen 300 als arm galten. Die Shakespeares gehörten allerdings nicht zu dieser unteren Bevölkerungsschicht. Es ist anzunehmen, dass Shakespeares Mutter Mary Arden, die bereits zwei Kinder verloren hatte, nach der Geburt ihres Sohns nicht in dem (heute noch zu besichtigenden) Stratforder Haus in der *Henley Street* blieb, sondern mit dem Neugeborenen zu ihren Verwandten aufs Land fuhr, um der Gefahr einer Infektion zu entgehen. Mary war die Lieblingstochter und Haupterbin ihres wohlhabenden Vaters; außerdem hatte dieser sie zu seiner Testamentsvollstreckerin ernannt, woraus sich schließen lässt, dass sie – ihrem Status entsprechend – des Lesens und Schreibens (auch in Latein) mächtig gewesen sein dürfte.[90] Sie entstammte einer alten Grundbesitzerfamilie aus dem unweit von Stratford gelegenen Örtchen Wilmcote. Ursprünglich angelsächsisch *„Turchill"* benannt, hatten ihre Vorfahren den Namen des westlich gelegenen Waldgebietes angenommen. Im Gegensatz zum östlich der Stadt gelegenen, wohlhabend protestantischen Kulturland, dem *Wealden*, galten der Wald von Arden und die darin verstreut liegenden Dörfer als Rückzugsgebiet der ärmeren, katholischen Bevölkerung und damit als potentiell subversiv. Auch Mary Ardens Familie war katholisch.[91] In *Wie es Euch gefällt* – einem Stück, das als Reaktion auf die Bücherverbrennung beim so genannten *Bishop's Bonfire* 1599 geschrieben wurde – taucht der Wald von Arden als Ardenner Wald wieder auf, in dem der verbannte Herzog mit seinem ehrlichem Diener Jaques und seinem satirischen Narren Touchstone residiert. Der Name könnte zugleich auch eine versteckte Anspielung auf die englischen Exilkatholiken sein, da die französischen Ardennen zur Diözese Rheims gehörten, dem Sitz des katholischen *Collegium Anglicum* auf dem Kontinent.
John Shakespeare, der Vater des Dichters, war der Sohn eines Pachtbauern aus Snitterfield in der Nähe Stratfords. Vor 1552 ließ er sich in Stratford als Gerber und Handschuhmacher nieder. Zudem handelte er mit Wolle (ein begehrter Rohstoff für die einheimische Textilindustrie), Malz (Stratford war eine Hochburg der

Bierbrauerei) und Immobilien. Als aufstrebender und angesehener Mann brachte John Shakespeare es nicht nur zu einem stattlichen Vermögen, sondern auch zu Amt und Würden: 1556 erwarb er ein an sein Haus angrenzendes Gebäude in der *Henley Street*, das er als Werkstatt und *Woolshop* nutzte; im selben Jahr wurde er zum *Aletaster*, einer Art Lebensmittelkontrolleur für Brot und Bier ernannt. Als *Constable*, Geschworener, Kämmerer, Schatzmeister und einer von vierzehn *Burgesses* Stratfords war er in den folgenden Jahren u. a. für die Aufrechterhaltung der öffentlichen Ordnung und die Bezahlung der durchziehenden Wanderschauspieler zuständig. Von John Shakespeares Erfolg zeugt auch die Tatsache, dass er 1557 Mary Arden, die Tochter des Pachtherrn seines Vaters heiratete. 1565 trug sein Ehrgeiz Früchte: In diesem Jahr wurde Shakespeare Senior zum Stadtrat (*Alderman*) gewählt und durfte als solcher schwarzen Pelz und einen Siegelring am Daumen tragen. Vielleicht hat dieser Ring den kleinen William beeindruckt; jedenfalls verewigte er einen solchen Ring später detailgetreu in *Romeo und Julia*:

She is the fairies' midwife, and she comes / In shape no bigger than an agate stone / On the forefinger of an alderman (*Romeo and Juliet*, I.4.55)	Hebamme in der Feenwelt. Sie fährt / Klein wie ein Schnörkel auf dem Siegelring / Am Zeigefinger eines Stadthauptmanns.

1568 war John Shakespeare schließlich ganz oben angelangt: Er wurde zum Stadtverwalter (*High Bailiff*, vergleichbar dem Bürgermeister) von Stratford und zum Friedensrichter gewählt. Allmorgendlich eskortierte ihn nun eine Ehrenwache durch die Stadt zum Ratsgebäude. Die fahrenden Schauspieler der Königin, die *Queen's Men*, die in Sachen protestantischer Propaganda durch die Provinzen tourten und die Genehmigung des *Bailiff* brauchten, um auftreten zu dürfen, gaben der Shakespeare-Familie eine Privataufführung.[92] Sonntags saß man in der Kirche in der ersten Reihe. Sein vierjähriger Sohn William dürfte stolz gewesen sein. Überhaupt lassen Shakespeares Stücke auf ein gutes Verhältnis zwischen Vater und Sohn schließen – Prinz Hamlet und Hamlet Senior, Fleance und Banquo, Gloucester und Edgar sind eng verbunden.

Mit seinen jüngeren Brüdern Edmund, einem Schauspieler, und Richard hingegen (es gab auch noch Gilbert, der Shakespeare später in Rechtsangelegenheiten in Stratford vertrat, sowie die Schwestern Joan und die früh verstorbene Anne) könnte William im Clinch gelegen haben. So jedenfalls sah es James Joyce, der Shakespeare im *Ulysses* huldigt und dessen Obsession mit der Witwenehe verdächtig findet: Nicht nur, dass im *Hamlet* die verwitwete Königin den Bruder ihres ermordeten Mannes heiratet – auch in *Richard III.* verführt der schurkische Titelheld über dem Leichnam ihres ermordeten Mannes ausgerechnet eine Anne. Anne war auch der Name von Shakespeares Frau, die er im November 1582 in ziemlicher oder vielmehr unziemlicher Eile ehelichte... – Doch wir greifen vor. Bemerkt sei nur noch, dass die Vielzahl kultiviert-natürlicher Heldinnen in Shakespeares früheren Stücken von einem grundsätzlich positiven Frauenbild des Autors zeugt, das um die Jahrhundertwende in die Krise zu geraten scheint – in den großen Tragödien erscheinen Frauen dann vorzugsweise als Hure oder Heilige.

Zu den Vorzügen Stratfords gehörte auch eine öffentliche Schule. Edward VI. hatte überall im Land Lateinschulen einrichten lassen, die prinzipiell allen Jungen offen standen – so auch die 1553 in Stratford gegründete *King's New School.* Allerdings wurden die Kinder ärmerer Bevölkerungsschichten als Arbeitskräfte gebraucht und hatten daher keine Zeit, die Schule zu besuchen. John Shakespeare aber war alles andere als arm. Und so ist es, obzwar nicht dokumentiert, so doch wahrscheinlich, dass William wie üblich mit fünf Jahren die Vorschule und zwei Jahre später die örtliche *Grammar School* besuchte. Auf diese bezog sich Nicholas Rowe, der Autor der ersten Shakespeare-Biografie aus dem Jahre 1709, als er schrieb, William habe einige Jahre lang eine öffentliche Schule besucht.

Die Stratforder *Grammar School* machte ihrem Namen alle Ehre: Unterrichtet wurden im Wesentlichen lateinische Grammatik, Logik, Rhetorik und Literatur, zunächst mit Hilfe des so genannten *hornbook* (einer Art ABC-Tafel), dann anhand des Standardwerkes *Brevissima Institutio*[93] sowie der Klassiker. Einen kleinen Einblick in den Schulalltag liefert Shakespeare mit der herrlichen Parodie einer Grammatik-Abfragung in *Die Lustigen Weiber von Windsor*:

EVANS: What is 'fair,' William?
WILLIAM: Pulcher.
MISTRESS QUICKLY: Polecats! there are fairer things than polecats, sure.
EVANS: You are a very simplicity 'oman: I pray you peace. What is 'lapis,' William?
WILLIAM: A stone.
EVANS: And what is 'a stone,' William?
WILLIAM: A pebble.
EVANS: No, it is 'lapis:' I pray you, remember in your prain.
(*Merry Wives of Windsor*, IV.1.21)

EVANS: Was heißt Tugend, Wilhelme? WILHELM: Virtus.
FRAU HURTIG: Wirtshaus? da pflegt's doch nicht immer sehr tugendhaft herzugehn.
EVANS: Ihr seit kanze Einfältigkeiten, ich pitt Euch, still. Was ischt lapis, Wilhelme?
WILHELM: Ein Stein.
EVANS: Und was ischt also ein Stein, Wilhelme?
WILHELM: Ein Kiesel.
EVANS: Nein, 's ischt lapis; erinnere tas in teinem Hirnkasten, Wilhelme, ich pitte dich.

Spielpausen waren in der Lateinschule nicht vorgesehen: Zwei Jahrhunderte vor Rousseau und Wordsworth war man noch der Ansicht, die Kindheit müsse als Aspekt der Erbsünde ausgetrieben werden. Die Schulstunden dauerten vom Morgengrauen (sechs Uhr früh im Sommer bzw. sieben Uhr im Winter) bis 17.00 Uhr nachmittags, nur unterbrochen von einer Viertelstunde Frühstückspause und zwei Stunden Mittagsruhe – sechs Tage die Woche (am siebten Tag lauschte man in der Kirche stundenlangen Predigten, was zumindest den Sinn für Rhetorik und fürs Zuhören geschärft haben dürfte). Man saß auf Holzbänken in Reih und Glied und genoss Frontalunterricht, komplett mit monotonem Auswendiglernen und reichlich Schlägen. Entsprechend ungern ging der kleine William vermutlich zur Schule:

[...] the whining school-boy with his satchel / And shining morning face, creeping like snail / Unwillingly to school. (*As You Like It*, II.7.146)

Quenglig der Schulbub dann; mit Ranzen, / Polierten Morgen-bakken, kriecht er zäh / Im Schnekkengang zur Schule.

Auf dem Lehrplan stand der klassizistische Kanon, denn Rom galt als Vorbild jeder Zivilisation: Aesops Fabeln, Ciceros Rhetorik, Vergils Epik, Ovids *Metamorphosen*, Plutarchs Biographien und Suetons *Caesarenleben*, Senecas Tragödien, die Komödienautoren

Terenz und Plautus. All diese Stoffe tauchen in Shakespeares Werk wieder auf. Wie Hamlet später sagt:

Seneca cannot be too heavy, nor Plautus too light. (*Hamlet*, II.2.396)	Seneca kann ihnen gar nicht zu tiefschürfend, Plautus gar nicht neckisch genug sein.

Ovids Gedichte durchziehen Shakespeares Bildsprache; Plautus' *Menaechmi* ist die Vorlage für die *Komödie der Irrungen*; Senecas Stoizismus spiegelt sich in Shakespeares tragischen Helden, die aller Widrigkeit zum Trotz ihre Würde zu bewahren suchen. Auch die römischen Biografien kamen dem Theaterautor gelegen: Sie boten willkommenen Ersatzstoff, als John Whitgift, der Erzbischof von Canterbury, das oben erwähnte *Bishop's Bonfire* entzünden ließ und nicht nur Epigramme und Satiren, sondern auch alle Stücke über die englische Geschichte verbieten ließ: Zu sehr hielt die Bühne dem Zeitgeschehen einen Spiegel vor, viel zu politisch waren die Spieler, *„the abstract and brief chronicles of the time"* (*Hamlet*, II.2.518).

Aber die klassizistischen Dramatiker wurden in der Grammar School nicht nur gelesen, sondern – willkommene Abwechslung! – auch gespielt, denn es galt als Ideal, Latein nicht nur lesen, sondern auch sprechen zu können. Und damit wären wir beim Humanismus und bei den Wurzeln des elisabethanischen Theaters angelangt und müssen zunächst wieder ein paar Jahre zurückgehen.

4.3 Humanismus und Renaissance in England

Anders als auf dem Kontinent, wo Renaissance und Humanismus – die „Wiedergeburt" und Wiederentdeckung der antiken Kultur sowie der Individualität des Menschen – im 15. Jahrhundert ihren Höhepunkt erfuhren, entfaltete sich diese Geistesbewegung in England erst im Laufe des 16. Jahrhundert. Insofern konnten sich die englischen Gelehrten, Höflinge und Literaten, als sie nach den verheerenden Rosenkriegen wieder Zeit für Kultur fanden, auf eine langjährige kontinentale Tradition stützen, diese weiterentwickelten und den englischen Verhältnissen anpassen. Vor allem zwei Männer waren dabei Vorreiter: der bedeutende Humanist Erasmus von Rotterdam und Thomas Morus, der Lordkanzler Heinrich VIII.

Thomas Morus' (1478-1535) epochales Werk *Utopia*, das den Begriff der Utopie geprägt hat, kann als Ausgangspunkt der englischen Renaissance gesehen werden. Gedruckt 1516, handelt es sich um einen demokratisch-idealen Gesellschaftsentwurf, in dem der Staatsmann und Rechtsgelehrte seiner Gesellschaft den Spiegel vorhält und sich u. a. gegen Tyrannei, Krieg, Todesstrafe, Korruption und Privateigentum wendet. Der humanistische Erzähler Hythloday berichtet in einem fiktiven Reisebericht von den Missständen in Europa und von der titelgebenden neuen Welt Utopia, die er als Gefährte Amerigo Vespuccis gesehen haben will. Gemeint ist allerdings nicht in erster Linie die neue Welt Amerika, sondern die neue Welt der Vernunft, die sich von der starren mittelalterlichen Schulweisheit abkehrt.

Shakespeare hat das Konzept der Utopie, diese Sehnsucht nach einer paradiesisch heilen Welt ohne Sündenfall, im *Sturm* auseinander genommen – dem Theaterstück, das oft als sein Vermächtnis gesehen wird. Darin zerbricht der weise Magier Prospero am Ende seinen Zauberstab und versenkt sein Zauberbuch im Meer, nachdem er seinen Todfeinden vergeben und seiner Tochter Miranda ein neues Leben unter Menschen ermöglicht hat: eine Absage des Schreib-Magiers Shakespeare an die imaginierte Zauberwelt des Theaters – und/oder eine skeptische Absage an die Möglichkeit menschlichen Wissens und Handelns überhaupt?

Seine Wurzeln hat *Der Sturm* zum einen in zeitgenössischen Berichten über einen Schiffbruch vor den Bermudas, zum anderen in Michel de Montaignes 1580 erschienen *Essais*, einem der wenigen Werke, von denen man weiß, dass sie bei Shakespeare im Regal standen. Übersetzt wurden die *Essais* von John Florio (1554-1625), einem italienischen Humanisten, der als Hauslehrer im Haushalt von Shakespeares Gönner Southampton lebte und die *Essayes on Morall, Politike, and Millitarie Discourses of Lo. Michaell de Montaigne* 1603 in drei Büchern veröffentlichte. Ein Schlüsselsatz darin lautet: *„(...) there is a plague on Man, the opinion that he knows something"*.[94] Der Schein des Wissens steht im Gegensatz zum Sein der (religiösen) Erkenntnis. Bezüge auf die *Essais* finden sich im *Hamlet*, im *König Lear*, und eben auch im *Sturm*. So hat

Shakespeare Wilder Caliban seinen Namen aus Montaignes Essay *Von den Kannibalen*; von Montaigne kommt auch die Idee, dass der Fluch des Menschen sein Stolz ist, sein Wahn, über Gottes Schöpfung zu stehen, die Welt zu verstehen und sie beherrschen zu können. „Oh schöne neue Welt, die solche Menschen trägt" jubelt die naive Miranda, die nie zuvor andere menschliche Wesen gesehen hat – ohne zu ahnen, dass eben diese Menschen ihren Vater Prospero umbringen wollen.

Der Mensch steht eben zwischen Tier und Engel – das Besondere an ihm ist, dass er frei ist, sich zwischen gut und böse zu entscheiden. Diesen Renaissance-typischen Zwiespalt hat Shakespeare im *Sturm* auf die Spitze getrieben. Wie der Rezensent Roland Müller anlässlich einer Sturm-Inszenierung schrieb: [95]

> Ja, jubelt Shakespeare, der Mensch ist gut und kann ins Paradies eintreten - und nein, klagt er, der Mensch ist schlecht, heillos schlecht, und wird auf ewig ausgesperrt bleiben.

Schon Hamlet brachte, wie oben erwähnt, diesen Zwiespalt mit dem Bild des Menschen als „Quintessenz von Staub" auf den Punkt, wobei „Quintessenz" gleichzeitig die Krönung und das letztendliche Resultat ist: Der Mensch als Krone der Schöpfung, die doch nichts anderes ist als Staub. Vor diesem Hintergrund muss auch Prosperos Verzicht auf die Zaubermacht gesehen werden: Erst der Verzicht auf Wissen macht die Erfahrung übernatürlicher (christlich-katholischer?) Wahrheit möglich. Auch dieser religiös motivierte Skeptizismus ist Teil der Renaissance-Philosophie.[96] Um noch einmal Hamlet zu zitieren:

There are more things in heaven and earth, Horatio, / Than are dreamt of in your philosphy. (*Hamlet,* I.5.174)	Es gibt mehr Dinge zwischen Erd und Himmel, Horatio, / Als Eure Schulweisheit sich träumen lässt.

Die mittelalterliche Schulweisheit kritisierte aber nicht erst der Wit- tenberger Student Hamlet, sondern bereits der katholische Priester und Gelehrte Erasmus von Rotterdam (ca. 1466-1536). Erasmus war ein Zeitgenosse Luthers und Freund von Thomas Morus, den er 1510 in London besuchte. Im folgenden Jahr widmete er ihm eine Schrift mit dem Namen *Encomium Moriae*

(Lob der Torheit), die eine Anspielung auf Morus' Namen enthält (griechisch *„moros"* bedeutet „Dummkopf"). In dieser Schrift vertritt Erasmus die Ansicht, Torheit sei die wahre Weisheit; die eingebildete Weisheit der Scholastiker aber sei in Wirklichkeit Dummheit. Das sah Shakespeare vermutlich auch so: In dem späten Stück *Thomas Morus*, an dem Shakespeare als Koautor mitgeschrieben hat,[97] wird der mächtige Lordkanzler als witziger und menschlicher Zeitgenosse dargestellt, der wie Hamlet das Theater liebt und sich auch selbst auf die Bühne stellt – in einem Stück-im-Stück mit dem bezeichnenden Titel *The Marriage of Wit and Wisdom* (*Die Hochzeit von Witz und Weisheit*).

Im Zuge der Veröffentlichung der *Utopia*, des *Lob der Dummheit* und anderer humanistischer Schriften (z.B. Thomas Elyots Erziehungsratgeber *The Boke named the Governor,* 1531) etablierte sich an den englischen Universitäten von Oxford und Cambridge (kurz „Oxbridge") ein weltlich-humanistisches Bildungsideal. Erstmals hieß es jetzt „Erziehung für alle" – wobei „alle" natürlich relativ war. Zwar hatte Erasmus gehofft, mit einer allgemeinen und toleranten Erziehung den sozialen wie religiösen Missständen sowie der weit verbreiteten Abergläubigkeit im Volk vorbeugen zu können. Bis zur allgemeinen Schulpflicht (in England 1870) war es aber noch ein Weilchen hin, und so profitierten im 16. und 17. Jahrhundert vor allem die Eliten von den neu eingerichteten Lateinschulen und der diskussions- und theaterfreundlichen Bildungspolitik.

In der Lateinschule, die Shakespeare vermutlich bis zu seinem 14. Lebensjahr besuchte, wurde, wie oben erwähnt, ausschließlich Latein gesprochen und gelesen. Dass Shakespeare des Lateinischen durchaus mächtig war, wird nicht nur durch das *„et tu, Brute"* belegt, das er Julius Cäsar im Angesicht des Todes sagen lässt, sondern auch durch diverse andere Zitate, die er seinen römischen Figuren in den Mund legt.[98] Aber auch diejenigen, die das Lateinische nicht fließend beherrschten, bekamen in elisabethanischer Zeit Zugang zur humanistischen Kultur, denn die Klassiker wurden ebenso übersetzt wie die italienische Literatur, die großen Einfluss gewann. Neben den bereits erwähnten Werken *Der Prinz* von Niccolò Machiavelli (erst 1640 übersetzt, allerdings bereits 1584 in England gedruckt) und Baldassare Castigliones *Buch vom Höfling* (1561 von Sir Thomas Hoby als *Book of the Courtier* auf

Englisch veröffentlicht) konnten die Leser sich zum Beispiel an englischen Übersetzungen von Dante, Petrarca und Bocaccio, dem übermächtigen Dreigestirn der italienischen Renaissance erfreuen. In Shakespeares Werk lassen sich Einflüsse all dieser Autoren finden; so beruht *Ende gut, alles gut* auf einer Novelle aus Bocaccios *Decamerone*, und Anspielungen auf den eisigen, untersten Kreis der dantesken Hölle finden sich in der berühmten Pförtnerszene (II.3) in *Macbeth* – in diesem Kreis taten bei Dante die (Königs)mörder und Verräter ewige Buße.

Shakespeare konnte sich auch einer Modewelle nicht entziehen, die gegen Ende des Jahrhunderts aus Italien nach England schwappte, nämlich der Sonettmode. Neben den zahlreichen Sonetten in seinen Dramen – von *Romeo und Julia* war bereits die Rede – schrieb Shakespeare in den 90er Jahren einen berühmten, noch heute einflussreichen Sonettzyklus (vgl. Punkt 4.9). Shakespeare war allerdings nicht der erste, der seine Gedanken und Gefühle für einen Kreis erlesener Leser in Verse fasste: Die ersten Sonette nach dem Vorbild der Liebeslyrik Petrarcas wurden in England 1591 von Sir Philip Sidney (1554-1586) geschrieben, dem Neffen von Königin Elisabeths Jugendfreund Robert Dudley. Sidney, geboren in dem Jahr, in dem der spätere Entdecker Francis Drake als Schiffsjunge auf einem Küstensegler anheuerte, galt als „perfekter Hofmann" im Sinne Castigliones: verbindlich und würdevoll, weitgereist und weltgewandt, tapfer und eloquent, ein Mäzen, Autor und Kritiker. In seiner Schrift *Defence of Poesy* rechtfertigte er 1583 das dramatische Konzept des *delightful teaching*, das dem Zuschauer die Möglichkeiten tugendhaften Handelns (und die Konsequenzen schurkischen Verhaltens) im Rahmen der Fiktion bildhaft vor Augen führt. Sein Versroman *Arcadia* (1590), eine Schäferromanze, aus der Shakespeare später die Nebenhandlung um Gloucester und seine Söhne im *König Lear* bezog, wurde in höfischen Kreisen geschätzt und nachgeahmt; seine Sonettfolge *Astrophel and Stella* widmete er Penelope Devereux, der Tochter des Grafen von Essex. Als Sidney nur 32-jährig im Kampf gegen Spanien und für die Freiheit der Niederlande starb, wurde er von ganz England betrauert. Sein Freund Edmund Spenser, der ihm einen literarischen Nachruf im Sammelband *The Ruins of Time* widmete, nannte ihn das „Wunder des Zeitalters".

Edmund Spenser (1552-1599) wiederum war der Autor der *Fai-*

rie Queene, des größten epischen Gedichtes der Zeit. Geschrieben in der Tradition der Versepen von Virgil, Tasso und Ariost und 1590-1596 erschienen, ist es eine allegorische Hymne an Königin Elisabeth I., die bis heute ihren festen Platz im anglistischen Literaturkanon hat. Als Belohnung für seine literarische Leistung wurde Spenser eine lebenslange Pension bewilligt. Hieraus ersieht man, wie einträglich literarisches Schreiben sein kann, wenn man denn die richtige Zielgruppe – in diesem Fall die Königin – anvisiert (entsprechend betitelte Karl Marx Spenser als „Elisabeths arschkriecherischen Poeten"). Anfangs schien das Gedicht allerdings unter keinem guten Stern zu stehen, da es eine Heirat zwischen Elisabeth und ihrem Günstling Robert Dudley propagierte, der in der *Fairie Queene* als neuer König Artus stilisiert wird. Eine Heirat der beiden war jedoch nicht opportun, da Dudleys erste Frau unter ungeklärten Umständen bei einem Treppensturz ums Leben gekommen war. Das machte ihn als Königinnengemahl natürlich unmöglich. So legte Spenser das Gedicht zunächst auf Eis und ging als so genannter *planter* (d. h. Siedler) nach Irland, um die aufständischen Katholiken niederzuschlagen und sich deren Land anzueignen. In Irland traf er einen anderen Landbesetzer, Sir Walter Ralegh, der ihn davon überzeugte, nach London zu reisen und die *Fairie Queene* doch noch (und, wie sich zeigte, mit großem Erfolg) zu veröffentlichen.[99] Aus diesem Grund ist den meisten heutigen Ausgaben des Epos ein offener Brief an Ralegh aus dem Jahr 1589 vorangestellt, in dem Spenser sein (unvollendet gebliebenes) Werk erläutert.

So einfach wie Spenser macht Shakespeare es dem heutigen Leser leider nicht – von ihm existieren keine einführenden Briefe. Doch ist davon auszugehen, dass auch sein Werk von Anspielungen auf zeitgeschichtliche Figuren und Ereignisse lebt, und dass diese einen guten Teil des zeitgenössischen Erfolges ausmachten. Wie u.a. Lilian Winstanley bereits in den 20er Jahren gezeigt hat,[100] nehmen Stücke wie *Hamlet*, *König Lear* oder *Macbeth* direkten Bezug auf politische Skandale, Umwälzungen und öffentliche Personen der Zeit. Grundsätzlich gilt für alle Stücke Shakespeares, dass sie bei aller Zeitlosigkeit für elisabethanische Zuhörer geschrieben waren und dass diese Zusammenhänge erkennen konnten, die heute unverständlich bleiben. Allegorische Stoffe waren, wie Spensers *Faerie Queene* belegt, beim elisabethanischen Publikum

beliebt. In einer Zeit, in der es keine Zeitungen gab und in der politische Inhalte auf der Bühne wie im Druck verboten waren, waren Anspielungen und Doppeldeutigkeiten das Salz in der Literatursuppe, und auch die Kunst des zwischen-den-Zeilen-Lesens war weiter verbreitet als heute. Insofern wäre Spensers offener Brief an Ralegh vielleicht gar nicht nötig gewesen.
Spensers gleichaltriger Freund Sir Walter Ralegh (1552-1618), vor einigen Jahren von Clive Owen im Kinofilm *Elisabeth – Das Goldene Königreich* (2007) ansehnlich dargestellt, war einer der Stars des elisabethanischen Hofes und die Verkörperung des Renaissance-Mannes schlechthin – in Hamlets Worten *„the courtier's, soldier's, scholar's, eye, tongue, sword"*. Ein Dichter, Humanist, Soldat, Forscher und nicht zuletzt Seemann und Pirat, avancierte er zum Günstling der Königin und Chef von Elisabeths Leibwache. 1594 segelte er nach Südamerika und benannte den US-Staat Virginia nach der jungfräulichen Königin, was er im darauf folgenden Jahr in seinem legendären Reisebericht *The Discovery of Guiana* beschrieb. Heute ist Raleghs Name vor allem deshalb bekannt, weil er angeblich die Kartoffel, die Tomate und den Tabak nach England gebracht haben soll – und natürlich wegen der Anekdote mit seinem Mantel, den er als Fußmatte für Elisabeth auf dem schmutzigen Boden ausgebreitet haben soll. Das war im Zeitalter der Handwäsche keine Kleinigkeit, da die kostbaren Oberkleider des Adels nicht gewaschen, sondern allenfalls gelüftet werden konnten. Ralegh trug bei Hof häufig schwarzen, mit Perlen bestickten Samt; im Gedränge fielen schon mal einige Perlen ab, die von den Umstehenden eifrig eingesammelt wurden – vergleichbar den Münzen, die der Titelheld in *Antonius und Kleopatra* verliert. Frederick Turner sieht weitere Ähnlichkeiten zwischen Ralegh und Antonius: die wagemutigen Seegefechte, den verpatzten Selbstmord, die Großzügigkeit:[101]

His legs bestrid the ocean: his rear'd arm / Crested the world [...]. For his bounty, / There was no winter in't; an autumn 'twas / That grew the more by reaping: [...]: in his livery / Walk'd crowns and crownets; realms and islands were / As plates dropp'd from his pocket. (*Anthony and Cleopatra*, V.2.82)	Sein Schritt griff über Meere aus, sein Arm, / Gereckt, war's Wappenschild der Welt [...]. Und seine Großmut, / Die kannte keinen Winter: ein Herbst war sie, / Der reicher wuchs durchs Ernten [...]: ihm zu Dienst / Warn Kronen und warn Zepter: Königreiche, Inseln / Warn nichts als Münzen, ihm herausgefalln / Aus seinen Taschen.

Militant protestantisch – Raleghs Familie war unter der katholischen *Bloody Mary* verfolgt worden – kämpfte Ralegh in den französischen Religionskriegen gegen den Katholizismus und in den späten 80ern in Irland. Dort wurde er wie Spenser Zeuge und vermutlich Mittäter beim Massaker an 700 einfachen Soldaten, die sich bedingungslos ergeben hatten – ein schwarzer Fleck auf seiner samtenen Weste, den der Film wohlweislich unterschlägt. Ansonsten war Ralegh ein Skeptiker, der auch dafür bekannt ist, dass er die so genannte *School of Night* gründete. Das war ein loser Zirkel von Intellektuellen, in dem nicht nur über Wissenschaft, Philosophie und Religion, sondern auch über Magie, Machiavellismus und Atheismus diskutiert wurde. Den Zeitgenossen durch die polemische Verdammung des Jesuitenpaters Persons als *School of Atheism* bekannt, entstammt der heute üblichere Name *School of Night* vielleicht einem Zitat aus Shakespeares *Verlorene Liebesmüh* (wobei man nicht sicher weiß, ob die Textstelle eine Anspielung auf die Geheimgesellschaft ist, ob umgekehrt die Geheimgesellschaft ihren Namen dem Zitat verdankt, oder ob *school* in dem Kontext nicht einfach ein Druckfehler ist und eigentlich *hue*, d. h. „Farbton" heißen müsste):

Black is the badge of hell / The hue of dungeons and the school of night. (*Love's Labour's Lost*, IV.3.250)	Schwarz ist Livree der Hölle, / Ist Kerkerfarbe, ist das Kleid der Nacht.

Vielleicht nimmt Shakespeare auch in *Wie es Euch gefällt* Bezug auf den Zirkel der *School of Night* – dem Stück, in dem sich der verbannte Herzog mit seinen Höflingen aufs Land zurückzieht:

[...] there they live like the old Robin Hood of England. They say many young gentlemen flock to him every day, and fleet the time carelessly as they did in the golden world. (*As You Like It*, I.1.110)	[...] da leben sie wie der alte Robin Hood von England. Es heißt, viele junge Herrn laufen ihm tagtäglich zu und leben sorglos in den Tag wie einst im Goldenen Zeitalter.

Ralegh hatte sich nämlich auf seinen idyllischen Landsitz Sherborne zurückgezogen, als er nach seiner heimlichen Heirat mit einer Hofdame der Königin 1592 vom Hof verbannt worden war. Dort scharte er Intellektuelle um sich, die schwarz trugen wie Jaques oder Hamlet und sich als geniale, todesverachtende Melancholiker stilisierten. Zu ihnen zählten zeitgenössische Stückeschreiber wie Thomas Kid und George Chapman, der Übersetzer Homers. Auch Shakespeares größter Konkurrent, der erfolgreiche Dramatiker Christopher Marlowe (1564-1593), gehörte dazu. Weitere Mitglieder der *School of Night* waren Sir Francis Drake und vermutlich Sir Philip Sidney, dem die Poeten des Zirkels nach seinem Tod einen Band mit Elegien widmeten; die Mathematiker Thomas Hariot und Walter Warner; Edward Blount, der spätere Herausgeber von Shakespeares Werken sowie der erwähnte Italiener John Florio, der Übersetzter Montaignes und Lehrer des jungen Grafen von Southampton. Florio war auch ein enger Freund des italienischen Dichters und Philosophen Giordano Bruno, der 1583-1585 beim französischen Botschafter in London zu Besuch weilte und in seinem Werk *Cena de le ceneri* die Oxforder Gelehrten karikierte. Bei dem von Bruno beschriebenen „Aschermittwochsmahl" – vielleicht die Geburtsstunde der *School of Night* – waren Ralegh, Marlowe, Sidney und andere zu Gast und man sprach u. a. über das neue kopernikanische Weltbild. Hieraus ist ersichtlich, wie eng Wissenschaft, Philosophie und Literatur in jener Zeit verknüpft waren.

Shakespeares Beziehung zu den Intellektuellen der *School of Night* war vermutlich von gegenseitiger Beeinflussung, vor allem aber von Rivalität gekennzeichnet. Ralegh war nämlich in besseren Zeiten, vor seiner heimlichen Heirat und Verbannung, der Kopf einer Hofclique gewesen, die mit der von dem Grafen Essex angeführten pro-katholischen Clique rivalisierte, der Shakespeare nahe stand. „Rivalität" ist hier durchaus so verstehen, wie in *Romeo und*

Julia oder in *Heinrich VI.* dargestellt: 1601 beispielsweise wurde der Graf von Southampton, Shakespeares Mäzen, auf offener Straße von einem Edelmann aus Raleghs Lager mit dem Degen attackiert. Im selben Jahr eskalierte die Auseinandersetzung, Essex und Southampton rebellierten und wurden zum Tode verurteilt. Dieses Todesurteil, nach einem Plädoyer von Francis Bacon schon am ersten Prozesstag gefällt, könnte Shakespeare veranlasst haben, das 1601 gedruckte, allegorische Klagegedicht *The Phoenix and The Turtle (Phönix und Taube)* zu verfassen.[102]
Schon immer ging auch die Legende, Essex sei das Vorbild für den vom Volk geliebten Prinzen Hamlet gewesen, den schwarz gekleideten Melancholiker, der, gefangen im Intrigennetz des Hofes, seinen Vater rächen muss. Entsprechend soll Horatio Züge von Essex' Freund Southampton tragen, Ralegh von Laertes und Polonius von Lordkanzler Cecil (der hinter einem Vorhang gelauscht hatte, als seinem Antagonisten Essex der Prozess gemacht wurde). Laut Edmond Malone, einem einflussreichen Herausgeber Shakespeares im 18. Jahrhundert, ist Essex' letztes Gebet auf dem Schafott – „Gott möge seine Engel hernieder senden, um meine Seele zu den himmlischen Freuden zu geleiten" – die Quelle für Horatios Abschiedsworte im Hamlet:[103]

Goodnight, sweet prince, / And flights of angels sing thee to thy rest. (*Hamlet,* V.2.363)

Gutnacht, mein Prinz, / Und singen Engelscharen dich zur Ruh!

Lilian Winstanley argumentierte, dass *Hamlet* nicht nur Züge des Grafen Essex, sondern auch des damaligen Thronfolgers Jakob VI. von Schottland trüge – der beiden Männer, denen um 1600 das größte öffentliche Interesse galt. Da beide außer dem Geburtsjahr 1566 charakterlich wenig gemein hatten, könnte dies die psychologische Widersprüchlichkeit des berühmtesten aller Bühnenhelden erklären, der mal als unerfahrener, weltabgewandter und zögerlicher Prinz (Jakob), dann wieder als kurz entschlossener, desillusionierter und melancholischer Höfling (Essex) erscheint.
Schließlich machte auch der Shakespeare-Forscher John Dover Wilson Ähnlichkeiten zwischen Essex und Hamlet aus:[104] beide leiden unter Depressionen; beide werden vom Volk als Helden verehrt; beide werden bespitzelt; beide fühlen sich in ihrem Hei-

matland gefangen. Weitere Parallelen fallen auf: Essex' Stiefvater Robert Dudley wurde bezichtigt, Essex' Vater ermordet zu haben; Essex wurde wie Hamlet „auf die Insel" (nach Irland) geschickt, wo ihn ein ungewisses Schicksal erwartete, nachdem er sich bei Hofe danebenbenommen hatte; schließlich erschien Essex bei seinem Prozess ganz in schwarz, bereute seine Taten und gab sich im Angesicht des Todes gelassen: es sei ihm egal, ob er heute oder morgen sterben müsse, denn: *„We all owe God a Death"* („Wir alle schulden Gott einen Tod"). Hamlet formuliert denselben Sachverhalt kurz vor seinem Abgang bekanntlich etwas umständlicher:

If it be now, 'tis not to come; if it be not to come, it will be now; if it be not now, yet it will come: the readiness is all (*Hamlet*, V.2.214)	Soll es jetzt sein, soll's nicht dereinst sein; soll's nicht dereinst sein, wird es jetzt sein; soll es jetzt nicht sein, so wird es dereinst doch einmal sein. Bereitsein, das ist alles.

4.4 *Ars Moriendi*, Krankheit, Tod und Grausamkeit

Aus diesen Zeilen spricht das Bedürfnis der Elisabethaner, jederzeit auf den allgegenwärtigen Tod vorbereitet zu sein. Es ist das Zeitalter der Pest, des 30-jährigen Krieges, des Bürgerkriegs und (noch) des Totentanzes. Aus diesem Bedürfnis heraus war auch das erwähnte spirituelle Testament des Kardinals Borromeo so erfolgreich.

Auch Shakespeare war sich der Allgegenwart des Todes bewusst. Am Ende des *Sturms* beispielsweise zieht Prospero sich nach Mailand zurück, um sich gedanklich mit dem Tod zu befassen:

Every third thought shall be my grave (*The Tempest*, V.1.312).	Ein jeder dritte Gedanke soll mein Grab sein.

Hier bezieht Shakespeare sich auf die seit dem Spätmittelalter gepredigte und gepflegte *Ars Moriendi*, die „Kunst des Sterbens". In dieser Tradition bereitete man sich auf den kommenden Tod vor, indem man ihm ins Angesicht sah – so wie Hamlet es mit dem Schädel macht.[105] Die gedankliche Konfrontation mit dem Tod ermöglichte es dem Menschen, seinem Ende mit Würde und

Gelassenheit in der Hoffnung auf die himmlische Erlösung zu begegnen. Entsprechend nimmt Brutus die Nachricht vom Tod seiner Frau mit den Worten auf:

With meditating that she must die once, / I have the patience to endure it now" (*Julius Caesar*, IV.3.190)	[...] Denk ich, dass sie ja einmal sterben muss, / Leiht mir das Geduld, es jetzt zu tragen.

Shakespeare hat die *Ars-Moriendi*-Tradition allerdings auch ironisiert – zum Beispiel im Eifersuchtsdrama *Othello*, wo das traditionelle, die Sterbekammer dominierende Totenbett zum Bett des Todes wird und Desdemona mit ihren letzten – traditionell *wahren* – Worten ihre Seele nicht Gott empfiehlt, sondern sich aus Liebe fälschlich zum Selbstmord bekennt (womit sie eine Todsünde begeht).

Die relativ gefasste Einstellung vieler Elisabethaner zum Tod[106] hängt sicher mit der Tatsache zusammen, dass sie diesen alltäglich vor Augen hatten – Tod, Grausamkeit und Schmerz waren im London des 16. Jahrhunderts unübersehbar. Regelmäßige Pestepidemien wie diejenige in Stratford in Shakespeares Geburtsjahr[107] dezimierten die Londoner Bevölkerung und zwangen die Theaterleute auf Tournee, weil die Spielstätten von Amts wegen geschlossen wurden – so geschehen beispielsweise 1593, dem Jahr, in dem die „Gottesstrafe" Pest 1000 Menschen in der Woche dahinraffte. 1603, in dem Jahr, in dem Königin Elisabeth starb und Jakob I. den Thron bestieg, starben allein in London mehr als 40.000 Menschen an der Pest – mehr als ein Viertel der Bevölkerung, was den Einzug des neuen Herrschers in die Stadt um Monate verzögerte. Auch andere Seuchen suchten die überfüllte, von Ratten- und Ungeziefer wimmelnde, sumpfige und dreckige Stadt heim – darunter Typhus, Pocken (Elisabeth trug dickes Makeup, weil sie von Pockennarben entstellt war), Malaria (die Elisabethaner glaubten, es würde von aufsteigenden Nebeln verbreitet) und seit dem 15. Jahrhundert auch der Amerika-Import Syphilis. Für keine dieser Krankheiten gab es sinnvolle Heilmethoden oder auch nur Mittel, die Symptome zu lindern. Kuren wie das Einatmen von Quecksilberdämpfen trugen im Gegenteil dazu bei, die Qualen von Fieber, Gliederschmerzen, Übelkeit, offenen Hautausschlägen etc. noch zu steigern.

Dementsprechend bezieht sich Shakespeare in der Bildersprache seiner Stücke immer wieder auf Krankheiten und erwähnt sie oft auch explizit – so z. B. im *König Lear:*

But yet thou art my flesh, my blood, my daughter; / Or rather a disease that's in my flesh, / Which I must needs call mine: thou art a boil, / A plague-sore, an embossed carbuncle, / In my corrupted blood. (*King Lear*, II.4.219)	Und doch bist du mein Fleisch, mein Blut, mein Kind; / Nein, eher eine Pest, die mir im Fleisch steckt, / Die ich mein nennen muss; bist eine Beule, / Ein Pestgeschwür, ein knotiges Furunkel / Mir im verseuchten Blut.

Aber nicht nur die Natur, vor allem der Mensch war grausam in dieser Zeit. Angeklagte wurden der Folter unterzogen; das Handwerk des Henkers galt als Kunst. Schon kleinere Vergehen wurden brutal geahndet. Ehebrecherinnen wurden unter Wasser getaucht; Verbrecher ans Ufer der Themse gekettet, wo sie die Flut über sich ergehen lassen mussten; Wilderer in Leder eingenäht und von Hunden gejagt (daher die Redewendung „ins Bockshorn (=Bocksfell) jagen"). Auf den Straßen lungerten kranke, versehrte und wahnsinnige Bettler herum, die ebenso wie Huren öffentlich ausgepeitscht wurden – als Wesen, die ständig auf der Suche nach Nahrung waren, standen sie nach gängiger Ideologie auf einer Stufe mit den vom Menschen beherrschten Tieren.

Regelmäßig fanden öffentliche Exekutionen statt. Maria Stuarts Enthauptung am 8. Februar 1587 wurde mit einem Volksfest gefeiert. Ralegh, von dem allgemein angenommen wurde, dass er an der Intrige um Essex' Tod beteiligt gewesen war, wohnte der Hinrichtung seines Rivalen bei – wenn er sich auch vornehm im Hintergrund gehalten und angeblich geweint haben soll. Jahre später nahm Raleghs Frau den einbalsamierten Kopf ihres ebenfalls hingerichteten Mannes in einem Lederbeutel mit nach Hause und verwahrte ihn bis zu ihrem Tod im Schlafzimmer. Das war ein Privileg: üblicherweise wurden die aufgespießten Köpfe verurteilter Verbrecher zur Abschreckung auf der einzigen Brücke über die Themse zur Schau gestellt. Sogar das entsetzliche Hängen und Vierteilen wurde als „gerechte" Strafe begriffen, als Vergeltung, die im Einklang mit der (von den verurteilten Verrätern verletzten) Ordnung der Gesellschaft stand. Auch Shakespeare muss mehr als einmal Zeuge dieser blutigen Hinrichtungen gewe-

sen sein, wie die vielen Anspielungen in seinen Stücken belegen: Wenn Macbeth nach dem Mord an Duncan seine „Henkershände" (*„hangman's hands"*, II.2.27) betrachtet, so haben er und die zeitgenössischen Zuhörer das Bild des Henkers vor Augen, der dem Verurteilten das Herz aus dem lebendigen Leib reißt.
Doch nicht nur Menschen wurden misshandelt und vor Publikum umgebracht. Shakespeares Biograph Aubrey berichtet, als junger Mann in Stratford hätte William persönlich Kälber geschlachtet, und dabei rhetorische Reden geschwungen.[108] Tierquälereien aller Art galten als Amüsement. In London wurden in unmittelbarer Nachbarschaft der Spielstätten Bären, Affen und Stiere zum Vergnügen der johlenden Menge von Hunden gehetzt – ein beliebter Zeitvertreib, der erst von den Puritanern abgeschafft wurde. Diese verurteilten auch das *deer-hunting*, die Jagd, die als traditionell aristokratische Beschäftigung von jeher mit aristokratischem Standesdünkel und Unterdrückung gleichgesetzt wurde. Ein Sprichwort der Zeit lautete: „Wer die Jagd und die Falknerei nicht liebt, der kann kein Gentleman sein". Von europäischen Humanisten schon im 16. Jahrhundert kritisiert,[109] ist die Jagd in England bis heute ein von den *Royals* geliebter Zankapfel – nicht umsonst wird die Krise der Monarchie nach Lady Dianas Tod im Film *Die Queen* mit dem Bild des majestätischen, gejagten Hirsches symbolisiert. Königin Elisabeth I. schätzte diesen Blutsport so sehr, dass sie sich 1591, als sie zu alt war, um selbst aufs Pferd zu steigen, eine Herde Wild vor die Armbrust treiben ließ und die Tiere eines nach dem anderen abschoss – dazu spielte die höfische Kapelle. Jakob I. ließ sich die Beine sicherheitshalber ans Pferd binden und pinkelte im Sattel, um das Jagdvergnügen nicht zu unterbrechen; am Ende schnitt er persönlich dem Wild die Kehle durch und beschmierte seine Höflinge mit Blut, was einer rituellen, theatralischen Geste gleichkam und die Macht des Monarchen über Leben und Tod symbolisierte.[110]
Gleichzeitig avancierte das Bild des *Sobbing Deer*, des weinenden Hirsches, zum Renaissance-Topos par excellence, der nicht nur das langsam erwachende Mitgefühl mit der geschundenen Kreatur ausdrückte, sondern auch politische Untertöne der Herrschaftskritik entwickelte. Entsprechend symbolisch aufgeladen war der gesamte Sprach-Jargon der Jagd. Shakespeare hat das natürlich gewusst und die allegorischen Assoziationen der Jagdkultur mit

aristokratischer Macht, Unterdrückung und Gewalt in seinen Dramen weidlich ausgebeutet. In *Der Widerspenstigen Zähmung* wird die Frau in der Fachsprache des Falkners beschrieben und wie ein wilder Falke behandelt, den es durch Hunger und andere Schikanen zu zähmen gilt; in *Wie es Euch gefällt* benutzt Shakespeare das Bild des waidwunden, weinenden Hirsches im Sinne politischer Opposition, um gegen die Unterdrückung durch die Zensurbehörden nach dem *Bishop's Bonfire* zu protestieren.[111]
Und dann gibt es da noch die in vielen Biografien geschilderte, auf zeitgenössischen Quellen beruhende Anekdote, nach der Shakespeare das heimatliche Stratford deshalb verlassen musste, weil er angeblich im Park des Lokalmagnaten und Friedensrichters Sir Thomas Lucy gewildert habe – ein Vorfall, auf den Shakespeare vielleicht in *Die Lustigen Weiber von Windsor* anspielt.[112] Hildegard Hammerschmidt-Hummel vermutet dagegen, dass Shakespeare von Lucy aufs Korn genommen wurde, weil der Friedensrichter ein gefürchteter Katholikenjäger war. Die Jagd-Thematik mit ihren Konnotationen von Grausamkeit, Verfolgung und Unterdrückung sowie die Tatsache, dass das Wildern traditionell als Mittel des politischen Protestes der unterdrückten Bevölkerung genutzt wurde, bieten jedenfalls einen hinreichenden Kontext für diese Deutung der später entstandenen Anekdote.
Vor dem Hintergrund der damaligen Allgegenwart von Tod und Grausamkeit ist es kaum verwunderlich, dass diese auch auf der Bühne Dauerbrenner waren – ganz im Sinne der Katharsis der klassischen Tragödie, der seelischen Reinigung durch die Darstellung und das Nacherleben tragischer und grausamer Ereignisse. 1586 schrieb Thomas Kyd (1558-1594), ein Schulkamerad Spensers und einer der wichtigsten Vorläufer Shakespeares, das Stück *Die Spanische Tragödie*, das über viele Jahre ein Kassenschlager blieb und das populäre Genre der elisabethanischen Rachetragödie begründete. Kyd wandelte die alte Seneca-Tragödie ab, in der Showeffekte wie Mord oder Selbstmord nur von einem Boten erzählt werden, und zeigte die Gewalttaten – etliche Morde, eine Hinrichtung, einen Zungenabbiss und einen Wahnsinnsanfall – stattdessen *live on stage*: *Seven* und andere Horrorschocker Hollywoods lassen grüßen. Kyd hat auch das Spiel im Spiel erfunden, das eine tödliche Wendung nimmt – eine Interpretation des höfischen *Interludes*, die Shakespeare später im *Hamlet* variiert.

Überhaupt hat *Hamlet* jede Menge Parallelen mit der *Spanischen Tragödie*: das Rachethema, den Geist, die historische Vorlage, die Monologe des Helden. Daher hat man auch vermutet, Kyd sei vielleicht der Autor des verloren gegangenen Ur-Hamlets, einer älteren Version des Stoffes, die erstmals 1589 erwähnt wird. Genau in diesem Jahr hat Shakespeare eine wesentlich krudere Rachetragödie geschrieben, *Titus Andronicus* – eine frühe Fingerübung, in der er Kyd in Sachen Brutalität um einiges überbietet und die heute eher selten aufgeführt wird.

4.5 Das Elisabethanische Theater

An dieser Stelle bietet es sich an, erneut in der Zeit zurückzugehen und sich die Theatergeschichte vor Shakespeare, die elisabethanische Theaterpraxis und Shakespeares Kollegen näher anzusehen. Denn so sehr Shakespeare heute als herausragender Star seiner Zeit erscheint, so sehr war er damals eingebunden in den zeitgenössischen Theaterbetrieb, dieses relativ neuartige, unglaublich erfolgreiche Amüsement für Masse und Klasse in der Metropole London.

Neuartig war das Theater deshalb, weil es vor der Mitte des 16. Jahrhunderts eigentlich gar kein solches gab, sondern lediglich zwei dramatische Traditionen. Zum einen war da die bereits erwähnte, von den Humanisten propagierte Aufführungspraxis von klassischen lateinischen Dramen an Schulen und Universitäten; zum anderen gab es die allgegenwärtigen mittelalterlichen Sakraldramen sowie die karnevalistischen Riten und den Mummenschanz.[113] Erst das Zusammentreffen dieser beiden Traditionen ermöglichte die eigentliche Blüte des elisabethanischen Theaters.

Zu den Sakraldramen zählen die Mysterienzyklen und die Moralitäten. Erstere sind aus dem kirchlichen Ritus hervorgegangene Darstellungen biblischer Episoden, die von den Handwerksinnungen dargeboten wurden – wobei der Name „Mysterienspiel" sich nicht vom lateinischen *mysterium* („Geheimkult"), sondern von *métier* („Handwerk") herleitet. An kirchlichen Feiertagen wie dem 1264 eingeführten Fronleichnamsfest wurden im 14. und 15. Jahrhundert schon mal 50 Stücke an einem Tag aufgeführt: Die Bäcker brachten das Abendmahl auf die Bühne; die Wasser-

träger die Sintflut; die Pfeilemacher die Kreuzigung usw.
Neben den Mysterienspielen – ein berühmter Zyklus wird bis heute in Coventry aufgeführt – hat Shakespeare als Kind vermutlich auch die allegorischen Moralitäten auf der Bühne sehen können, denn dies war das Theater, das von den Wanderschauspielern aufgeführt wurde. Wie im heute noch populären *Jedermann* ringen in den Moralitäten Tugenden und Laster um die Seele des Menschen. Auf diese Tradition geht die Figur des *Vice*, des personifizierten Lasters, zurück, die als einzige direkt mit dem Publikum interagierte. Sie war der Vorläufer des boshaft-zynischen elisabethanischen Narren und markierte den Übergang vom mittelalterlichen allegorischen Drama, in dem beispielhaft der Kampf des gottgläubigen und von Gott geführten Menschen gegen die Versuchung abgehandelt wurde, zum Charakterstück, in dem der Mensch sich auf der Grundlage seines Gewissens frei und eigenverantwortlich entscheidet. Entsprechend wird das Böse nun individuell und der Bösewicht ein lasterhafter Mensch – wie Shakespeares Richard III., der wie ein *Vice* munter mit dem Publikum plaudert. Ebenfalls den Moralitäten entstammt die Figur des griesgrämigen Tugendbolds, die Shakespeare zum Beispiel anhand des puritanischen Spielverderbers Malvolio in *Was Ihr wollt* lächerlich macht. Der karnevalistischen Tradition hingegen sind die anarchisch-komischen Figuren des Shakespeare-Theaters verpflichtet – der fette Falstaff als Verdreher der öffentlichen (Rang-) Ordnung; der teuflische Shylock; der übermütige Puck.
Unter Heinrich VIII. vereinigte sich die Tradition der Moralitäten mit der humanistischen Theaterpraxis und brachte die höfischen Formen des Interlude und der Masque hervor. Bei diesen Laien-Darbietungen agierten maskierte Höflinge, und zwar, anders als auf der elisabethanischen Bühne, Männer wie Frauen. Man verkleidete sich, sang und tanzte und thematisierte auch schon mal – immer noch allegorisch – politische oder soziale Missstände. Vor allem aber bezog man sich auf die klassische Literatur und das höfische Thema der Liebe.
Eine Ahnung davon, wie es bei all diesen traditionellen Darbietungen zugegangen sein mag, vermittelt Shakespeares *Sommernachtstraum*, in dem die Handwerker anlässlich der Hochzeit des Herzogs von Athen die Parodie eines Interlude auf die Bühne bringen, nämlich „die tief tragische Komödie und [den]

tief traurige[n] Tod von Pyramus und Thisbe" (I.2.11). Der Titel macht deutlich, welches Merkmal die Moralitäten bzw. Interludien dem elisabethanischen Drama vererbt haben, nämlich die unbekümmerte Mischung von Tragik und Komik, von Erhabenem und Banalem. Am schönsten zeigt sich diese Mischung vielleicht im ausgiebig „tragischen" Tod des „Helden" Pyramus, der röchelnd folgende Worte von sich gibt:

Thus die I, thus, thus, thus. / Now am I dead, / Now am I fled; / My soul is in the sky. / Tongue, lose thy light; / Moon take thy flight! / Now die, die, die, die, die. (*A Midsummernight's Dream*, V.1.291)

Nun bin ich tot / Und lieg im Kot; / O Seele, nicht verdirb! / Zung, lösch dein Licht. / Mond, rede nicht. / Nun stirb, nun stirb, nun stirb.

Die Mischung aus klassischer Form und Burleske charakterisiert auch die ersten erhaltenen englischen Komödien: das 1553 im Stil von Plautus und Terenz geschriebene Stück *Ralph Roister Doister*, dessen Hauptfiguren so allegorische Namen tragen wie *Christian Custance* („christliche Beständigkeit") oder *Gawyn Goodluck* („Gawain Gutglück"), sowie die Farce *Gammer Gurtons Needle*, ein bis heute amüsantes Stück, in dem ein lasterhafter Bettler als *Vice* für allgemeine Verwirrung sorgt. Beide Stücke sind in der klassischen Fünf-Akt-Struktur, aber nicht auf Latein, sondern in englischer Sprache geschrieben.

Die erste englische Tragödie, *Gorboduc, oder: Ferrex and Porrex*, wurde neun Jahre später von den Jura-Studenten des *Inner Temple* vor der Königin aufgeführt und weist bereits etliche Elemente auf, die richtungweisend für das elisabethanische Theater und Shakespeare wurden: das politische Thema der Reichsteilung und Herrschaftsnachfolge, die Kombination von Moralitätenstück und Seneca-Tragödie sowie die Form des eigentlich für Klassik-Übersetzungen erfundenen Blankverses – eines fünfhebigen, bis auf den Szenenabschluss meist reimlosen Verses, der sich im Rhythmus *da-dám, da-dám, da-dám, da-dám, da-dám* liest:

The sílent níght that bríngs the quíet páuse,
From paínful trávails óf the wéary Dáy:
Prolóngs my cáreful thóughts and mákes me bláme

The slów Auróre that só for lóve or sháme
Doth lóng deláy to shów her blúshing fáce [...]. (*Gorboduc*, I.1.1.)

Das war im Jahr 1562 – eine Generation vor Shakespeare. 14 Jahre später beginnt in London die eigentliche Geschichte des elisabethanischen Theaters damit, dass außerhalb der Stadt, im nordöstlich gelegenen Vorort Shoreditch, die erste öffentliche Spielstätte eröffnet wird. Zu diesem Zeitpunkt sind etwa 65 englische Theater-stücke im Druck; 300 verschiedene Stücke wurden zwischen 1530 und 1576 gespielt,[114] und zwar von wandernden Schauspieltruppen, die bis zu sechs Mal im Jahr in die größeren Städte kamen. Um ihnen eine Bühne zu bieten, hatte 1567 der Gemüsehändler John Brayne zusammen mit dem Schauspieler und späteren Theaterunternehmer James Burbage (1530-1597) einen Bauernhof östlich der Stadt derart umgebaut, dass er als Theater dienen konnte – das *Red Lion.* 1576 errichtete Burbage dann erstmals ein Gebäude, das von einer Truppe mit festem Repertoire bespielt wurde. In schlichtem Understatement (und völliger Unkenntnis der Entwicklung, die dieser Begriff nehmen sollte) nannte man es *The Theatre* – wohl wegen der runden Form, die an römische Amphitheater erinnerte.

In den nächsten 25 Jahren eröffneten fünf weitere Spielstätten, alle außerhalb der Stadt in den anrüchigen Randbezirken gelegen, wo sich auch die Spielhallen, die Bärenhatz- und Hahnenkampf-Arenen, die Hospitäler und die Hurenhäuser befanden – letztere auch *stews* genannt nach den Dampfbädern, die als gern besuchte Therapie für Geschlechtskrankheiten ebenfalls in der Nähe lagen. Diese Freibezirke, die so genannten *Liberties*, hatten einen entscheidenden Vorteil: Sie unterlagen nicht der Jurisdiktion der Stadt London, deren puritanisch gesinnte Stadtväter dem Theater wenig wohl gesonnen waren, sondern derjenigen der Krone. Das lag daran, dass die Freibezirke auf dem Gelände ehemaliger Klöster lagen, die unter Heinrich VIII. konfisziert worden waren. So wurde

- 1576 das *Theatre* in Shoreditch auf dem Gelände des Augustinerinnen-Kloster *Halliwell* gebaut (Shakespeare war zwölf);
- im selben Jahr ein Raum des ehemaligen *Blackfriar*-Benediktiner-Klosters am nördlichen Themse-Ufer für die Kinder-Theatertruppe der Königin umgebaut;

- 1577 in unmittelbarer Nachbarschaft des *Theatre* der Konkurrenzbetrieb *The Curtain* errichtet;
- spätestens 1580 das *Newington Butts Playhouse* südlich der Themse im Bezirk Bankside eröffnet;
- und 1587 ebenfalls südlich der Themse, auf dem Grundstück eines ehemaligen Bordells, das Theater *The Rose* (ein weiteres Synonym für „Hurenhaus") gebaut, an dem Shakespeares frühe Stücke gegeben wurden. Eigentümer war Philip Henslowe (ca. 1550-1616), ein typischer elisabethanischer Unternehmer, von Haus aus Färber und Stärkefabrikant, der diverse Bordelle und Vergnügungsstätten besaß (darunter die berühmte Bärenhatz-Arena) und genug Geld hatte, um das *Rose* 1592 umfassend zu renovieren. Henslowes erhaltene Tagebücher, in denen er zwischen 1592 und 1603 nicht nur Buch über seine Einkünfte, Verträge, Kulissen und Kostüme führte, sondern sich auch über Kochrezepte, Zaubersprüche und Astrologie ausließ, gehören zu den wichtigsten Dokumenten, die unmittelbar über das Theatergeschehen der Zeit Aufschluss geben.[115]

Es folgten in rascher Folge und unmittelbarer Nachbarschaft der bestehenden Theater:

- das kurzlebige *Swan* (1595), das nach zwei Jahren Spielzeit auf Betreiben der Regierung geschlossen wurde (das leider nicht erhaltene satirische Stück *The Isle of Dogs* hatte Anstoß erregt);
- das zweite *Blackfriars* (1596), ein von Burbage errichtetes, luxuriöses Innentheater auf dem ehemaligen Klostergelände, das nach Protesten der Anwohner zunächst nur von den Kindertruppen bespielt wurde, die um die Jahrhundertwende *en vogue* waren. Ab 1608 diente es Shakespeares Truppe als Winterresidenz mit exklusivem Publikum; es blieb bis 1642 in Betrieb;
- Shakespeares Stammtheater, das *Globe* (1599), aus dem Baumaterial des alten *Theatre* errichtet, nachdem der Pachtvertrag über das Gelände in Shoreditch abgelaufen war. Das neue *Globe* sollte Henslowes *Rose* Konkurrenz machen;
- das *Fortune*, von Henslowe im Jahr 1600 rechteckig aus Ziegeln erbaut, das bis 1661 in Betrieb bleiben sollte. Diese Spielstätte lag nördlich der Themse im Freibezirk Finsbury;
- das *Red Bull* (nach 1600);
- das *Hope* (1613), ein schmutziger Betrieb, der mit seiner beweglichen Bühne sowohl als Theater als auch als Tierkampfarena

genutzt wurde und entsprechend stank.

Insgesamt entstanden bis 1630 17 neue Bühnen in Shoreditch und Southwark. Der erstaunliche Entwicklungsschub des Theaters, der sich aus dieser Entwicklung ablesen lässt, entsprach einer kulturellen Revolution. Im Theater trafen sich die verschiedenen sozialen Gruppen: Höflinge und Handwerker, Adlige und Totengräber, Gelehrte und Arbeiter, Bürger und Diebe, Seeleute und Soldaten, Lehrlinge und Verschwörer, Huren und ehrbare Ehefrauen – sie alle fanden in der Vielfalt des elisabethanischen Theaters, was ihren Geschmack traf, sei es spektakuläre Action oder deftiger Humor, rhetorischer Witz oder romantische Lyrik, literarische Parodie oder politische Intrige. Schätzungen zufolge besuchte bis zu 20% der Bevölkerung im Umkreis von London regelmäßig das Theater, was ca. 40.000 Besuchern entspricht. Für 1595 gibt es die Zahl von 15.000 Besuchern pro Woche; 1620 waren es 25.000. Während Arbeiter vermutlich vor allem an den Feiertagen ins Theater gingen, waren es an Werktagen vornehmlich Höflinge, Jura-Studenten, Soldaten und Frauen.[116] Die Reichen holten sich die Spieler zudem, wie auch Musiker, Tänzer oder Fechter, gern als Abendunterhaltung ins Haus – elisabethanische *Couch-potatoes*, sozusagen.
Wie die öffentlichen Theater der Zeit ungefähr aussahen bzw. wie sie bespielt wurden, weiß man aus historischen Stichen, (wenigen) zeitgenössischen Berichten[117] und den Bühnenanweisungen in den Stücken; außerdem gibt es juristische Dokumente wie den Vertrag über den Bau des *Fortune* und die erwähnten Tagebücher des Theaterunternehmers Philip Henslowe. Das anschaulichste Zeitzeugnis ist allerdings eine Zeichnung, die der Holländer Johannes De Witt 1596 von der Bühne des *Swan* anfertigte: Sie zeigt ein großes, vorhangloses Podest mit Türen und einem Balkon im Hintergrund. Über dem hinteren Teil der Bühne erhebt sich ein säulengestütztes Dach mit Fahne und Trompeter; umgeben ist sie von einem runden Hof sowie dreistöckigen Rängen.[118] Schließlich sind 1988 südlich der Themse zufällig die Fundamente des *Rose*-Theaters entdeckt worden. Dieser sensationelle Fund fiel in die Zeit der Entstehung des Londoner *New Globe*-Theaters, das 1997 fertig gestellt wurde, und in dem man sich heute in die elisabethanische Theaterwelt entführen lassen kann. In Deutschland bieten

auch die 450 Plätze des *Globe*-Nachbaus in Neuss Shakespeare-Feeling pur.

Aus all diesen Quellen hat man rekonstruiert, wie das *Globe* und die anderen elisabethanischen Spielstätten ungefähr gebaut waren: 12- bis 20-seitige, oben offene Holzkonstruktionen mit einem Durchmesser von 20 bis 30 Metern, einer hölzernen Bühne und umlaufenden, mehrstöckigen Rängen. Vermutlich waren diese Theater den runden Bärenhatz-Arenen nachempfunden, die ihrerseits auf die römischen Amphitheater zurückgingen. Shakespeare bezeichnet sie im Prolog zu *Heinrich V.* jedenfalls als „Hahnenkampf-Arena“ und „hölzernes O“:

[...] can this cockpit hold / The vasty fields of France? or may we cram / Within this wooden O the very casques / That did affright the air at Agincourt? (*Henry V.*Prolog.11)	Kann ein Hahnenkampfring / Die weiten Felder Frankreichs fassen? Können wir / Ins runde Holz-O all die Helme pressen, / Die klirrnd bei Agincourt die Lüfte schreckten?

Die Bühne, die etwa 9 mal 15 Meter maß, ragte wie ein Laufsteg in den Innenraum des Theaters hinein und ermöglichte einen unmittelbaren Kontakt zwischen den Schauspielern und Zuschauern – die so genannte Synapse, bei der ein *Player* inmitten einer Kugel umgeben von Zuschauern monologisierte. Um ihn herum standen die *Groundlings,* die Stehplatzinhaber, knabberten Erdnüsse und Knoblauchwürste, tranken Bier, das vor Ort verkauft wurde – beim Brand des *Globe* 1613 wurden damit brennende Hosen gelöscht! – lauschten aufmerksam oder brüllten, je nach Gusto, lautstark Anerkennung oder Ablehnung.

Allerdings gab es nicht nur runde Theater, sondern auch rechteckige Innentheater wie das *Fortune* oder das zweite *Blackfriar's.* Diese waren den Gasthöfen oder den *Great Halls* der Adelssitze und Universitäten nachempfunden, in denen die fahrenden Theatertruppen traditionell auftraten – so weiß man beispielsweise, dass *Was Ihr wollt* im Februar 1602 im Hauptsaal der Londoner Juristenschule *Inns of Court* aufgeführt wurde. Anders als das *Globe,* das bis zu 3000 Zuschauer fasste, boten die rechteckigen Innentheater nur etwa 600 auserlesenen Gästen Platz, die sechs Pence Eintritt zahlten. In den großen Amphitheatern dagegen mussten die *Groundlings* zu Shakespeares Zeit lediglich einen Penny Eintrittspreis für einen Stehplatz berappen, was ungefähr 1,25 Euro entspricht. Zum Vergleich: ein elisabethanischer Handwerker verdiente in der Woche ungefähr 5 Schilling oder 72 Pence, also etwa 75 Euro bzw. 330 Euro im Monat. Legt man ein heutiges Durchschnittsgehalt von monatlich 2000 Euro zugrunde, so würde der Stehplatz heute etwa sieben Euro kosten – ziemlich genau der Preis, den man auch im heutigen Londoner *Globe* dafür zahlt. Allerdings hat man es auf den teureren Rängen bequemer und vor allem trockener, da diese wie die Bühne überdacht sind. Auch Shakespeares Zeitgenossen waren, wenn sie es sich leisten konnten, gern bereit, pro Stockwerk einen Penny mehr zu berappen. Am teuersten waren die exklusiven *Lord's Rooms,* Logen über der Bühne à sechs Pence: Sehen und gesehen werden war die Devise der oberen Gesellschaftsschichten. Zu diesem Zweck gab es in den Innentheatern sogar Plätze auf der Bühne – eine Idee, die auch das heutige Londoner West End gern aufgreift (z. B. in der Produktion *Equus).* Die Stücke, die das elisabethanische Publikum sah bzw. hörte – denn man ging, „ein Stück zu hören", nicht es zu sehen! –, waren meist vertraute Geschichten. Originalität in Sachen Stoff war nicht gefragt. Auch Shakespeare hat bis auf drei Dramen[119] keine neuen Stücke erfunden, sondern Stoffe bearbeitet, die aus der Geschichte, der Mythologie oder von den italienischen Bühnen her bekannt waren. Üblich waren Pantomimen und Tanzeinlagen, Zwischen- und Vorspiele, oft in der Funktion eines Programmhefts, sowie der bereits erwähnte Abschlusstanz. Pausen zwischen den Akten gab es dagegen ebenso wenig wie eine Unterteilung in Szenen. Selbst die längeren Stücke dauerten wahrscheinlich kaum länger als zwei Stunden, was auf eine für heutige Verhältnisse atemberaubende Sprech- und Spielgeschwindigkeit schließen lässt. Eine künstliche Beleuchtung war nur in den kerzenbeleuchteten Innentheatern verfügbar: In den großen Theatern agierte man bei Tageslicht unter freiem Himmel, meist um drei Uhr nachmittags, was durch eine aufgezogene Flagge und eine Trompetenfanfare angekündigt wurde. Es gab auch kein Bühnenbild; vielmehr wurde die jeweilige Stimmung mit Worten evoziert – der berühmten Wortkulisse, die Shakespeare einsetzt, um die Tages- oder Nachtzeit, das Wetter oder die Atmosphäre zu kennzeichnen – so in *Macbeth*:

The moon is down; I have not heard the clock [...] There's husbandry in heaven, / Their candles are all out. (*Macbeth,* II.1.2)	Der Mond ist unter; hab keine Uhr gehört [...] Der Himmel hat's heut sparsam; / Die Kerzen sind all aus.

Oder am Anfang und am Ende der ersten Szene von *Hamlet*:

BARNARDO: T'is now struck twelve. Get thee to bed, Francisco. FRANCISCO: For this relief much thanks: 'tis bitter cold, / And I am sick at heart. [...] HORATIO: But, look, the morn, in russet mantle clad, / Walks o'er the dew of yon high eastward hill: / Break we our watch up [...]. (*Hamlet,* I.1.9; 172).	BARNARDO: Grad jetzt schlug's zwölf. Schaff dich ins Bett, Francisco. FRANCISCO: Heut fürs Ablösen dank ich. Bitter kalt ist, / Und mir ist schwer ums Herz. [...] HORATIO: Doch seht, im grauen Umhang tritt der Morgen / Den Tau des hohen Hügels ostwärts dort. / Beenden wir die Wacht [...].

Allerdings konnte die Bühne auf mehreren Ebenen bespielt werden, wobei die erste Etage zwischen den *Lord's Rooms* als Balkon oder Berg und der von einem Vorhang abgetrennte Bereich in der hinteren Bühnenmitte – das *Tiring-house* – als Höhle, Schlafgemach o. ä. dienen konnte. Auch das bunt bemalte Dach über der Bühne – *Heaven* oder „Himmel" genannt – und der Hohlraum unter der Bühne – *Hell* bzw. „Hölle" – wurden für Inszenierungen ebendieser imaginären Räume genutzt. In *Hamlet* raunt der Geist – eben durch eine der bis zu vier vorhandenen Falltüren abgegangen, um sich ins Fegefeuer zurück zu begeben – unter der Bühne herum; am Ende von *Cymbelin* schwebt Jupiter „mit Donner und Blitz" auf die Bühne herab, „auf einem Adler sitzend; er schleudert einen Blitzstrahl", wie es in der Bühnenanweisung heißt.[120] Dekoration und Requisiten wie dieser Adler wurden ebenfalls eingesetzt: So gab es Stühle, Tische und Betten, Käfige und Treppen, Totenköpfe, Argus- und Medusenhäupter, Kronen und Zepter, Waffen aller Art, Kanonen und Tierblut sowie Pflanzen und auch mal einen Hund – in *Die edlen Veroneser* unterhält sich der Diener Lanz mit seinem Hund Crab. Löwen und Bären hingegen – eine berühmte Regieanweisung im *Wintermärchen* lautet: *„Exit, pursued by a bear"* (III.3) – wurden vermutlich mit Hilfe der entsprechenden Tierfelle simuliert. Auch Pferde musste man sich wohl denken: *„think, when we talk of horses, that you see them"*, heißt es im Prolog zu *Heinrich V.*.

Was jedoch zu den unabdingbaren Schauwerten im elisabethanischen Theater gehörte, waren prachtvolle Kostüme. Das Publikum erwartete, dass die Akteure auf der Bühne je nach Rolle kostbare Kleider zur Schau stellten. Diese Kostüme bildeten das Kapital einer Truppe und waren, wie die Rechnungsbücher der Zeit zeigen, zum Teil überaus wertvoll. Eine erhaltene Inventarliste von 1598 zählt an Materialen Seide, Damast, Samt sowie golddurchwirkten Stoff auf. Ein einzelnes Kostüm konnte durchaus £3 und mehr kosten – an die 1000 Euro in heutiger Währung, und gleichbedeutend mit einem Zehntel des jährlichen Einkommens eines Schauspielers. Die Kostüme waren aber nicht nur zentrale Schauwerte – sie waren auch dasjenige Stilmittel, das es den Schauspielern mehr als alles andere ermöglichte, die Bühne zur Welt werden zu lassen und buchstäblich in ihre jeweiligen Rollen zu schlüpfen. Den Gegnern des Theaters war natürlich gerade das ein Dorn im Auge. In einer Zeit, in der Kleidung den Status sichtbar machte und es daher streng reguliert war, wer wann welche Kleidung, Pelze, Kopfbedeckung tragen durfte oder musste, war *Ver*-Kleidung geradezu anstößig. Die Puritaner hielten sich an die Heilige Schrift, das unzweideutige Wort Gottes, das als Muster für die Eindeutigkeit von Zeichen und Bezeichnetem galt. Das Theater hingegen spielte ebenso wie die intrigante Hofaristokratie mit der Mehrdeutigkeit der Dinge, mit der semiotischen Trennung von Zeichen und Bezeichnetem, indem es etwas vorspie(ge)lte, das nicht den Tatsachen entsprach.[121] Rang, Geschlecht und Status wurden damit als (soziale) Rollen entlarvt. Wenn ein König gespielt werden konnte, so konnte er auch abgesetzt bzw. ermordet werden – wie *Julius Caesar, Richard II.* – oder eben 1649 Karl I. Hier wird der zentrale Themenkomplex Sein/Schein des Shakespeare-Theaters zum Politikum.

Ebenso vom Sein/Schein-Topos bestimmt und den Puritanern verhasst war die Darstellung des Verhältnisses der Geschlechter auf der Bühne. Frauenrollen wurden nämlich in England ausschließlich von Knaben gespielt, wobei jede Theatertruppe über einige Nachwuchsmimen verfügte, die weibliche Rollen übernahmen. Dieses Transvestitentheater erklärt die ständigen Anspielungen auf die Geschlechterrollen sowie die komischen Verwechslungsplots in Shakespeares Komödien – „junge Frau, gespielt von einem Jungen, verkleidet sich als Junge“ – , die bei heutigen Inszenierungen so selten überzeugen. Aber auch die elisabethanischen Schauspieler hatten so ihre Schwierigkeiten mit den *Boy-players* – vor allem, wenn diese in die Pubertät kamen. Shakespeare spielt häufig auf die Problematik des Stimmbruchs bei den Jungschauspielern an, so z.B. in *Cymbelin,* wo die beiden verlorenen Königssöhne den scheinbaren Tod ihrer als junger Mann verkleideten Schwester beklagen:

[...] let us, Polydore, though now our voices / Have got the mannish crack, sing him to the ground, / As once our mother [...]. (*Cymbeline* VI.2.235)

[...] laß uns, Polydor, sind unsre Stimmen / Gleich männlich rauh schon, ihm das Grablied singen, / Wie einst der Mutter [...]

Ähnlich in *Hamlet,* wo der Prinz seiner Hoffnung Ausdruck gibt, die „goldene“ Stimme des Jungschauspielers sei nicht gebrochen:

Pray God, your voice, like a piece of uncurrent gold, be not cracked within the ring.
(*Hamlet,* II.2.422)

Geb's Gott, dass es für Ihr Glokkenstimmchen nicht Stimmbruch geschlagen hat, denn ohne Gold in der Kehle kein Silber im Sack.

In *Antonius und Kleopatra* schließlich wird der *Boy-player* zum Sinnbild für die karnevaleske Künstlichkeit der Bühne (was eine fortdauernde Debatte um den Grad an Realismus der elisabethanischen Frauendarstellung hervorgerufen hat):

[...] the quick comedians / Extemporally will stage us, and present / Our Alexandrian revels; Antony / Shall be brought drunken forth, and I shall see / Some squeaking Cleopatra boy my greatness / I' the posture of a whore. (*Anthony and Cleopatra,* V.2.215)

[...] Stegreifkomödianten / Stelln uns auf Bühnen dar und präsentiern / Uns in Ägypten-Orgien: Marc Anton / Wird reingeschleppt im Suff, und ich seh meine Hoheit / Hingekleopatrat von einem Quäkstimm-Knaben, / Hohnvoll in Hurenposen.

Wie Kleopatra bzw. Shakespeare wohl weiß, spiegelt und persifliert das Theater das Tun der Mächtigen. Gleichzeitig aber spiegelt es, wie dieses Zitat deutlich macht, auch sich selbst: Es ist selbstreferentiell. Das wiederum ist ein untrügliches Zeichen für seine unglaubliche Popularität. Im letzten Viertel des 16. Jahrhunderts entstanden nicht nur die vielen oben aufgezählten Spielstätten, es entstand auch eine Kultur des Theaterspielens, die sich auf alle Bereiche der Gesellschaft erstreckte – auf Schulen und Universitäten, die Adelshaushalte, den Hof, die Tavernen, die öffentlichen Theater.

Und damit wuchs auch die Zahl derjenigen, die für die Bühne schrieben.

4.6 Shakespeares Kollegen und Konkurrenten

Die Autoren des neuen Theaters entstammten einem bunten Milieu: Es waren Adlige, Bürgerssöhne oder Aufsteiger einfacher Herkunft, College-Absolventen oder Self-made-men. Bevor Shakespeare nach London kam, schrieben in den 1580er Jahren vor allem die so genannten *University Wits* für die neuen Bühnen. Es war dies eine lose Gruppe junger Universitätsabsolventen, Bohemiens und Literaten, die Schwanitz als „sehr lebendig und äußerst kurzlebig“ beschreibt:

> Sie führten ein solch bewegtes Leben zwischen Universität, Adelshöfen, Regierungsaufträgen, Theatern, Tavernen und der Londoner Unterwelt, daß man sich fragt, wann sie eigentlich Zeit fanden, ihr meist umfangreiches Werk zu verfassen.[122]

Zu ihnen gehörten die Autoren Robert Greene, John Lyly und Thomas Nashe, Thomas Lodge und George Peele, vor allem aber Christopher „Kit“ Marlowe und Thomas Kyd. Von Kyds stilbildender Rachetragödie *The Spanish Tragedy* war bereits die Rede; ansonsten erinnert man sich vor allem deshalb an ihn, weil er unter der Folter Aussagen machte, die seinen Freund Kit Marlowe (1564-1593) als Atheisten und Homosexuellen belasteten: Angeblich soll Marlowe Maria als Hure, Jesus als Bastard und den Erzengel Gabriel als Zuhälter bezeichnet haben. Dafür wurde Marlowe vor den Kronrat zitiert, gegen Kaution aber gleich wieder auf freien Fuß gesetzt. Als Mitglied des elisabethanischen Geheimdienstes blieben ihm Haft und Folter erspart, obwohl bald weitere ihn belastende Anklagen und Dokumente auftauchten. Eine Verurteilung auch aufgrund seiner Aktivitäten in der *School of Night* wäre vermutlich nur eine Frage der Zeit gewesen, hätte Marlowe sich nicht rechtzeitig im Haus der Witwe Eleanor Bull in Deptford erstechen lassen.

Auf diesen gewaltsamen Tod seines Rivalen, der lange als Wirtshausschlägerei kolportiert wurde, vermutlich aber eher eine vom Geheimdienst eingefädelte Sache war, spielt Shakespeare in *Wie es Euch gefällt* an, wenn er Touchstone sagen lässt:

When a man's verses cannot be understood, nor a man's good wit seconded with the forward child, understanding, it strikes a man more dead than a great reckoning in a little room. (*As You Like It,* III.3.10)	Wenn die Verse eines Dichters nicht verstanden werden und die Witze eines vernünftigen Menschen nicht auf das vorwitzige Echo Verständnis stoßen – das haut einen mehr um als die Rechnung nach drei Tagen Saufgelage.

Der gleichaltrige Marlowe war nicht nur der unmittelbare Vorgänger und größte Konkurrent Shakespeares; er war vor allem derjenige, der den „bombastischen" Blankvers populär gemacht hatte. Bereits im Jahr seines Universitätsabschlusses, 1587, hatte Marlowe die Tragödie *Tamburlaine* geschrieben, die drei Jahre später gedruckt wurde. Darin ging es um einen mächtigen Kriegsherren, der die ganze Welt erobert, am Ende jedoch von Krankheit dahingerafft wird. Diese Fokussierung auf Aufstieg und Fall eines einzelnen, übermenschlichen Antihelden war eine Neuerung Marlowes, die nicht nur das Theaterpublikum, sondern auch den damaligen Star-Schauspieler Edward Alleyn begeisterte: Marlowe musste ihm gleich eine Fortsetzung schreiben. Sein Erfolgsrezept wiederholte Marlowe in *Der Jude von Malta* sowie im *Dr. Faustus*, Stücken, die ebenfalls (von Alleyn gespielte) ehrgeizige, unmoralische und bedrohliche Helden ins Zentrum der Handlung rückten. Damit demonstrierten sie die Schattenseiten des modernen, rationalistischen Denkens: den Wahn militärischer (All)Macht in *Tamburlaine*; den skrupellosen Machiavellismus macht- und geldbesessener Politiker in *Der Jude von Malta*; die Desillusionierung der Wissenschaft in *Dr. Faustus*. Diese Themen greift auch Shakespeare in seinen Stücken wieder auf – beispielsweise in *Richard III.*. Kit Marlowes Stück *Edward II.* wiederum, eine Historie über einen schwachen Monarchen und einen korrupten Hof, wird zum direkten Vorläufer der Shakespeareschen Königsdramen.

Waren Marlowe und Kyd die Vorgänger bzw. Konkurrenten Shakespeares im Bereich der Tragödie/Historie, so machten John Lyly, Thomas Nashe und Robert Greene Shakespeares Komödienthemen populär. In ihren Stücken tummeln sich höfische Liebespaare in ländlicher Schäferidylle, werden Konflikte zwischen Liebe und Freundschaft ebenso wie Verwechslungs-Szenarien und spitzfindig-euphuistische Dialoge durchgespielt – wobei das Wort „euphuistisch“ von John Lyly (ca. 1553-1606) stammt. Es leitet sich aus dessen in äußerst manieriertem Stil geschriebenen, unglaublich erfolgreichen Prosaromanzen *Euphues: or the Anatomy of Wit* (1978) und *Euphues and his England* (1580) her. Diese moralisierenden Geschichten eines „wohlgeratenen“ (so die Übersetzung des titelgebenden Namens) athenischen Jünglings in der Großstadt Neapel machten einen derartigen Eindruck auf die neureichen Landjunker an Elisabeths Hof, dass die *Euphues*-Bücher zwischen ihrem Erscheinen 1578 und der Jahrhundertwende nicht nur über 20 Neuauflagen erlebten, sondern bis ins 17. Jahrhundert gelesen und nachgeahmt wurden. Noch 1627 sagte der Dichter Drayton bekanntlich, Lyly habe die Engländer gelehrt, wie Verrückte zu sprechen. „Wie Verrückte“ – das hieß in gehäuften Antithesen und Parallelen, Wortspielen und Anspielungen, Alliterationen und Gleichnissen – also ganz so wie die Autoren des italienischen *Manierismus,* Guevara oder Marini. Beispiele gefällig?

As the best wine doth make the sharpest vinegar, so the deepest love turneth to the deadliest hate. [...] [Beauty is] a delicate bait with a deadly hook [...], a sour poison in a silver pot.	Wie der beste Wein den schärfsten Essig gibt, so wird aus tiefster Liebe der tödlichste Hass. [...] Schönheit ist ein zierlicher Köder mit tödlichem Haken [...], ein saures Gift im silbernen Topf.

Solche Maximen eignen sich natürlich vorzüglich für höfisch-höfliche, spielerisch rhetorische Debatten. Lyly prägte damit den Geschmack der Elisabethaner für Sprachwitz und Sprachfertigkeit, dem auch Shakespeare in seinen Stücken huldigt. Ansonsten übernahm der Barde, immer auf der Suche nach Stoffen, sogar den mageren Plot von *Euphues* in seinem frühen Stück *Die edlen Veroneser,* in dem der Held Proteus ebenso wie Euphues einen Freund um dessen angebetete Dame betrügt. Ein anderes euphuisierendes Stück der Zeit, *Rosalynde, Euphues Golden Legacy* von Thomas Lodge, war wiederum die Quelle von Shakespeares *Wie es Euch gefällt.*

Die schillerndste Gestalt unter den *University Wits* war zweifellos der rothaarige, spitzbärtige Robert Greene (1560?-1592), dem wir den ersten schriftlichen Hinweis auf Shakespeare als Stückeschreiber verdanken. Greene führte ein Lotterleben, wie es im Buche steht und wusste dieses publikumsträchtig zu publizieren: Er war nicht nur eine legendäre Figur der Londoner Halbwelt und Auftragsschreiber des Geheimdienstes, sondern auch einer der ersten Autoren, die von ihrem Geschreibe leben konnten. Nach seinem Universitätsabschluss verprasste er zunächst die Mitgift seiner Frau, ließ sie dann sitzen und ging nach London. Dort betätigte er sich als euphuistischer Liebes-Pamphletist, Stücke- und Gedichteschreiber – die bekannteste seiner Romanzen, *Pandosto: The Triumph of Time* (1588) ist die Quelle von Shakespeares *Ein Wintermärchen.* Außerdem frequentierte er die Londoner Gaunergesellschaft und schwängerte die Schwester des berüchtigten Diebes *Cutting Ball.* Schließlich schrieb er eine geschäftsschädigende Satire über die Londoner Unterwelt, die ihm Morddrohungen einbrachte. Er starb verarmt und verlassen an Alkoholismus und/oder Syphilis, nicht ohne vorher zu bereuen und diese Reue in mehreren Schriften auch seinen Freunden von der Universität anzuempfehlen. In einer dieser Schriften, der 1592 erschienen *Groats-worth of witte, bought with a million of Repentance* („ein Groschenwert Witz erkauft mit einer Million Reue"), bezieht Greene sich zweifellos auf Shakespeare, wenn er einen jungen Schauspieler als ungebildeten Plagiator und „Szenenschüttler" attackiert, der sich mit fremden Federn schmückt:[123]

There is an upstart crow, beautified with our feathers, that with his Tygers heart wrapt in a Players hide supposes he is as well able to bombast out a blank verse as the best of you; and being an absolute Johannes Factotum, is in his own conceit the only Shake-scene in a country.

Es gibt da eine emporgekommene Elster (Krähe), die sich mit unseren Federn schmückt und mit ihrem in einer Spielerhaut versteckten Tigerherz meint, sie sei genauso fähig einen Blankvers herauszubombasten wie der Beste von euch; und da er ein Hans-Dampf-in-allen-Gassen ist, hält er sich in seiner Einbildung für den einzigen Szenenschüttler im Land.

Der Bezug ist deshalb so eindeutig, weil Greene offensichtlich ein Stück von Shakespeare zitiert: In *3 Heinrich VI.*, I.4.137 wird die mörderische Königin Margaret von Anjou mit den Worten *„O tiger's heart wrapped in a woman's hide!"* („Oh Tigerherz in Frauenbrust!") apostrophiert. Greene wirft Shakespeare, diesem „eingebildeten Alleskönner" damit vor, bösartig, berechnend und hinterhältig bessere Autoren (nämlich die *University Wits)* zu kopieren. Zu Shakespeares Verteidigung kam kurz darauf der Drucker Henry Chettle, der Greenes Schrift am 20. September publiziert hatte. Am 8. Dezember veröffentlichte er ein Pamphlet mit dem Titel *Kind-Harts Dreame,* in dem er sich ausdrücklich von der Kritik an Shakespeare distanzierte und dessen Schreibstil sowie sein Ansehen bei hoch stehenden Persönlichkeiten (*„divers of worship")* lobte.[124]

4.7 Hochzeit und „verlorene Jahre" (1578-1592)

1592 war Shakespeare also in London und hatte sich bereits einen Ruf als Schauspieler und Stückeschreiber erworben. Was er vorher gemacht hat, ist unklar; vielleicht war er Schreiber in einer Juristenpraxis,[125] vielleicht Schauspiel-Lehrling bei einer der fünf fahrenden Truppen, die Stratford zwischen 1586 und 1587 besuchten; vielleicht Hauslehrer in einem katholischen Adelshaus in Lancashire.[126] Letzteres ist nach derzeitigem Forschungsstand noch am wahrscheinlichsten, zweifelsfrei bewiesen ist es nicht. Die Forschung nennt die Zeit zwischen 1585 – dem Jahr, in dem Shakespeare zuletzt in Stratford dokumentiert ist – und 1592 jedenfalls „die verlorenen Jahre." Dass Shakespeare von 1582 bis 1585 in Stratford gewesen sein muss, weiß man deswegen, weil er am 7. November 1582 – noch keine 18 Jahre alt – nach nur einem Aufgebot die acht Jahre ältere, vermutlich von ihm schwangere Anne Hathaway geheiratet hat: Sieben Monate später wurde seine erste Tochter Susannah geboren. Die überstürzte Hochzeit hat über die Jahre Anlass zu unzähligen Spekulationen über eine unglückliche Ehe Shakespeares und die angebliche Untreue seiner Frau gegeben – ein boshaftes Sprichwort besagt: *Wherever there's a Will, Anne hath a way* („wo auch immer es einen Will (in der obszönen Doppelbedeutung des männlichen Genitale) gibt, findet Anne einen Weg". Dabei war es in Shakespeares Zeit eher die Regel als die Ausnahme, die Braut erst zu schwängern und dann zu heiraten, und auch der Altersunterschied ist nicht ungewöhnlich. Dennoch hat man in den Worten Lysanders im *Sommernachtstraum* Shakespeares Reue hören wollen:

The course of true love never did run smooth; / But, either it was different in blood [...] Or else misgraffed in respect of years [...] O spite! Too old to be engag'd to young. (*A Midsummernight's Dream,* I.1.134)	Ging's mit der wahren Liebe niemals glatt. / Entweder war ein Standesunterschied [...] oder ein Altersunterschied im Weg. [...] Ein Leid, wenn man zu alt ist für den Jungen!

Befördert wurden derartige Spekulationen nicht nur durch das immer wiederkehrende Thema weiblicher Untreue in den Stükken, sondern auch durch Shakespeares Testament.[127] Darin setzte er seine Tochter Susannah und ihren Ehemann als Haupterben ein; seiner Frau hingegen hinterließ er lediglich sein zweitbestes Bett samt Bettzeug: *„Item, I gyve unto my wief my second best bed with the furniture"*. Das allerdings war zu elisabethanischer Zeit ebenfalls nicht unüblich.[128] Zum einen handelte es sich beim „zweitbesten Bett" in der Regel um das (oft aufwändig gearbeitete und wertvolle) Ehebett; zum anderen garantierte das *common law* der Ehefrau ohnehin ein Drittel des Erbes sowie ein lebenslanges Wohnrecht, so dass diese, anders als Kinder und Freunde, auch ohne testamentarische Erwähnung ausreichend versorgt war.

Welche Beziehung Shakespeare tatsächlich zu seiner Frau hatte, von der er jahrelang getrennt lebte, lässt sich heute nicht rekonstruieren; fest steht, dass er immer wieder nach Stratford zurückkehrte und sich auch dort zur Ruhe gesetzt hat. Insofern passt vielleicht eine andere Version des oben zitierten Sprichwortes besser, die sich auf die männliche Promiskuität bezieht und besagt: *Whoever has her Will, Anne hath a way* – „Wer auch immer ihren Will hat, Anne findet schon einen Weg." Shakespeare selbst war nämlich, wie die meisten seiner Zeitgenossen, wohl auch kein Kind von Traurigkeit. Dies legt jedenfalls die einzige erhaltene Anekdote eines Zeitgenossen nahe: Am 13. März 1602 schrieb John Manningham die berühmte Geschichte in sein Tagebuch, der zufolge eine Bürgersfrau nach der Vorstellung von *Richard III.* ein eindeutiges Rendezvous mit Richard Burbage, dem Chefschauspieler von Shakespeares Truppe, vereinbart hatte. Shakespeare aber kam seinem Freund zuvor: Als Richard an die Tür der Dame klopfte, rief Shakespeare aus dem Bett: „Wilhelm der Eroberer kam vor Richard III.!"[129]

Wie auch immer Shakespeares Liebesleben ausgesehen haben mag – bis 1584 jedenfalls muss er das Bett seiner Frau in Stratford geteilt haben, denn im Jahr darauf folgte die Geburt der Zwillinge Hamnet und Judith; Pate standen Shakespeares Freunde, die Rekusanten Hamnet und Judith Sadler. Hamnet sollte 1596 im Alter von elf Jahren sterben – vielleicht an der Pest. Der Tod seines einzigen Sohns dürfte ein schwerer Schlag für Shakespeare gewesen sein, der noch in seinem Testament auf männliche Nachkommen hoffte. „Vergessen stirbst du, hast du keinen Sohn," hatte er in seinem Sonett VII geschrieben, und „Doch zweifach, wäre dir ein Kind gegeben, in ihm und meinen Versen wirst du leben." Fortan beruhte die Unsterblichkeit seines eigenen Namens allein auf letzteren.

John Shakespeare war in der Zwischenzeit offensichtlich in Schwierigkeiten geraten. 1576 hatte er beim Londoner Amt für Heraldik ein Familienwappen sowie das Recht, sich *Gentleman* zu nennen beantragt, was ihm jedoch verwehrt wurde. Im folgenden Jahr blieb er erstmals den öffentlichen Ratssitzungen fern. Von 1578 an begann er, das Erbe seiner Frau zu verpfänden (vielleicht, um seinem Sohn eine Universitätsausbildung auf dem Kontinent zu ermöglichen); 1580 wurde er mit weiteren 140 Bürgern zu ei-

ner Geldstrafe verurteilt, weil er sich weigerte, „die Einhaltung des Friedens gegenüber der Königin und ihren Untertanen“ zu erklären; 1586 verlor er schließlich das Amt des Stadtrats in Stratford. 1592 erschien John Shakespeares Name auf der Stratforder Rekusantenliste, weil er nicht am Gottesdienst teilgenommen hatte, was er (wie acht weitere Bürger) mit seiner Furcht vor Gläubigern entschuldigte. Dementsprechend wurden in der Shakespeare-Forschung Schulden und/oder Alkoholismus als Gründe für diesen offensichtlichen Niedergang genannt. Wahrscheinlicher ist allerdings, dass John Shakespeare wegen seines katholischen Bekenntnisses immer mehr in Bedrängnis und vielleicht auch in finanzielle Schwierigkeiten geriet. 1577, das Jahr, in dem er erstmals dem Rat von Stratford fernblieb, war auch das Jahr, in dem der erste katholische Priester, Cuthbert Mayne, hingerichtet wurde; 1580 begann die Englische Mission der Jesuiten; 1585 wurden die antikatholischen Gesetze, die den Rekusanten hohe Geldstrafen auferlegen, drastisch verschärft. Die Koinzidenz der Daten scheint vor dem religionsgeschichtlichen Hintergrund mehr als Zufall.
In diesen Zeitraum fallen Shakespeares Jugendjahre, die weitgehend im Dunkeln liegen. Folgt man der Theorie Hammerschmidt-Hummels, so könnte der Dichter 1579/80 auf dem Kontinent studiert haben, wofür sein Vater Teile seines Vermögens flüssig gemacht hätte; anschließend wäre er dann 1580/81 als katholischer Hauslehrer in Lancashire tätig gewesen, bevor er 1582 nach Stratford zurückkehrte, um Anne Hathaway zu heiraten. Aber schon drei Jahre später, nach der Zeugung der Zwillinge, verschwindet Shakespeare wieder von der Bildfläche. Aus dieser Zeit könnte die oben erwähnte Anekdote mit Sir Thomas Lucy stammen, nach der Shakespeare Stratford aus Furcht vor einer Verfolgung wegen Wilderei verlassen haben soll. Wahrscheinlicher ist auch hier ein religionsgeschichtlicher Hintergrund: 1984/85 intensivierte sich im Zuge der Spannungen zwischen England und Spanien die Katholikenverfolgung. 1984 wurde beispielsweise in der Londoner Residenz des Grafen Southampton ein Robert „Aden“ (vielleicht ein Verwandter von Shakespeares Mutter), festgenommen; 1585 wurde Shakespeares Mitschüler Robert Debdale als Priester zum Tode verurteilt; 1587 wurde Maria Stuart als Folge des Babington-Komplotts gegen Elisabeth hingerichtet. Kein Wunder, dass Shakespeare – wenn er denn ein Rekusant war – sich dünne

machte. Aber wohin ging er? Besuchte er, wie Hammerschmidt-Hummel zu belegen sucht, den Kontinent und logierte im Pilgerhospiz in Rom? Oder schloss er sich einer Schauspieltruppe an – immerhin war Schauspieler ein anspruchsvoller Lehrberuf, der ausgebildete Fähigkeiten wie Fechten, Tanzen und Musizieren verlangte? 1587 besuchten jedenfalls fünf fahrende Schauspieltruppen Stratford. Zudem gab es eine enge Verbindung zwischen der Familie Houghton in Lancashire, in deren Dienst Shakespeare vielleicht gestanden hatte, und dem Grafen von Derby, Ferdinando Lord Stanley, später Lord Strange. Dessen Theatertruppe spielte nachgewiesenermaßen vier frühe Stücke Shakespeares. Zudem setzten sich die *Lord Chamberlain's Men*, die Schauspielertruppe, für die Shakespeare später seine Stücke schrieb, überwiegend aus ehemaligen Schauspielern von Lord Strange zusammen. Tourte Shakespeare mit den *Lord Strange's Men* durch die Lande, bis er nach London kam? Nichts Genaues weiß man nicht…

1589 wird Shakespeare jedenfalls noch einmal in Stratford aktenkundig. Sein Name wird zusammen mit demjenigen seines Vaters in einem Rechtsstreit erwähnt; es geht um das Landgut Asbies, das Mary Arden mit in die Ehe gebracht und das von John Shakespeare 1578 verpfändet worden war – in jenem Jahr, in dem er seinen Sohn auf die katholische Universität in Rheims geschickt haben könnte. Danach taucht Shakespeare erst 1592 wieder auf, und zwar in dem besagten Traktat, in dem er von Robert Greene als „Szenenschüttler" verunglimpft wird.

4.8 London, 1592: erste Erfolge

Zu diesem Zeitpunkt hatte Shakespeare vermutlich bereits einige Jahre in der Hauptstadt gelebt.[130] Frühestens 1585, vermutlich eher um 1587, muss er nach London gekommen sein, in diese schnell wachsende, überfüllte, von Krankheit und Brutalität, aber auch von Handel, Landwirtschaft und dem elisabethanischen Hof geprägte Renaissance-Metropole. Im Jahr vor der spanischen Armada war Königin Elisabeth 53 Jahre alt und seit 28 Jahren an der Macht. Der Hof in Westminster mit seiner Illusion von Schönheit, Galanterie, Witz, seiner Show von aristokratischem Reichtum und Mäzenatentum lag etwa zwei Meilen flussaufwärts von der weitgehend autonomen, mittelalterlichen Londoner City mit ihren Märkten und über hundert Kirchen, ihren Wohnhäusern, Gaststätten und Lustgärten sowie der Themse voller Mietboote und Anlegestellen. Als einzige Brücke verband die *London Bridge* aus dem 12. Jahrhundert die beiden Stadtteile südlich und nördlich des Flusses. Sie war dicht bebaut mit Läden und Wohnstätten und überspannt von Fußsteigen sowie dem schaurigen Eingangsbogen, auf dem die Köpfe der Verräter an das Machtmonopol der Monarchin erinnerten. Zu Land führten zehn Tore in die von einer Stadtmauer umschlossene Stadt.

London hatte damals nur etwa ein Sechzigstel der heutigen Einwohnerzahl, nämlich etwa 130.000. Es war die Hauptstadt der protestantischen Welt, und es wuchs aufgrund der Flüchtlinge vom Kontinent rasant schnell. In einem halben Jahrhundert hatte die Bevölkerung sich vervierfacht, und das trotz einer enorm hohen Sterblichkeitsrate: Die durchschnittliche Lebenserwartung in der Stadt lag bei 25 Jahren für die Armen und 35 Jahren für die Reichen. Das war deutlich weniger als auf dem Land, wo ein wohlhabender Mann immerhin hoffen konnte, 45 Jahre alt zu werden. Insofern lag Shakespeare, als er mit 52 starb, deutlich über dem Schnitt. Die positive Kehrseite der niedrigen Lebenserwartung: 80 Prozent der Bevölkerung war jünger als 20 Jahre. Shakespeares Gesellschaft war eine durch und durch jugendliche.

Ein Grund für die geringere Lebenserwartung in der Stadt war die aufgrund der Bevölkerungsdichte gesteigerte Ansteckungsgefahr an Pest und anderen Seuchen sowie die aufgrund lockerer Sitten weit verbreitete Syphilis. Dazu kamen miserable hygienische Bedingungen – die mittelalterliche Infrastruktur Londons konnte mit dem enormen Bevölkerungswachstum nicht mithalten. Wir hätten es im London des 16. Jahrhunderts vermutlich kaum ausgehalten – der Gestank muss unerträglich gewesen sein. Eine Müllabfuhr gab es nicht, die Kanalisation war hoffnungslos überlastet und Klärwerke noch nicht erfunden. Abfälle wurden ebenso wie der Inhalt der Nachttöpfe auf die Straße oder in offene Gräben gekippt, so dass Jaucherinnsale in der Straßenmitte verliefen. Waschen galt als ungesund. Niemand trank Wasser, denn das war ja dreckig. *Ale* oder Leichtbier und Wein, die üblichen Getränke, machten das Volk in *merry old England* schon beim Frühstück beschwipst. Rauch quoll aus Tausenden von Schornsteinen. Hunde,

Schweine und Hühner liefen in den engen Gassen herum und verursachten nicht nur Dreck, sondern auch Lärm – ein weiterer gewöhnungsbedürftiger Faktor im elisabethanischen London. Allenthalben hörte man Gebell und Kindergebrüll, Kutschengeklapper und Händlergeschrei, Kirchenglocken und Handwerkerlärm, aber auch Musik und Gesang. Beim Barbier und in der Kneipe erklangen Laute, Flöte und Gitarre; auf den Straßen verkaufte man Balladen, die häufig gleich impromptu dargeboten wurden. Eine Unterscheidung von U- und E-Musik gab es nicht: Musik gehörte zur allgemeinen Bildung. So war es nicht ungewöhnlich, wenn jemand ad hoc eine Madrigalstimme vom Blatt singen konnte (und dies auch lautstark tat). Auch Shakespeare war offensichtlich musikkundig, wie die vielen Lieder in seinen Stücken belegen. Lady Macbeth verwendet einen Fachausdruck aus dem Lautenspiel, wenn sie ihren Mann in I.7.61 auffordert, seinen Mut „bis zum höchsten Grad" zu schrauben *(„screw your courage to the sticking place");* im *Hamlet* spielt der Prinz mit den Worten „verstimmen" und „anstimmen":

Call me what instrument you will, though you fret me, you cannot play upon me (*Hamlet,* III.2.363).	Nennt mich was für ein Instrument ihr wollt, verstimmen zwar tut ihr mich, aber auf mir spielen könnt ihr nicht.

In diese laute, lebenslustige, prunkvolle, grausame und dreckige Stadt also kam Shakespeare irgendwann um 1587. Einer Anekdote aus dem 18. Jahrhundert zufolge begann er seine Theaterkarriere damit, dass er vor der Spielstätte die Pferde der Besucher betreute; so oder anders hat er sich früher oder später jedenfalls den Schauspielern von Lord Strange angeschlossen.[131] In den folgenden Jahren schrieb er seine ersten Stücke, und spätestens 1592 war er so erfolgreich, dass er den *University Wits* die Butter vom Brot nahm.

1592 ist ein Schlüsseldatum in Shakespeares Biographie, jedenfalls aus heutiger Sicht. Nicht nur, dass in diesem Jahr Robert Greenes Krähen-Attacke publiziert wurde – 1592 ist auch das Jahr, in dem Philip Henslowe begann, Buch über die Aufführungen der *Lord Strange's Men* zu führen und gleich ein Stück Shakespeares erwähnte, nämlich *Harey the vj* oder „Harry der Sechste".

Dieses Historiendrama wurde am 3. März im *Rose* Theater aufgeführt und war laut Henslowe das erfolgreichste Stück der Saison. Es ist vermutlich nicht das erste Theaterstück, das Shakespeare geschrieben oder bearbeitet hat,[132] wohl aber das erste, das sicher dokumentiert ist – neben Henslowe und Greene erwähnt auch Thomas Nashe das Stück bzw. den Helden Talbot in seinem *Pierce Pennilesse*:

How would it haue ioyed braue Talbot [...] to thinke that after he had lyne two hundred yeares in his Tombe, hee should triumphe againe on the Stage, and haue his bones newe embalmed with the teares of ten thousand spectators at least, (at seuerall times) who in the Tragedian that represents his person, imagine they behold him fresh bleeding.[133]	Wie es den tapferen Talbot [...] erfreut hätte zu wissen, dass er wieder auf der Bühne triumphieren würde, nachdem er 200 Jahre in seinem Grab gelegen hat, und dass seine Knochen mit den Tränen von zehntausend Zuschauern benetzt würden, die sich vorstellen, ihn in der Person des Tragöden der seine Person darstellt, frisch bluten zu sehen.

Shakespeare war zu diesem Zeitpunkt 28, Mitglied der angesehenen *Lord Strange's Men* und erfolgreicher Theaterautor. Es sah also gut aus für ihn. Das sollte sich jedoch schlagartig ändern. Am 11. Juni 1592 brach während einer Aufführung des anonymen antipuritanischen Stücks *A Knack to Know a Knave* ein Aufstand der anwesenden Londoner Lehrlinge aus. Obwohl der Aufruhr schnell niedergeschlagen wurde, nahm der Stadtrat von London den Vorfall zum Anlass, alle Theateraufführungen bis auf weiteres zu verbieten. Daraufhin gingen die *Lord Strange's Men* erstmal auf Tour in die Provinz. Ohnehin waren die Schauspieltruppen im Sommer oft unterwegs, um in wichtigen Städten wie Gloucester, Coventry oder Cambridge zu spielen; auf der ersten Druckausgabe des *Hamlet* aus dem Jahre 1603 beispielsweise ist verzeichnet, dass das Stück unter anderem in Oxford und Cambridge gegeben wurde.

Im September 1592, just zu Beginn der neuen Theatersaison, brach dann in London mal wieder die Pest aus. Das drückte die allgemeine Stimmung, die nach etlichen außenpolitischen Misserfolgen, Missernten und galoppierender Inflation ohnehin nicht gut war,[134] und hatte die weitere Schließung der Spielstätten (mit kurzen Unterbrechungen) bis zum Frühjahr 1594 zur Folge. Damit war Shakespeares Einkommensquelle dahin – er war, wie es in seinem Sonett XXVIV heißt, *„in disgrace with fortune"*, vom Glück verlassen. In dieser Notlage ging er auf die Suche nach einem Patron, den er in der Person Henry Wriothesleys, des jungen Grafen von Southampton (1573-1624) fand. In den folgenden zwei Jahren schrieb Shakespeare einen großen Teil seiner berühmten Sonette sowie die beiden epischen Gedichte *Venus and Adonis* und *The Rape of Lucrece*, die seinen Ruhm bei den elisabethanischen Zeitgenossen begründeten. Beide sind Southampton gewidmet.

4.9 Shakespeare und Southampton: Die Sonette

Southampton war ein außergewöhnlich schöner junger Mann, ein schwerreicher Mäzen und Literaturfreund, von dem es in zeitgenössischen Berichten heißt, anstatt zu Hofe zu gehen, verbringe er seine Zeit in London damit, jeden Tag das Theater zu besuchen. Das war natürlich in Anbetracht der politischen Dimension des Theaters höchst subversiv,[135] zumal er auch noch einer alten katholischen Adelsfamilie entstammte. Sein Vater hatte für die Schottenkönigin Maria Stuart gekämpft und wegen „der Angelegenheit um den Herzog von Norfolk" (einer der diversen Verschwörungen mit dem Ziel, Maria an die Macht zu bringen) etliche Jahre im Tower verbracht. Kurz vor seinem Tod im Jahr 1581 – Sohn Henry war acht Jahre alt – hatte Southampton Senior auch nachweislich Kontakt mit dem Jesuitenpater Edmund Campion, der im selben Jahr hingerichtet wurde. Danach bot Henrys Mutter weiterhin katholischen Priestern Unterschlupf in London und auf ihren Landsitzen. Daraufhin wurde der junge Graf unter die Vormundschaft des protestantischen Lordkanzlers William Cecil, Lord Burghleys gestellt, der später versuchte, ihn mit seiner Enkelin Elisabeth De Vere zu verheiraten – ein Projekt, das am Widerstand des jungen Mannes scheiterte. Mit zwölf Jahren wurde Southampton nach Cambridge geschickt, wo er brillierte; mit 16 hatte er seinen M.A., und mit 19 war er ein Günstling Königin Elisabeths sowie der begehrteste Mäzen am Londoner Hof. Wie anziehend androgyn der junge Edelmann in dieser Zeit aussah, belegt ein Bildnis, das ihn als blutjungen, geschminkten, langhaarigen und verführerisch dreinblickenden Höfling zeigt. In *The Observer* vom 21. April 2002 berichtet Anthony Holden, wie dieses Gemälde, das sich im Besitz einer Adelsfamilie befindet und jahrelang für das Bildnis einer Frau gehalten wurde, sensationell wiederentdeckt wurde.[136]

Shakespeare, der sich wie viele andere Autoren um Southamptons Gunst bemühte, widmete dem jungen Adligen sein erstes eigentlich „literarisches" Werk – Theaterstücke galten als Populärliteratur –, nämlich das von Ovid beeinflusste, erotische Versepos *Venus und Adonis*. Es erschien 1593, als die Theater wegen der Pest geschlossen waren, wurde in den nächsten zehn Jahren sechs Mal nachgedruckt und machte Shakespeares auf einen Schlag berühmt: *Venus und Adonis* war das Buch, das man leger unterm Arm trug, wenn man „in" sein wollte. Zum Zeitpunkt seines Entstehens hatte Shakespeare erst ein halbes Dutzend Stücke geschrieben, war also als Theaterschreiber zwar im Geschäft, aber keineswegs die Autorität, die er werden sollte. Entsprechend spricht er in seiner offensichtlich schmeichelnden Widmung an Southampton von seinen „ungeschliffenen Zeilen" (*„unpolished lines"*).

Welchen literarischen Rang Shakespeare nur wenige Jahre später unter seinen Zeitgenossen hatte, macht eine diesbezügliche Notiz des Gelehrten und Freund Edmund Spensers, Gabriel Harvey deutlich, der die Angewohnheit hatte, ausführliche Anmerkungen in Bücher zu kritzeln. In eine Chaucer-Ausgabe von 1598 schrieb Harvey einen der wenigen überlieferten Kommentare zu Shakespeares Tätigkeit als Autor:

The younger sort takes much delight in Shakespeare's Venus, & Adonis: but his Lucrece, & his tragedy of Hamlet, Prince of Denmark, have it in them, to please the wiser sort.[137]

Das jüngere Volk hat Gefallen an Shakespeares Venus, & Adonis: aber seine Lukrezia, & seine Tragödie von Hamlet, Prinz von Dänemark, haben es in sich, dass sie den klügeren Leuten gefallen.

Im selben Jahr lobte auch der Dichter Richard Barnfield Shakespeares Verse:

And Shakespeare thou, whose hony-flowing Vaine, / (Pleasing the World) thy praises doth obtaine. / Whose Venus, and whose Lucrece (sweete, and chaste) / Thy name in fames immortall Booke have plac't. / Live ever you, at least in Fame live ever : / Well may the Bodye dye, but Fame dies never.[138]	Und Shakespeare, du, dessen honig-fließende Ader / (Die Welt erfreuend) dir Lobeshymnen einbringt. / Dessen Venus, und dessen Lukrezia (süß und keusch) / Deinen Namen im unsterblichen Buch des Ruhms eingeschrieben haben. / Lebe du immer, zumindest im Ruhm lebe immer: / Zwar mag der Körper sterben, doch der Ruhm stirbt nimmer.

Aus heutiger Sicht ist die zeitgenössische Begeisterung für *Venus und Adonis* und Shakespeares zweites episches Gedicht *Lucrezia* nicht ganz leicht nachzuvollziehen – zu sehr hat sich der literarische Geschmack gewandelt, zu wenig präsent sind dem modernen Leser die mythologischen Bezüge. Wie Eva Maria Klinger 2007 anlässlich einer szenischen Lesung von *Venus und Adonis* schrieb:

> Staunend hört man heute von der emphatischen Begeisterung der Vorfahren für jene wortreiche, inhaltsarme Dichtung. Ein nicht vollzogener Liebesakt füllt 60 Seiten![139]

Ganz anders steht es um die Sonette, die nach wie vor gelesen und gern zitiert werden. Shakespeares Sonett-Zyklus umfasst 154 zum Teil hoch erotische Gedichte und wurde 1609 erstmals unter dem Titel *Shake-Speares Sonnets. Neuer before imprinted* veröffentlicht.[140] Diese vielleicht nicht autorisierte Veröffentlichung könnte dem Autor höchst peinlich gewesen sein, wenn die Sonettfolge denn, wie häufig vermutet, autobiografischen Inhalts ist – erzählt sie doch im intimen Detail eine sehr persönlich anmutende Dreiecksgeschichte zwischen dem lyrischen Ich (Shakespeare?), einem von ihm angebeteten, schönen jungen Mann (dem *Fair Youth)*, und einer mysteriösen Geliebten (der *Dark Lady)*, die den Jüngling verführt. Anscheinend wurde diese Erstausgabe, von der immerhin 13 Exemplare erhalten sind, jedoch wenig gelesen, da sie erst 1640 neu aufgelegt wurde.[141] In der Neufassung waren die kritischen, tendenziell homoerotischen Textstellen im puritanischen Sinne verändert; erst 1766 erschienen die Sonette wieder in der Originalfassung.[142] Inwieweit die in den Gedichten geschilderte Beziehung zwischen den beiden Männern homosexueller Natur ist bzw. ob sich daraus auf eine entsprechende Neigung des Dichters schließen lässt, ist umstritten. Stephen Booth kommentiert augenzwinkernd, Shakespeare sei „fast sicher homosexuell, bisexuell oder heterosexuell" gewesen: „Die Sonette liefern in dieser Hinsicht keine Anhaltspunkte."[143]

Geschrieben wurden die Sonette offensichtlich über einen längeren Zeitraum; Anspielungen auf sie finden sich bereits in den 90er Jahren. Die ersten Gedichte entstanden vermutlich zur selben Zeit, in der Shakespeare auch an *Venus und Adonis* arbeitete, 1592/93, und werden von Harvey nicht erwähnt, da sie noch gar nicht gedruckt waren, sondern nur, wie es Mode war, handschriftlich in eingeweihten Zirkeln kursierten. So schreibt Francis Meres 1598 in seiner Schrift *Palladis Tamia* – einem „Schatzkästchen des Witzes", in dem „unsere englischen Dichter im Vergleich mit den griechischen, lateinischen und italienischen" betrachtet werden:[144]

As the soul of Euphorbus was thought to live in Pythagorus, so the sweet, witty soul of Ovid lives in mellifluous & honey-tongued Shakespeare, witness his Venus and Adonis, his Lucrece, his sugared sonnets among his private friends, &c.	Wie man annahm, dass die Seele von Euphorbus in Pythagoras lebt, so lebt die anmutige, scharfsinnige Seele Ovids im lieblichen & honigzüngigen Shakespeare, bezeugt von seinem Venus und Adonis, seiner Lucrezia, seinen gezucker ten Sonette unter seinen näheren Freunden &.

In der 1609 veröffentlichten Form bestehen die Sonette im Wesentlichen aus drei Teilen sowie einem angehängten Gedicht mit dem Titel *A Lover's Complaint*, das die Verführung eines jungen Mädchens schildert – Ophelia lässt grüßen. Diese scheinbar zusammenhanglose Kombination einer Sonettfolge mit einem thematisch verwandten längeren Gedicht, die viele Kritiker irritiert hat, war Anfang des 17. Jahrhunderts nicht ungewöhnlich und hat in neuerer Zeit zu der Vermutung geführt, dass die Sonette doch von Shakespeare selbst zusammengestellt und veröffentlicht wurden.[145] Nach wie vor gilt aber, was bereits William Rolfe J. in seiner Ausgabe von 1883/90 feststellte, dass nämlich sowohl die „richtige" Folge der Sonette als auch die Art und Weise, wie der Herausgeber sie in die Finger bekam, wohl unlösbare Probleme der Literaturgeschichte bleiben werden. Die Sonette I-XVII – die so genannten „Fortpflanzungssonette" – sind vielleicht eine Auftragsarbeit, da der apostrophierte junge Mann in ihnen aufgefordert wird, zu heiraten und Kinder zu zeugen. Sonette XVIII-CXXVI sind vermutlich an denselben jungen Mann gerichtet und schildern den Verlauf einer Art Liebesbeziehung mit allen Höhen und Tiefen. Dies ist ein beachtlicher Bruch mit der Tradition: Bei Petrarca, Sidney oder Spenser ist die Liebeslyrik an eine *Fair Lady* adressiert, eine angehimmelte, eher ideal als körperlich geliebte, engelsgleiche Frau; bei Shakespeares hingegen ist es der *Fair Youth*, der im Sonett XIII als *„dear my love"* umworben und im Sonett XX als „Herr-Herrin meiner Leidenschaft" *(„mister-mistress of my passion")* dargestellt wird und dem Dichter schlaflose Nächte, Eifersucht und andere traditionelle Liebeswallungen beschert. Kontrastierend dazu wird in den an die *Dark Lady* gerichteten Sonetten CXXVII-CVII drastisch die sexuelle Seite der Mann-Frau-Beziehung in den Vordergrund gestellt. Das offensichtliche Parodierende der Sonett-Konvention wird deutlich, wenn man sich das Gedicht CXXX ansieht, in dem der Dichter seine Geliebte besingt, die so gar nicht den gängigen Schönheitsklischees entspricht:

My mistress' eyes are nothing like the sun; / Coral is far more red, than her lips red: / If snow be white, why then her breasts are dun; / If hairs be wires, black wires grow on her head. / I have seen roses damasked, red and white, / But no such roses see I in her cheeks; / And in some perfumes is there more delight / Than in the breath that from my mistress reeks. I love to hear her speak, yet well I know / That music hath a far more pleasing sound: / I grant I never saw a goddess go, / My mistress, when she walks, treads on the ground: / And yet by heaven, I think my love as rare, / As any she belied with false compare.

Der Liebsten Aug' ist nicht wie Sonnenschein, / Nicht wie Korallen rot der Lippen Paar, / Gilt Schnee als weiß, muss braun ihr Busen sein, / Sind Haare Draht, ist schwarzer Draht ihr Haar. / Weiß sind und rot die Rosen an dem Strauch, / Doch solche Rosen sind nicht ihre Wangen, / Von Wohlgerüchen strömt ein süßrer Hauch, / Als meines Mädchens Atem hat empfangen. / Ich höre gern sie sprechen, doch gegeben / Ist der Musik noch angenehmrer Klang, / Ich sah zwar niemals eine Göttin schweben, / Doch auf der Erde ruht der Liebsten Gang. / Und doch beim Himmel ist sie mir so wert / Wie jede, die verlognes Gleichnis ehrt.

Die hier zitierte Übersetzung von Max Josef Wolff stammt aus dem Jahr 1905 und ist eine von ca. 160 (!) Übertragungen dieses Gedichts ins Deutsche. Von der Gesamtausgabe der Sonette gibt es immerhin 70 verschiedene deutsche Fassungen – kein Werk der Weltliteratur, sieht man von der Bibel ab, wurde häufiger übersetzt.

Seit jeher wird in der Forschung heftig darüber debattiert, inwieweit es legitim bzw. in Anbetracht der überragenden literarischen Bedeutung der Dichtungen angebracht ist, aus den Sonetten auf den Autor Shakespeare zu schließen – und wenn ja, um welche historischen Personen es sich bei dem schönen jungen Mann und der Geliebten handeln könnte.[146] Bezeichnenderweise war es der englische Romantiker William Wordsworth, der die Sonette als Schlüssel bezeichnete, mit dem Shakespeare sein Herz aufgeschlossen habe.

Will man sich mit der autobiografischen Interpretation befassen, so könnte eine rätselhafte Widmung des Herausgebers Thomas Thorpe in der Erstausgabe an „den einzigen Erzeuger der folgenden Sonette" *(„the only begetter of these ensuing sonnets, Mr W. H.*") eine Rolle spielen,[147] wobei das Wort *begetter* in diesem Kontext nicht nur die Bedeutung von „Erzeuger" haben, sondern auch „Verursacher" oder „Beschaffer" heißen kann. *Mr* oder „Master" wiederum war die Anrede für einen Angehörigen des niederen Adels. Insofern ist unklar, ob der *„begetter"* identisch mit dem Jüngling ist, dessen dauerhafte Erinnerung im berühmten Sonett XVIII beschworen wird:

Shall I compare thee to a summer's day? / Thou art more lovely and more temperate: / Rough winds do shake the darling buds of May, / And summer's lease hath all too short a date: / Sometime too hot the eye of heaven shines, / And often is his gold complexion dimmed, / And every fair from fair sometime declines, / By chance, or nature's changing course untrimmed: / But thy eternal summer shall not fade, / Nor lose possession of that fair thou ow'st, / Nor shall death brag thou wander'st in his shade, / When in eternal lines to time thou grow'st, / So long as men can breathe, or eyes can see, / So long lives this, and this gives life to thee.

Vergleich ich dich mit einem Sommertag? / Du hast mehr Maß und größre Lieblichkeit. / Die Maienknospe, die verzärtelt lag, / Schlägt rauer Wind; kurz währt des Sommers Zeit. / Des Himmels Auge brennt manchmal zu heiß, / Sein goldnes Antlitz, oft trübt sich's für lang. / Und alles Schöne gibt die Schönheit preis, / Sei's Zufall, sei's des Wandels kruder Gang. / Doch nie soll deines Sommers Pracht ermatten, / Nie soll zerschleißen deiner Schönheit Kleid, / Nie Tod sich brüsten, dass in seinem Schatten / Du gehst: Im Vers zwingst du die Sterblichkeit. / Solang ein Mensch noch atmet, Augen sehn, / Solang dies steht, so lang wirst du bestehn.[148]

Was die Identität des *Fair Youth* betrifft, so sind als „W.H." über die Jahre eine ganze Reihe mehr oder weniger historisch mögliche oder wahrscheinliche Kandidaten ins Spiel gebracht worden, darunter:

- *William Herbert*, Graf von Pembroke, ein Mäzen und Frauenheld, dem die Folio-Ausgabe von 1613 gewidmet ist und der in seinen (deftigen) Gedichten eine dunkle Geliebte besingt;
- ein Musiker namens *Willie Hughes*, 1889 von Oscar Wilde in *The Portrait of Mr. WH* als lasziver Jungschauspieler literarisch verewigt;
- *William Hall*, ein Freund des Herausgebers;
- schließlich gar der Dichter selbst, *William Himself* oder aber *William (S)hakespeare* (wobei das fehlende S als Druckfehler interpretiert wird).

Der wahrscheinlichste Adressat der Liebeslyrik ist jedoch Shakespeares damaliger Förderer Southampton.[149] Vielleicht hat Shakespeare die Sonette sogar in dessen Haus geschrieben – es war nicht unüblich, dass Mäzene ihren Künstlern auch Kost und Logis boten. Jedenfalls kündet die Widmung an Southampton in Shakespeares 1594 gedrucktem Gedicht *Lucrezia* von einer mittlerweile erstaunlichen Intimität zwischen dem Autor und dem Edelmann: „Die Liebe, die ich Eurer Lordschaft widme, ist ohne Ende," schreibt der Dichter, „was ich geleistet habe, ist Euer; was ich noch zu leisten habe, ist Euer; die Ihr Teil seid von allem, was ich (getan) habe, ergebenst Euer…"[150] Für eine enge Freundschaft zwischen Shakespeare und Southampton spricht auch ein Bericht von Nicholas Rowe, wonach Shakespeare von seinem Gönner einmal die immense Summe von £1000 (ca. 300.000 Euro!) erhalten habe.[151]

Falls die Sonette tatsächlich an Southampton gerichtet sind, so lassen sie sich jedenfalls recht genau datieren: 1995 begann dieser nämlich eine am Hof heiß diskutierte Affäre mit der Hofdame Elisabeth Vernon, einer Kusine seines Freundes Essex. Königin Elisabeth, die strikt gegen diese Verbindung war, verbot den beiden den Umgang miteinander und schickte Southampton zusammen mit Lordkanzler Robert Cecil nach Paris. Doch alle Mühe war vergebens: 1598 war Elisabeth Vernon schwanger und musste vom Hof entfernt werden. Zehn Wochen vor der Geburt kehrte Southampton nach London zurück und heiratete sie in aller Stille. Die heimliche Hochzeit brachte beiden großen Ärger mit der Königin und einen Aufenthalt im Fleet-Gefängnis ein; dort kam auch Elisabeth Vernons Tochter Penélope zur Welt.

Diese Penélope könnte nun, will man den Thesen in dem Buch *Das Geheimnis um Shakespeares „Dark Lady". Dokumentation einer Enthüllung*[152] folgen, in Wirklichkeit gar nicht Southamptons, sondern Shakespeares Tochter gewesen sein. Das jedenfalls schließt die Autorin aus den überlieferten Bildnissen der beteiligten Personen, die sie von Medizinern und Experten des deutschen BKA mit modernen kriminalistischen Methoden untersuchen ließ. Nach dieser Theorie wäre Elisabeth Vernon, die *Dark Lady*, zunächst Shakespeares Geliebte gewesen, hätte dann aber den Frauenliebling Southampton, Shakespeares Mäzen, verführt und ihn schließlich geheiratet, obwohl sie schon mit Shakespeares Kind schwanger war. Sollte diese pikante These zutreffen, so müsste man nicht nur die Sonette in ganz neuem Licht lesen – es wäre auch Lady Diana eine Nachfahrin des Barden. Elisabeth Vernons Tochter Penélope, deren Porträt Shakespeares überlieferten Bildnissen tatsächlich weit ähnlicher sieht als denjenigen ihres offiziellen Vaters Southampton, hat nämlich später Lord William Spencer, einen der Vorfahren der Prinzessin von Wales, geheiratet.

4.10 Shakespeares Schauspieltruppe (1593-1599)

Nachdem die Pest im Verlauf des Jahres 1593 abgeflaut war, wurden auch die Londoner Spielstätten wieder eröffnet, und Shakespeare konnte sich erneut seiner lukrativen Tätigkeit am Theater zuwenden. In dieser Zeit schrieb er u. a. das Stück *Verlorene Liebesmüh.* Am 24. Januar 1594 wurde die Rachetragödie *Titus Andronicus* am *Rose*-Theater aufgeführt und kurz darauf als erstes von Shakespeares Stücken ins Register der Buchhändlergilde eingetragen.

Zwischenzeitlich hatten die *Lord Strange's Men* im Dezember 1592, als das Spielverbot kurzfristig ausgesetzt war, auch eine Aufführung bei Hof gegeben, an der Shakespeare beteiligt gewesen sein könnte. Dass Shakespeare ein erfolgreicher Schauspieler war, ist sicher, und zwar nicht nur, weil er in der *First Folio*-Ausgabe seiner Werke als „erster Schauspieler all dieser Stücke" (*„principal actor)* bezeichnet wird. Schon John Aubrey berichtete 1667 in seinen *Brief Lives*, Shakespeare sei „ein Schauspieler an einem der Spielhäuser" gewesen und habe „ausgesprochen gut agiert".[153] Welche Rollen er gespielt hat, weiß man nicht; Konjekturen zufolge soll er den *Chorus* in *Heinrich V.* gegeben haben, und laut Nicholas Rowe war er am besten als „Geist in seinem eigenen *Hamlet*".[154] Er spielte erwiesenermaßen in Ben Jonsons *Every Man in His Humor* (1598) und später in dessen *Sejanus* (1603) und wird in den höfischen Rechnungsbüchern am 15. März 1595 zusammen mit Will Kempe und Richard Burbage als Mitglied der *Lord Chamberlain's Men* erwähnt, die im Dezember 1594 vor der Königin aufgetreten sind.[155] Dieser Eintrag von 1594 ist das erste Dokument, in dem Shakespeare als Schauspieler offiziell genannt wird, und es ist auch das erste Dokument, in dem sein Name so geschrieben steht, wie wir ihn heute kennen.

Die *Lord Chamberlain's Men* waren zu dieser Zeit eine der beiden renommiertesten Schauspieltruppen der Hauptstadt. 1559 hatte Elisabeth I. die Wanderschauspielerei verboten und angeordnet, dass alle Schauspieler fortan eine Lizenz sowie einen Schutzherren haben mussten, der ihnen Rechtssicherheit als seinen Bediensteten und vielleicht auch Unterhalt in Krisenzeiten bot. Im Gegenzug unterhielten sie dessen Gäste und verschafften ihm ein positives Image. Von 1583 an unterhielt Elisabeth I. selbst eine Truppe, die *Queen's Men,* für die sie die besten Spieler der Zeit anwarb. Bis 1594 gab es neben den *Queen's Men* noch etliche weitere Truppen, die in London auftraten, darunter die *Admiral's Men,* die *Lord Chamberlain's Men, Lord Worcester's Men, Lord Sussex' Men*, *Lord Pembroke's Men* und *Lord Strange's Men,* um nur die wichtigsten zu nennen. Letztere ist die Truppe, die zwischen 1590 und 1592 am *Rose*-Theater Shakespeares *2 Heinrich VI.* erstmals aufführte; zu ihr gehörten in dieser Zeit auch die beiden späteren Stars der elisabethanischen Bühne, Edward Alleyn und Richard Burbage.

All diese Truppen waren mehr oder weniger gemeinschaftlich organisiert und teilten sich den Profit sowie die Investitionen in neue Stücke, Kostüme, Instrumente und die Theatermiete. Auch Shakespeare war nicht nur Schauspieler und Stückeschreiber, sondern einer von sechs Teilhabern seiner Truppe. Daraus hat man geschlossen, dass er zu den Gründungsmitgliedern der *Lord Chamberlain's Men* gehört haben muss, die sich 1594 nach der pestbedingten Zwangspause neu organisierten und fortan Shakespeares Stücke exklusiv aufführte. In diesem Jahr entstanden zwei professionelle Truppen, die sich zum großen Teil aus *Lord Strange's Men* rekrutierten und fortan das Londoner Theaterleben dominierten: die besagten *Lord Chamberlain's Men* unter der Leitung von Richard Burbage, dem Sohn des Theaterunternehmers James Burbage, der seinerzeit das *Theatre* gebaut hatte (Shakespeares Truppe); und die *Admiral's Men* unter der Leitung von Philip Henslowe, dem Gründer des *Rose* und des *Fortune.* Letztere spielten Stücke von Greene, Marlowe und anderen zeitgenössischen Dramatikern sowie später Ben Jonson und standen unter dem namensgebenden Patronat von Charles Howard, seit 1585 *Lord High Admiral.* Im selben Jahr erhielt auch Henry Carey, der Förderer der *Lord Chamberlain's Men,* seinen Titel als Lordkämmerer, den die Schauspieler übernahmen.

Der häufige Wechsel von Titeln bzw. ihren Trägern, die jeweils von den Schauspielern des Mäzens übernommen wurden, macht es dem heutigen Betrachter nicht ganz leicht, sich auf Anhieb in der elisabethanischen Theaterszene zurechtzufinden – Shakespeares Truppe beispielsweise mutierte zwischenzeitlich zu *Lord Hunsdon's Men* und verwandelte sich nach der Thronbesteigung Jakobs I. in die prestigiösen *King's Men.* Hilfreich ist daher die Assoziation mit den jeweiligen Spielstätten bzw. mit ihren Stars: Die *Admiral's Men* hatten ihren Stammsitz zunächst am *Rose* und später am *Fortune;* ihr Star war Edward Alleyn, der Schwiegersohn von Philip Henslowe und Darsteller des Tamburlaine und Faustus. Die *Lord Chamberlain's Men* spielten zunächst am *Theatre* und nach einem kurzen Intermezzo am *Curtain* hauptsächlich am *Globe* (sowie nach 1608 im Winter im Innentheater *Blackfriar's).* Ihr Hauptdarsteller war Richard Burbage, aber auch Shakespeare gehörte zur ersten Riege.

Shakespeare verdiente am Erfolg des Unternehmens *Lord Chamberlain's Men* also gleich mehrfach: als Schauspieler, als Teilhaber und Manager und als Stückeschreiber. Bis 1602 schrieb er im Schnitt jährlich zwei neue Stücke für seine Truppe; danach eines pro Jahr – eine unglaubliche Leistung, wenn man sich vor Augen hält, dass er als Schauspieler zudem zeitgleich ständig zwei oder drei Rollen in bis zu zehn Stücken präsent gehabt haben muss.[156] Das elisabethanische Theater war nämlich ein Repertoire-Theater, und die Schauspieltruppen spielten in der Regel vier oder fünf verschiedene Stücke pro Woche. In der Theatersaison 1595 beispielsweise brachten die *Lord Admiral's Men,* wie man aus Henslowes Tagebüchern weiß, fast 300 Aufführungen von 36 Stücken auf die Bühne, von denen immerhin 20 Neuinszenierungen waren. Das Repertoire der *Lord Chamberlain's Men* wird ähnlich ausgesehen haben. Shakespeare muss also über ein phänomenales Gedächtnis verfügt haben.

1599 kam für Shakespeare eine vierte Einnahmequelle hinzu: Er wurde Teilhaber des neuen *Globe*-Theaters. Bis 1597 hatten die *Lord Chamberlain's Men* in James Burbages *Theatre* im Norden der Stadt gespielt. Nach dem Tod Burbages aber bekamen sie ein Problem, das auch heutige Vergnügungsunternehmen mitunter betrifft: Ihr Mietvertrag lief aus. Daraufhin fassten Richard Burbage, sein Bruder Cuthbert, Shakespeare und die anderen Schauspieler einen kühnen Entschluss: In einer Nacht- und Nebelaktion rissen sie im Dezember 1598 das komplette Gebäude ab, transportierten die Holzbalken quer durch die Stadt und über den Fluss, und errichteten damit südlich der Themse das berühmte *Globe*. Shakespeare zog nach Southwark um und kassierte fortan als Miteigentümer der Spielstätte zehn Prozent der Einnahmen. In den Folgejahren verdiente er für damalige Verhältnisse hervorragend, investierte in Stratford gewinnbringend in Immobilien und brachte es im Laufe der Zeit zu einem beachtlichen Vermögen. Dass er, entgegen der romantischen Vorstellung des am Hungertuch nagenden Genies, so offensichtlich geschäftstüchtig, ja sogar knickrig war – er verlieh auch Geld gegen Wucherzinsen und zeigte einmal einen Apotheker, dem er Malz verkauft hatte, wegen geringer Schulden an – ist heute noch Wasser auf die Mühlen der Anti-Stratfordianer.

Auch künstlerisch veränderte Shakespeares Truppe sich mit dem Umzug ins *Globe*. 1599 feuerten die Schauspieler ihren alten Chefkomiker Will Kempe, den Darsteller des Dogberry/Holzapfel in *Viel Lärm um Nichts*, dessen improvisierter Klamauk nicht mehr zeitgemäß war, und inszenierten stattdessen die neue Rethorik ihres genialen Mitglieds Shakespeare.[157] Der Erfolg ließ nicht lange auf sich warten: Bis zu Elisabeths Tod traten die *Lord Chamberlain's Men*, wie aus den Aufzeichnungen des Zeremonienmeisters hervorgeht, 32-mal bei Hof auf; nach 1603 wurde Shakespeares Truppe gar vom König höchstselbst protegiert. *The King's Men*, wie sie sich jetzt nennen durften, erhielten jeweils vier Meter rotes Tuch, um sich Livreen für die Krönungsprozession schneidern zu lassen, und spielten fortan im Schnitt zwölfmal jährlich bei Hofe.

Zu diesem Zeitpunkt trug Shakespeare bereits den Titel *Gentleman*, der seinem Vater so viele Jahre lang versagt geblieben war: Am 20. Oktober 1596, just in dem Jahr, in dem Shakespeares Sohn Hamnet starb, hatte John Shakespeare erneut ein Wappen beantragt, das ihm, vermutlich auf Betreiben seines erfolgreichen Sohnes, endlich gewährt wurde. Nach 1599 jedenfalls erscheint Shakespeares Name in öffentlichen Schriftstücken mit dem Zusatz *Gentle-man* – was einem Angestellten des Wappenamtes, Peter Brooke, sauer aufstieß. Dieser beschuldigte im Jahre 1602 den Hosenband-Orden-Träger Sir William Dethick, Leute von niedrigem Stand in den Adelsstand zu erheben und fertigte als Beweis eine Liste mit 23 seiner Meinung nach unberechtigten Wappenträgern an, auf der auch der Eintrag *Shakespeare ye Player*

(„Shakespeare der Schauspieler") erscheint.

Auf Shakespeares Wappen ist in Anspielung auf den Familiennamen ein goldener Speer mit silberner Spitze zu sehen. Das Motto lautete *Non, sans droict* – „nicht ohne Recht", was Ben Jonson 1599 in seinem *Every Man out of his humour* bissig parodierte. In diesem Stück führt ein Clown seinen Freunden sein neues, für £30 erkauftes Wappen vor, das eine aufgespießte Wurst zeigt. Daraufhin kommentieren diese:

I commend the Herald's wit, he has deciphered him well: a Swine without a Head, without braine, wit, anything indeed, Ramping to Gentilitie [...] Not without Mustard, your Crest is very rare, sir. (III.1)	Ich lob mir den Einfallsreichtum des Heraldikers, er hat ihn gut entziffert: ein Schwein ohne Kopf, ohne Hirn, Verstand, überhaupt ohne irgendwas, das sich zum Edelstand hoch reckt [...] Nicht ohne Senf, ihr Wappen ist außergewöhnlich, Sir.

Der Realsatiriker und Moralist Jonson hatte zu diesem Zeitpunkt noch nicht den Erfolg, den er wenige Jahre später haben sollte – vor allem im regelpoetischen 17. Jahrhundert wurde er als Shakespeare ebenbürtig angesehen. Dabei wurden beide Autoren gern kontrastiert: Jonson galt als disziplinierter und gelehrter, dabei aber hochmütiger und eingebildeter Klassizist, der das ungebildete Publikum ebenso verachtete wie seine schauspielernden oder schreibenden Zeitgenossen; Shakespeare galt als Naturgenie, dessen „Fehler" man ihm angesichts seines angeborenen dramatischen Gespürs gern verzieh.[158] Wie eng die Beziehung der beiden Dramatiker eigentlich war, lässt sich heute schwer sagen. Fest steht, dass sie sich gut kannten und oft in der *Mermaid's Tavern* debattierten.[159] Fest steht auch, dass der streitlustige Jonson, der schon mal im Gefängnis gesessen hatte, weil er einen Schauspieler im Duell getötet hatte, Shakespeare (und nicht nur ihn) gern kritisierte. So zog Jonson über Shakespeares „mangelnde Kunstfertigkeit" her,[160] und sein bekanntes Verdikt *„small latin and lesse greeke"* im ansonsten schmeichelhaften Nekrolog der *First Folio* prägt bis heute das Bild des „ungebildeten Naturtalents" Shakespeare. In seinen posthum 1640 veröffentlichten Prosatexten *Timber: or Discoveries made upon Men and Matter* urteilte Jonson dagegen ausgewogener: Auf das Lob der Schauspieler, Shakespeare habe niemals eine Zeile ausstreichen müssen, habe er, Jonson, seinerzeit entgegnet, es wäre besser gewesen, dieser hätte tausend Zeilen gestrichen – was die Schauspieler als böswillige Beleidigung verstanden. Allerdings habe Jonson damit nicht Shakespeare kritisieren wollen, sondern die ungebildeten Schauspieler, die genau das an Shakespeare lobten, was sein größter Fehler war. Dann fährt Jonson fort:

And to justifie mine owne candor, (for I lov'd the man, and doe honour his memory (on this side Idolatry) as much as any.) Hee was (indeed) honest, and of an open, and free nature: had an excellent Phantasie; brave notions, and gentle expressions: wherein hee flow'd with that facility, that sometime it was necessary he should be stop'd [...]. But hee redeemed his vices, with his vertues. There was ever more in him to be praysed, then to be pardoned.[161]

Um meine Offenheit zu rechtfertigen (denn ich liebte den Mann und bin der Letzte, sein Andenken nicht zu ehren, wenn ich ihn auch nicht anbete). Er war (tatsächlich) ehrenwert, und von offener, freier Art: hatte eine hervorragende Phantasie; wackere Ideen, und eine vornehme Redeweise: was bei ihm so derart hervorquoll, dass es manchmal nötig war, ihn zu unterbrechen [...]. Aber er machte seine Fehler mit seinen Tugenden wieder gut. Es gab immer mehr an ihm zu loben als zu vergeben.

1599 war Jonson vermutlich einfach sauer, dass Shakespeares *Heinrich VI.* seinem *Every Man in his Humour* die Schau gestohlen hatte – wird jemand parodiert, so ist er erfolgreich.

1599 war Shakespeare jedenfalls arriviert: finanziell und künstlerisch erfolgreich, ein *Gentleman,* Dichter und Hofschauspieler. Im Mai 1597 hatte er *New Place,* damals das zweitgrößte Haus in Stratford gekauft. Nach 1598 erschien sein Name, anders als üblich, regelmäßig auf Drucken seiner Theaterstücke. Und im selben Jahr lobte der bereits erwähnte Francis Meres in seinem „Schatzkästchen des Witzes" nicht nur die Sonette, sondern verglich Shakespeare auch mit den antiken Vorbildern Plautus und Seneca:

As Plautus and Seneca are accounted the best for Comedy and Tragedy among the Latines: so Shakespeare among ye English is the most excellent in both kinds for the stage [...]. As Epius Stolo said, that the Muses would speake with Plautus tongue, if they would speak Latin: so I say that the Muses would speak with Shakespeares fine filed phrase, if they would speake English...	Wie Plautus und Seneca in der Komödie und Tragödie als die besten unter den lateinischen Dichtern galten, so ist unter den englischen Shakespeare der ausgezeichnetste in beiden Schauspielgattungen [...]. Wie Epius Stolo sagte, dass die Musen mit Plautus' Zunge redeten, wenn sie latein sprächen, so sage ich, dass die Musen in Shakespeares fein gefeilter Redeweise sprechen würden, sprächen sie englisch.

4.11 Shakespeares Stücke: Ein Überblick

Shakespeares Werk umfasst nach heutigem Kenntnisstand 41 Theaterstücke, von denen eins, *Cardenio,* verloren gegangen ist.[162] 36 Dramen sind in der berühmten *First-Folio*-Werkausgabe erhalten, die 1623 – in dem Jahr, in dem Shakespeares Frau starb – von Shakespeares Schauspiel-Kollegen John Heminges und Henry Condell herausgegeben wurde (s. u.). Ein Manuskript existiert lediglich von *Sir Thomas More*, einem Stück, an dem Shakespeare vermutlich als einer von sechs verschiedenen Autoren mitgeschrieben hat.[163] Zwei weitere Stücke, *Die beiden edlen Vettern* und *Perikles,* die heute auch Shakespeare zugeschrieben werden, entstanden vermutlich, ebenso wie *Heinrich VIII.,* in Zusammenarbeit mit seinem Nachfolger bei den *King's Men,* John Fletcher.[164] Seine 40 bekannten Stücke hat Shakespeare, um einen groben Überblick zu geben, etwa ein Jahrzehnt vor und ein Jahrzehnt nach der Jahrhundertwende geschrieben – genauer gesagt zwischen 1589 (das erste gedruckte Stück ist *Titus Andronicus* von 1594) und 1612 (1613 wurde *Heinrich VIII.* nachweislich aufgeführt). Die Halbzeit in den letzten drei Jahren von Elisabeths Regierungszeit (1600-1603) markiert eine deutliche Zäsur. Vor dieser Zäsur schrieb Shakespeare vor allem Komödien und Historien und agierte selbst als Schauspieler; danach schrieb er Tragödien und später Romanzen, kollaborierte mit anderen Autoren und stand anscheinend nicht mehr auf der Bühne. In der Halbzeit schrieb er Tragikomödien bzw. „Problemstücke“ sowie den *Hamlet.*

Die auffällige Wende zum Tragischen in Shakespeares Werk wird gern biografisch begründet – Shakespeares Sohn starb 1596, sein Vater 1601 – dürfte aber insgesamt komplexere, nämlich künstlerische, politische und gesellschaftliche Hintergründe haben. Zum einen war Shakespeares Technik ausgereift; zum anderen hatten der Essex-Aufstand und die Thronfolge-Debatte für allgemeinen Pessimismus gesorgt. Nach dem Scheitern des Essex-Aufstandes 1601 schrieb Shakespeare keine Komödien mehr: „was danach folgt, sind Tragödien und Problemstücke, in denen Skepsis, Pessimismus, Weltschmerz und Weltverachtung dominieren.“[165] Dies entsprach allerdings auch einem Geschmackswandel beim elisabethanischen Publikum. Im ersten Jahrzehnt des neuen Jahrhunderts wurde das nunmehr jakobäische Theater insgesamt komplexer, düsterer, blutiger und sensationslüsterner. In Thomas Middleton’s *The Revenger’s Tragedy* (1607) beispielsweise bringt der Held seinen Gegner um, indem er ihn den vergifteten Schädel seiner ermordeten Geliebten küssen lässt. Neben den menschlichen Schwächen – den von Jonson und anderen satirisch dargestellten, auf der Viersäftelehre beruhenden *humours* – steht nun die allgegenwärtige Korruption im Mittelpunkt vieler Stücke. So attackierte John Websters *The White Devil* (1609), das etliche Anleihen aus *Hamlet* enthält, anhand eines historischen Fallbeispiels aus Italien die politische und moralische Korruption am jakobäischen Hof. Zugleich hatten Autoren wie Francis Beaumont oder John Fletcher, mit dem Shakespeare in seinen letzten Stücken zusammenarbeitete, das Konzept der Tragikomödie weiterentwikkelt, und am Hof wurde die dramatische Form des Maskenspiels populär – ein Vorläufer der heutigen Oper, als dessen hervorragender Autor Ben Jonson galt. Beide Formen beeinflussten Shakespeares Spätwerk.

Komödie, Historie, Tragödie, Romanze

Anders als im heutigen Sprachgebrauch bezeichnete das Genre ***Komödie*** bei den Elisabethanern nicht unbedingt „witzige“ Stükke, sondern solche, die nach Konflikten und Komplikationen mit einem Happy End und einer oder mehreren Hochzeit(en) schließen, wobei die verschiedenen Handlungsstränge zusammengeführt werden. Allerdings ist der Sprachwitz in den Komödien ausgeprägter als in den übrigen Stücken. Die Konflikte beruhen auf unterschiedlichen Wertvorstellungen bzw. auf dem Gegensatz zwischen „Kopf" und „Bauch"; die Hauptfiguren sind junge Liebende, die getrennt werden und/oder gegen den Widerstand ihrer Eltern zusammenkommen, wobei die Figur des schlauen Dieners eine Schlüsselrolle spielt. In sechs Komödien Shakespeares geht es zudem um Verstellung bzw. Verkleidung, was anhand des Hosenrollen-Konzepts durchgespielt wird. Insgesamt verändern sich die Komödien im Lauf der Jahre: anfangs einfach und unbeschwert, werden sie zunehmend problematischer und tiefgründiger.

Zu Shakespeares ***Historien*** gehören die beiden Rosenkriegs-Zyklen, die das Leben englischer Könige beschreiben, mit den Stücken *König Johann* und *Heinrich VIII.* als Prolog bzw. Epilog. Als Vorlage benutzte Shakespeare vor allem Raphael Holinshed's *Chroniken der Englischen Geschichte*, wobei er frei verfuhr und die historische Handlung zugunsten einer dramatischen Gestaltung des Stoffes änderte. Immer wiederkehrende Themen in den Historien sind die Gefahr des Bürgerkrieges und der Untergang mittelalterlich-feudaler Werte angesichts machiavellistischer Intrigen. Zudem werden die Rolle, die Rechte und die Pflichten des (absoluten) Königs von Gottes Gnaden hinterfragt. Insgesamt weisen die Historien viele thematische Überschneidungen mit den Tragödien auf.

Nach den frühen ***Tragödien*** *Titus Andronicus* und *Romeo und Julia* sowie dem ersten Römerdrama *Julius Cäsar* folgte Anfang des 17. Jahrhunderts die große „tragische Periode" Shakespeares: In dem kurzen Zeitraum zwischen 1601 und 1606 entstanden *Hamlet, Othello, König Lear* und *Macbeth,* kurz darauf *Antonius und Kleopatra* und *Coriolan.* Die unglücklichen Helden dieser Stücke sind dem aristotelischen Prinzip der Tragödie verpflichtet, das den Sturz des Protagonisten aufgrund eines Charaktermangels bzw. vergeblicher Versuche vorsieht, dem ihm bestimmten Schicksal zu entgehen. Zugleich sondiert Shakespeare aber auch die Geheimnisse und Abgründe ihrer individuellen Seele. Ein Sonderfall sind die mitunter als „Liebestragödien" bezeichneten Stücke *Romeo und Julia, Antonius und Kleopatra* und *Othello,* in denen der Tod der unglücklichen Liebenden zugleich Erlösung und Entkommen aus einer Welt der Missverständnisse, Ränke und Intrigen ist.

Dann gibt es noch die Gruppe der so genannten „Problemstücke" – *Troilus und Cressida, Maß für Maß* und *Ende gut, alles gut* –, zwischen 1602 und 1605 entstandene Tragikomödien, in denen tief verwurzelte individuelle und/oder gesellschaftliche Perversionen ein typisches Komödienende unmöglich machen, sowie das komplexe, vieldeutige und wieder leise optimistische Spätwerk.[166] Shakespeares späte Stücke werden üblicherweise als ***Romanzen*** bezeichnet,[167] da sie Ähnlichkeiten mit der entsprechenden mittelalterlichen Literatur aufweisen. Dazu gehören Protagonisten, die getrennt und am Ende auf wunderbare Weise wieder vereint werden; fantastische bzw. zauberhafte Handlungselemente; die Verwendung des *deus ex machina*-Konzeptes, z.B. in Form eines intervenierenden Gottes; Elemente der Hirtenidylle und eine lyrische Sprache. Andererseits haben diese Stücke eine ganz eigene, rätselhafte und versöhnliche Atmosphäre, die oft mit Shakespeares „Altersweisheit" erklärt wird. In diese Gruppe gehören *Perikles, Cymbelin, Ein Wintermärchen, Der Sturm* sowie *Die beiden edlen Vettern.* In der *First Folio* erscheinen die Romanzen (bis auf *Cymbelin)* als Komödien.

Chronologie und Publikation der Stücke

Bereits Shakespeares erster Biograf Nicholas Rowe wünschte sich, er hätte herausfinden können, welches Stück Shakespeare denn als erstes geschrieben habe.[168] Die exakte Reihenfolge, in der Shakespeares Dramen entstanden, kennt man bis heute nicht; auch genaue Publikationsdaten fehlen oft. Dennoch kann man aus zeitgenössischen Aufzeichnungen, stilistischen Elementen und Anspielungen in den Stücken auf die ungefähre Chronologie schließen. Quellen und Hinweise, auf denen die Datierung der Stücke beruht, gibt es folgende:

- Die Publikationsdaten im *Stationer's register,* dem Register der Buchdruckergilde.
- Schriftliche Erwähnungen von Aufführungen, z.B. des erwähnten *Office of Revels,* und Tagebuchaufzeichnungen bzw. Skizzen von Zeitgenossen wie Francis Meres.
- Das Versmaß bzw. die Anzahl an Reimen – viele in den frühen Stücken; keine in den späten. So gibt es z. B. in *Verlorene Liebesmüh* doppelt so viele gereimte Zeilen wie ungereimte; im *Hamlet* kommen auf eine gereimte Zeile 30 ungereimte; und im

Wintermärchen gibt es gar keine Reime mehr.[169]

- Anspielungen auf frühere Stücke – zum Beispiel bezieht sich das „*capital calf*“ im dritten Akt von *Hamlet* auf *Julius Caesar.*
- Anspielungen auf zeitgeschichtliche Ereignisse – diese sind, wie Joyce sagt, „Wasser auf seiner Mühle“. So entstand *Der Sturm* 1611 nach dem Schiffbruch der „*Sea Venture*“ vor den Bermudas, wobei die „kannibalischen“ Ureinwohner Pate für „Caliban“ standen. Entsprechend beeinflusste die Lopez-Affäre *Der Kaufmann von Venedig*; die Armada *Verlorene Liebesmüh*; Essex *Hamlet;* die Pulverfassverschwörung *Macbeth*...

Zu den frühesten, vor 1596 geschriebenen Stücken gehören sicherlich *Die Komödie der Irrungen,* die Komödien *Liebes Leid und Lust* und *Der Widerspenstigen Zähmung,* die Rachetragödie *Titus Andronicus* sowie die Historien der *York-Tetralogie* mit *Richard III.*. In den späten 1590er-Jahren entstanden die Komödien *Ein Sommernachtstraum* und *Wie es Euch gefällt,* die *Lancaster-Tetralogie* sowie *Romeo und Julia* und *Julius Caesar. Hamlet* markiert die Zäsur um die Jahrhundertwende, während die großen Tragödien ebenso wie die Problemstücke aus der Zeit um bzw. nach Elisabeths Tod stammen.

Man hat lange vermutet, dass Shakespeare seine Theaterstükke nicht selbst veröffentlichen ließ, da dies in einer Zeit ohne Autoren-Copyright nicht in seinem Interesse gelegen habe. Die Theatertruppen verdienten vor allem mit aufgeführten Stücken Geld, nicht aber mit den Manuskripten, die – ähnlich wie heutige Drehbücher – sorgsam unter Verschluss gehalten wurden. Das Recht, ein Manuskript drucken zu lassen (nachdem es die Zensur passiert hatte), lag nämlich nicht beim Autor, sondern ausschließlich beim Herausgeber (oft ein Buchhändler), der dafür eine Gebühr von sechs Pence bei der Gilde der Buchdrucker und -herausgeber zu zahlen hatte. Ein Eintrag im Register der Gilde sicherte ihm dann das exklusive Copyright – egal, wie er an das Manuskript gekommen war.

Die Herausgeber der Zeit versuchten nun, so die These, mit allen zur Verfügung stehenden Mitteln an die Stücke zu kommen und diese zu drucken. Das war jedoch kein einfaches Unterfangen, da einzelne Schauspieler jeweils nur ihre eigene „Rolle“ in die Hand bekamen – ein aufgerolltes Stück Papier mit ihrem Text und Stichworten. Insofern verließen sich die Herausgeber oft auf das Gedächtnis der Zuhörer oder Schauspieler und bastelten den Text mehr oder weniger korrekt zusammen.

Neuere Forschungen legen allerdings nahe, dass die *Playes* als Lektüre bei weitem nicht so beliebt waren wie historische oder religiöserbauliche Stoffe, und daher wohl nur ein kleines Marktsegment im Hinterhof von St. Pauls darstellten, wo die Bücher feilgeboten wurden. Daher ist es möglich, dass Shakespeares Schauspieltruppe systematisch versucht haben könnte, seine Stücke drucken zu lassen – was sich für den Herausgeber nur dann lohnte, wenn ein Stück so populär war, dass es mehrere Auflagen erlebte.

Fand sich ein Herausgeber für das Manuskript eines Stückes bzw. gelangte ein solcher in den Besitz eines populären Manuskriptes, so wurde es in Form eines billigen, mitunter „korrupten", d. h. unkorrigierten bzw. fehlerhaften „Quartos" publiziert – das elisabethanische Taschenbuch sozusagen, im handlichen Format von ca. 20 x 30 cm. Ein Quarto bestand aus Papierbögen, die doppelt gefaltet acht Druckseiten ergaben und infolgedessen ein Viertel (= Quarto) so groß waren, wie der ursprüngliche Bogen. Verkauft wurden sie zu einem Stückpreis von sechs Pence (ca. 7,50 Euro) – das entsprach dem Preis für eine Tüte Nüsse, zwei Prisen Tabak oder dem Zwölftel eines Handwerker-Wochenlohnes. 21 Stücke Shakespeares existieren in teilweise sehr unterschiedlichen Versionen als „gute" oder „schlechte" Quartos – das erste stammt aus dem Jahr 1594.[170]

18 weitere Stücke sind dagegen lediglich in der *First Folio*-Ausgabe von 1623 erhalten. Es ist ein Zeichen von Shakespeares Ruhm bei den Zeitgenossen, dass seine ehemaligen Kollegen 1623 seine Stücke sammelten und diese teure, großformatige Werkausgabe drucken ließen, um – so ihr Vorwort – „die Erinnerung an einen so ehrenwerten Freund und Gefährten wie unseren Shakespeare lebendig zu erhalten."[171] Das Folio-Format kostete zwanzig Schilling oder ein Pfund (ca. 300 Euro!) und war dasjenige, das auch für ernsthafte literarische Werke wie Historien oder die Bibel Verwendung fand. 1616 hatte Shakespeares Rivale und Freund Ben Jonson erstmals seine eigenen Theaterstücke als „Werke" bezeichnet und veröffentlicht; nun folgten – mit dem berühmten Vorwort „an den Leser" aus Jonsons Feder – *Mr William Shakespeare's Comedies, Histories and Tragedies*. Aus diesem Titel ist auch das Ordnungskriterium ersichtlich, nach dem man die Stücke tradi-

tionell einteilt: nicht die Chronologie, sondern das Genre. Ursprünglich wurden um die 750 Exemplare der *First Folio*-Ausgabe gedruckt; erhalten sind etwa ein Drittel, viele davon unvollständig. Vollständige Exemplare gibt es noch 40 Stück; eines davon wurde 2006 für knapp 4 Millionen Euro bei Sotheby's spektakulär versteigert. Da sieht man, welche Rendite Investitionen in Kultur haben können – langfristig gedacht.

4.12 Die späten Jahre: Rückzug aufs Land

Trotz seines Erfolgs in London hat Shakespeare sich nie ganz von Stratford gelöst. Er besuchte seine Heimatstadt regelmäßig, kaufte 1597 das luxuriöse *New Place*, investierte in Ländereien und Geldanlagen[172] und pflegte lang andauernde Freundschaften. Richard Field, der Drucker, der seine frühen Gedichte veröffentlichte und dessen Druckerei in London vielleicht von Shakespeare als eine Art Bibliothek genutzt wurde,[173] war ein Altersgenosse aus Stratford. Ebenfalls aus Stratford stammte Shakespeares Freund Richard Quiney, ein Tuchhändler, dessen Vater eine ähnliche Karriere wie Shakespeares Vater hingelegt hatte und dessen Sohn später Shakespeares Tochter Judith heiratete (ihren ersten Sohn tauften die beiden „Shaksper"). Von Quiney gibt es einen berühmten Brief aus dem Jahr 1598, adressiert an „meinen geliebten guten Freund und Landsmann, Master William Shakespeare", in dem Quiney ihn um ein Darlehen von £30 (immerhin ca. 9000 Euro!) bittet.

Ein weiterer Freund Shakespeares, der auch enge Verbindungen in die Londoner Literatenszene hatte, war Thomas Greene, ein geschäftstüchtiger Jurist, der etliche öffentliche Ämter in Stratford innehatte und einige Zeit Shakespeares Haus in Stratford bewohnte. Er nannte seine Kinder nach Shakespeare und seiner Frau „William" und „Anne" und erwähnte seinen „Cousin" Shakespeare in seinen Tagebüchern.[174] All diese Freunde Shakespeares gehörten zur ländlichen Oberschicht und hatten Verbindungen zum königlichen Hof.

Vermutlich um 1610, spätestens aber 1613 zog Shakespeare sich endgültig nach Stratford zurück. Im Februar 1613 war sein Bruder Richard gestorben; Shakespeare selbst war 49 Jahre alt und vermutlich schon länger krank.[175] Zuvor hatte er gemeinsam mit John Fletcher, seinem Nachfolger bei den *King's Men,* seine letzten Stücke vollendet: *Heinrich VIII., Die beiden edlen Vettern* und das verloren gegangene Stück *Cardenio.* Außerdem kaufte Shakespeare 1613 für £140 (ca. 42.000 Euro – mehr als doppelt so viel, wie er für das repräsentative *New Place* bezahlt hatte) das östliche Torhaus des ehemaligen *Blackfriar's*-Klostergeländes in London – ein verwinkeltes Gebäude, das seit Jahren der katholischen Untergrundszene als Schlupfwinkel gedient hatte, und das Shakespeare vielleicht erwarb, damit es diesem Zweck weiterhin dienen konnte.[176] Pächter des Torhauses war lange Zeit ein Rekusant namens John Fortescue gewesen, der sich nach der Pulververschwörung samt Familie nach St. Omer abgesetzt hatte und im dortigen *Collegium Anglicum* Unterschlupf fand; in Shakespeares Testament wird ein gewisser John Robinson erwähnt, der vermutlich ebenfalls Katholik und vielleicht sogar Priester war. 1623 brach während einer heimlichen Messe die Decke des gegenüberliegenden, nördlichen *Blackfriar's*-Torhauses ein, das als Seelsorgezentrum gedient hatte – der Unfall wurde als *Fatal Vespers* bekannt und kostete 99 Menschen das Leben. All dies deutet darauf hin, dass Shakespeare bis ans Ende seines Lebens in der katholischen Szene aktiv gewesen sein könnte. Vielleicht ist er sogar noch einmal nach Rom gereist – jedenfalls findet sich im dortigen Pilgerbuch des Jahres 1613 ein Eintrag *Ricardus Stratfordus*, „Richard aus Stratford". Hat Shakespeare vielleicht den Namen seines verstorbenen Bruders oder seines Großvaters als Pseudonym benutzt?[177] Sicher weiß man nur, dass Shakespeare seine letzten Jahre in Stratford als reicher, angesehener Bürger verlebte, der sich – in der Tradition des Rückzugs auf eine „Insel der Gelehrsamkeit" – der Verschönerung seines Landsitzes widmete.[178] So ließ er im Garten eine oktagonale Sonnenuhr errichten und soll eigenhändig einen Maulbeerbaum gepflanzt haben, der bis heute eine wichtige Rolle in der Stratforder Tourismusindustrie spielt.[179] 1615 oder 1616 verfasste Shakespeare sein Testament, das er im März 1616 noch einmal änderte, und zwar zuungunsten seiner Tochter Judith, deren Ehemann Thomas Quiney (ein Weinhändler und Kneipier), offensichtlich ein windiger Hund war. Thomas und Judith hatten am 10. Februar 1616 geheiratet; im darauf folgenden Monat wurde Thomas wegen eines Formfehlers bei der Hochzeit exkommuniziert. Zudem stellte sich heraus, dass er bereits eine andere Frau geschwängert hatte, die im selben Monat im Kindbett starb. Vermutlich aus diesem Grund schloss Shakespeare Thomas Quiney vom Erbe aus. Die Armen von Stratford wurden dagegen ebenso bedacht wie Shakespeares Freunde und Kollegen (u.a. mit Geld, um sich die in der Zeit üblichen Erinnerungsringe zu kaufen). Haupterbin war Shakespeares Tochter Susannah, die mit dem Mediziner John Hall verheiratet war, bzw. ihre noch zu zeugenden männlichen Nachkommen. Die aber sollte es nicht geben: Shakespeares Enkelin Elisabeth war seine letzte (legitime) Nachfahrin.

Shakespeares Testament mit seiner dreifachen, eigenhändig-zittrigen Unterschrift existiert heute noch.[180] Er starb am 16. des folgenden Monats April, vielleicht dem Tag seiner Geburt. Einer Anekdote zufolge, die John Ward, der Geistliche der Stratforder Dreifaltigkeitskirche fünfzig Jahre später zum Besten gab, hatte Shakespeare in einer fröhlichen Runde mit Drayton und Ben Jonson gefeiert und zu viel getrunken, worauf er ein Fieber entwikkelte, das ihn dahinraffte. Auch eine Typhus-Epidemie, die 1616 wütete, ist nicht auszuschließen. Hildegard Hammerschmidt-Hummel hält dagegen, Shakespeare habe am Mikulicz-Syndrom, vielleicht verursacht durch Lymphdrüsenkrebs, sowie an der Hautkrankheit Sarkoidose gelitten – langwierige Erkrankungen, die mit bakteriellen Infektionen wie Syphilis oder Tuberkulose einhergehen können. Die typischen Symptome, beispielsweise eine Schwellung im inneren linken Augenwinkel, seien bei den bekannten Shakespeare-Bildnissen sowie der Davenant-Büste und der Darmstädter Totenmaske deutlich zu erkennen, die die Forscherin von Experten analysieren ließ.[181]

Die zuverlässigsten Bildnisse von Shakespeare sind das Chandos-Porträt, das ursprünglich dem Schauspieler Richard Burbage gehörte, und das umstrittene Flower-Porträt, das eine frappierende Ähnlichkeit mit dem Droeshout-Stich zeigt. Dieser zierte die *First Folio*-Ausgabe und war Aussagen von Zeitgenossen zufolge „sehr ähnlich“. Ein weiteres, gesetzt-bürgerliches Abbild befindet sich bei dem Grabmal im Chor der Stratforder *Holy Trinity Church,* wo Shakespeare am 25. April 1616 begraben wurde. Auf der Steinplatte über dem Grab wurde folgende Inschrift in kapitalen Lettern eingraviert – Shakespeares letzter Wille, wenn nicht gar seine letzten Worte:

Good Frend for Jesus sake forbeare, to digg the dust enclosed heare. Bleste be ye Man yt Spares thes stones, and curst be he yt moves my bones.

Guter Freund, im Namen Jesu grabe nicht den hier eingeschlossenen Staub aus. Gesegnet sei derjenige, der diese Steine achtet, und verflucht der, der meine Gebeine bewegt.

Dieser unfromme Wunsch ist bislang respektiert worden – Shakespeares Frau Anne, die 1623 im Jahr der Publikation der *First Folio* starb, wurde ebenso wie seine Tochter Susannah neben ihm begraben, und seine letzte Ruhestätte blieb bis heute unangetastet. Kurz nach seinem Tod wurde das Grab allerdings mit der realistisch gestalteten Büste verschönert, die vermutlich um 1616/17 nach der heute in Darmstadt befindlichen Totenmaske gefertigt wurde. Sie zeigt Shakespeare in Schreibpose, so, wie er sich wohl zu sehen wünschte: Als wohlhabenden, gesetzten, selbstzufriedenen und gebildeten *Gentleman*. Unter der Büste befinden sich ein lateinische und eine englische Inschrift.[182] Erstere vergleicht Shakespeare mit dem weisen Nestor, Sokrates und Virgil; letztere lautet übersetzt:

Verweile, Besucher, was gehst du so schnell vorbei? Lies, wenn du kannst, wen der neidische Tod hier in diesem Monument eingeschlossen hat: Shakespeare, mit dem die lebendige Natur starb; dessen Name dieses Grab weit mehr als Kostbarkeiten bedeckt, da alles, das er schrieb, die lebende Kunst zum Pagen degradierte, seinem Geist zu dienen.

5 Nachleben

He was not of an age, but for all time
(Ben Jonson, *Preface to the First Folio)*

5.1 Shakespeare und Deutschland

1988 hielt der New Yorker Germanistik-Professor Ken Larson einen Vortrag mit dem für die anwesenden Amerikaner erstaunlichen Titel: *Did Shakespeare really write in German?* („Hat Shakespeare wirklich auf deutsch geschrieben?“) Hintergrund ist die Tatsache, dass Shakespeare bzw. die traditionelle Schlegel-Tieck-Übersetzung[183] im späten 18. bzw. 19. Jahrhundert zum „Deutschen Klassiker“ neben Goethe, Lessing und Schiller avancierte. Aber nicht nur die deutschen Romantiker, auch das deutsche Bildungsbürgertum und die Weltkriegsnationalisten „adoptierten“ den Barden und machten sich sein Werk zueigen. Noch 1915 rechtfertigte Gerhard Hauptmann die „Shakespeare ist einer von uns“-Ideologie damit, dass Shakespeares Figuren „Teil unserer Welt“ und seine „Seele Teil der deutschen Seele“ seien.[184] Bereits 1864 wurde die deutsche Shakespeare-Gesellschaft gegründet, die älteste noch bestehende Organisation dieser Art, die bis heute ein bedeutendes Organ der weltweiten Shakespeare-Forschung ist.

Die besondere Affinität der Deutschen zu Shakespeare hat historische Gründe. Vor Voltaires Englandreisen und seinen *Lettres philosophiques,* in denen er sich 1734 halb erstaunt, halb abfällig über den „phantasievollen Wilden“ Shakespeare äußerte, der „nur in London und Kanada gefallen könne“,[185] war Shakespeare außerhalb Englands weitgehend unbekannt. Seine Entdeckung in den folgenden Jahrzehnten fiel zusammen mit der Wiederentdeckung der deutschen Sprache und Literatur und der Kulturblüte des Sturm und Drang, der sich im Gegensatz zur regelorientierten, klassizistischen französischen Ästhetik entwickelte. Für Goethe war die Begegnung mit Shakespeare der Auslöser, sich von den Fesseln der Regelpoetik und den klassizistischen Einheiten von Ort, Zeit und Handlung zu befreien. In diesem Kontext wurde Shakespeare als Inbegriff des Genies idealisiert, das nur seinen eigenen literarischen Ansprüchen zu genügen hat – berühmt ist Goethes Ausspruch „Natur! Natur! nichts so Natur als Shakespeares Menschen".[186] Im 19. Jahrhundert wurde Shakespeare, und besonders die Figur des Hamlet, dann eine Art politischer Metapher für Deutschland. Bereits 1828 ätzte Ludwig Börne in seiner *Hamlet*-Rezension:

> Hamlet ist eine Kolonie von Shakespeares Geiste, die unter einer andern Zone liegt, eine andere Natur hat und von ganz andern Gesetzen regiert wird als das Mutterland [...]. Hamlet hat keinen Weg, keine Richtung, keine Art [...]. Ihn immer handeln und nichts tun, immer sich bewegen und nie fortkommen zu lassen! Ihn immer sich als Kreisel drehen lassen, ohne daß er ausweiche! Das war schwer. Und Shakespeare ist ein Brite! Hätte ein Deutscher den Hamlet gemacht, würde ich mich gar nicht darüber wundern. Ein Deutscher brauchte nur eine schöne, leserliche Hand dazu. Er schreibt sich ab, und Hamlet ist fertig.[187]

Das politisch machtlose Bildungsbürgertum identifizierte sich mit der Figur des gebildeten, zögernden, ohnmächtig tatenlosen Dänenprinzen und betrieb „Shakespeare-Pflege".[188] 1844 entstand das berühmte Gedicht *Hamlet* von Ferdinand Freiligrath, in dem es heißt „Deutschland ist Hamlet" – ein Land der Dichter und Denker, der Komponisten und Philosophen, das auf der internationalen Bühne keine gewichtige Rolle spielte. Denn, so Freiligrath:

> [...] er hat zuviel gehockt; / Er lag und las zuviel im Bett. / Er wurde, weil das Blut ihm stockt', / Zu kurz von Atem und zu fett.

5.2 Heutige Ausgaben

Dieses Zitat illustriert das grundsätzliche Problem aller Shakespeare-Übersetzungen, nämlich die historische Differenz des frühneuzeitlichen zum heutigen Englisch, die vor der eigentlichen Übertragung ins Deutsche eine Klärung der Begriffsbedeutungen zwingend notwendig macht. So spielt Freiligrath in seinem Gedicht auf den traditionell „fetten" Hamlet an, der in der finalen Duellszene außer Atem gerät. Der beruht jedoch auf einer schlichten Fehlübersetzung des historischen Wortes *fat:* Schlegels „in Schweiß" kam der Sache schon näher. Einer ähnlichen Fehlübersetzung folgt die traditionelle Inszenierung der berühmten

„Schlafzimmerszene", in der Hamlet ins *closet* seiner Mutter zitiert wird und sich, meist im Bett, eine inzestuöse Rangelei mit ihr liefert. *Closet* heißt aber nichts anderes als „Kabinett", d.h. privates Arbeitszimmer – ein Bett gab es darin eher nicht.[189]

Ein weiteres Problem für die Übersetzer Shakespeares ist die historische Vieldeutigkeit von Schreibung und Quellen. In Ermangelung autorisierter Texte muss man mit vorhanden Versionen der einzelnen Stücke vorlieb nehmen – dummerweise unterscheiden diese sich aber ganz erheblich. Um beim Beispiel *Hamlet* zu bleiben: Versionen dieses Stücks existieren in Form zweier Quartos und der *First Folio.* Das erste Quarto Q1, gedruckt 1603 und entdeckt 1823, ist ein so genanntes „schlechtes" Quarto, das vermutlich auf der Erinnerung oder der steno-artigen Mitschrift eines Nebendarstellers (Marcellus?) basiert. Die erste Szene ist vollständig, der Rest reichlich schräge. Der berühmte Monolog *To be or not to be* etwa liest sich im Q1 folgendermaßen (vgl. die *First Folio*-Version unter Punkt 5.4):

To be or not to be, ay there's the point; / To die, to sleep, is that all? Ay all. / No, to sleep, to dream; ay marry, there it goes. / For in that dream of death, when we awake / And borne before an everlasting judge, / From whence no passenger ever returned, / The undiscovered country, at whose sight / He happy smile, and the accursed damned [...].

Andererseits findet sich nur in diesem korrupten Quarto die (historisch korrekte) Formulierung *„Thus diest thou!" („so stirbst du!")* in IV.7 – der Szene, in der König Claudius und Laertes Hamlets Tod planen. Die *First Folio*-Version von *Hamlet,* die vermutlich auf einem Bühnenmanuskript basiert, hat an dieser Stelle den sinnentstellenden Druckfehler *„Thus didest thou!" („so hast du getan").* Das zweite Quarto Q2 wiederum, gedruckt 1604 und doppelt so lang wie Q1, ist eine erweiterte und korrigierte Version von Q1 und enthält 200 Zeilen, die sich weder in Q1 noch in der *First Folio* finden. Die *First Folio* schließlich enthält Bühnenanweisungen sowie 90 Zeilen, die sich nicht in Q2 finden – ein Puzzle für Herausgeber.

Die Unterschiede im Text der Dramen beruhen aber nicht nur auf der unterschiedlichen Qualität der „guten" oder „schlechten" Quartos, sondern auch auf der Tatsache, dass die elisabethanischen Drucker (wie die Elisabethaner überhaupt) keine Vorstellung einer heutigen „Rechtschreibung" hatten. Um den Blocksatz zu füllen, variierten die Drucker regelmäßig Aussprache und Schreibung einzelner Wörter; so findet man beispielsweise die Varianten *then-thenne, wit-witte* oder *only-ondelyche.* (Erst nachdem 1755 Johnsons *Dictionary of the English Language* herauskam stabilisierte sich die Schreibung.) Schließlich nahmen die Drucker in der Regel während des Druckes eine Revision des Textes vor, ohne bereits fehlerhaft gedruckte Seiten auszusortieren. Dementsprechend existieren selbst von einzelnen Ausgaben unterschiedliche Fassungen.

Vor diesem Hintergrund ist die Geschichte der Shakespeare-Ausgaben komplex, und gleiches gilt für die Geschichte der unzähligen Shakespeare-Übersetzungen, die zudem ihrerseits im historischen Kontext gesehen werden müssen. Es gibt historisch bedeutende Übertragungen wie das „literarische Abenteuer" von Christoph Martin Wieland, die Übersetzungen von Johann J. Eschenburg oder J. H. Voss und Söhnen; es gibt Nacherzählungen für Kinder wie die *Shakespeare-Märchen* von Franz Fühmann sowie moderne Fassungen einzelner Stücke, wie das in der *ZEIT* hoch gelobte *Wintermärchen* von Peter Handke oder die *Shakespeare-Übersetzungen* von Thomas Brasch. Für den heutigen Leser interessant sind vor allem die folgenden Übersetzungsreihen:[190]

- Der „klassische" deutsche Shakespeare von „Schlegel/Tieck": ein zwischen 1796 und 1839/40 entstandenes Sprachkunstwerk der Romantik, das alle Bände umfasst: berühmt, aber geglättet und entschärft sowie teils unkorrekt.
- Die korrekten, seit 1962 für die Theaterpraxis geschriebenen Prosaübersetzungen von Erich Fried – 27 Stücke in drei Bänden, erschienen 1989.
- Die seit 1973 erscheinende zweisprachige Ausgabe der Reclam Universal Bibliothek – bislang sind 24 Bände von verschiedenen Autoren erschienen.
- Die ebenfalls theatertauglichen, Shakespeares Sprachlust und -vielfalt verpflichteten Versübersetzungen von Frank Günther, für die er mehrere Übersetzerpreise erhielt – laut *Spiegel* eine „kulturelle Großtat" und laut Verleger „ein ganz besonders originalgetreuer, authentischer, kongenialer Shakespeare", dessen Anliegen es sei, „so viel wie nur irgend möglich ins Hier und

Jetzt herüberzuretten von der unglaublichen Buntheit des sprachlustigen, sprachfanatischen Originals, die unserem traditionellen Shakespeare-Verständnis fremd ist".[191] Günther arbeitet seit den 70er Jahren an seiner Gesamtübersetzung der Shakespeareschen Stücke. Bislang sind 36 Dramen in zweisprachiger Ausgabe erschienen, 2016 sollen als letztes Stück Pericles sowie die Sonette und Dichtungen folgen.[192] Damit hätte er als erster Übersetzer Shakespeares Gesamtwerk komplett ins Deutsche übertragen.

- Die seit 1976 unter dem Patronat der Deutschen Shakespeare-Gesellschaft erscheinende, wissenschaftlich orientierte *Englisch-deutsche Studienausgabe der Dramen Shakespeares* – derzeit liegen 25 gründlich kommentierte, zweisprachige Bände vor. Sie versteht sich nicht als Konkurrenz zu literarischen Übersetzungen, sondern „als ein Instrument zum detailgenauen Textstudium", wie Andreas Höfele, der Präsident der Deutschen Shakespeare-Gesellschaft anlässlich der Verleihung des Max-Geilinger-Preises an die Herausgeber feststellte.[193] In dieser Ausgabe, die auf der englischen Penguin-Ausgabe beruht, werden Wortspiele nicht nachempfunden, sondern wörtlich übersetzt und in Fußnoten auf derselben Seite erläutert.

5.3 Shakespeare-Vertonungen und Verfilmungen

Eine andere attraktive Art und Weise, sich dem Gesamtwerk Shakespeares zu nähern, ist das Hörspiel – wie gesagt ging man seinerzeit ja nicht, ein Stück zu sehen, sondern es zu hören. Oder auch mehrere Stücke: Knapp 47 Stunden lang ist *William Shakespeare. Das Hörspiel-Archiv*, eine Zusammenstellung von 27 Hörspielen aus deutschen Rundfunkarchiven von 1949 bis 2001 auf 40 CDs.[194] Nicht alle Stücke wurden bis heute vertont: So fehlen die Komödien *Wie es euch gefällt* und *Der Widerspenstigen Zähmung* ebenso wie etliche Historien, die als reines Hörerlebnis ohne gründliche Kenntnis der englischen Geschichte auch verwirrend wären. Immerhin kann man sich mit dieser Sammlung zehn Tragödien, fünf Königsdramen und zwölf Komödien nähern und gleichzeitig große deutsche Sprecher bzw. Schauspieler Revue passieren lassen: den jungen Klaus Kinski als Romeo, Marianne Hoppe als mörderische Lady Macbeth, Fritz Kortner und Bern-

hard Minetti als König Lear und dessen Narr, Will Quadflieg als Shylock oder „Pumuckl" Hans Clarin als Ariel im *Sturm*.
Neben der Bühne sind Verfilmungen, von denen es laut Guinness-Buch der Rekorde 410 gibt, die beste Möglichkeit, Shakespeares Werk inszeniert zu erleben. Anders als das elisabethanische Theater ist der Film zwar eine eher visuelle Erfahrung – allerdings entspricht dies auch unseren heutigen Seh- bzw. Unterhaltungsgewohnheiten. Viele klassische und neuere Interpretationen der Stücke sind auf DVD erhältlich und kommen, selbst in gekürzter Form, oft werkgetreuer daher als manch moderne Theaterinszenierung. Nicht erst seit den 70er-Jahren, in denen Shakespeare vom zunehmend provozierenden Regietheater demontiert, vereinnahmt, modernisiert und umgeschrieben wurde, nimmt sich die Bühne gegenüber den Stückvorlagen Freiheiten heraus bzw. nutzt Shakespeares Werk als „textuellen und ideologischen Steinbruch"[195] – was mitunter seine Berechtigung haben mag. Im Fall der amüsanten Kabarett-Nummer *Shakespeares gesammelte Werke, leicht gekürzt* ist es sogar höchst unterhaltsam. Als Annäherung an den *Hamlet* aber taugt ein Werk wie beispielsweise Heiner Müllers *Hamletmaschine* (1977) nicht. Gleiches gilt für manch zeitgenössische Shakespeare-Bühnenproduktion, die eine gründliche Kenntnis des jeweiligen Stückes voraussetzt, anstatt sie zu vermitteln. Alternativen, bei denen man Shakespeare „pur" auf der Bühne genießen kann, sind das Shakespeare-Festival im *Globe Neuss* und die *Shakespeare Company* in Bremen – ebenso wie manch gute Laienaufführung.
Hilfestellung bietet auch die Reihe der *BBC-Inszenierungen*, in der seit 1978 alle Stücke auch auf Video bzw. DVD erhältlich sind. Diese Inszenierungen sind teils mehr, teils weniger gelungene Theaterverfilmungen in elisabethanischer Tracht.[196] Sie haben den vor allem im Hinblick auf das komplexe Personal der Historien entscheidenden Vorteil, dass in verschiedenen Stücken jeweils derselbe Schauspieler dieselbe historische Figur verkörpert. Allerdings muss man das Stück im Original gelesen haben, um die englische Diktion zu verstehen. Gleiches gilt für aktuelle Kino- bzw. Videoversionen englischer Theaterstücke, z.B. Michael Bogdanovs Historienzyklus „The Wars of the Roses" von 1987. Eingängiger für Nicht-Muttersprachler sind die bekannten, relativ werkgetreuen Verfilmungen Kenneth Branaghs, die auch synchronisiert

vorliegen, sowie weitere Leinwandadaptionen, die im Anhang bei den jeweiligen Stücken erwähnt sind. Auch die zwölfteilige preisgekrönte internationale Koproduktion *Shakespeare – The Animated Tales* (1992) ist nicht nur für Kinder interessant.
Schließlich gibt es jede Menge Filme, die zwar keine direkten Adaptionen der Stücke sind, die aber dennoch einen guten Einstieg in Shakespeares Welt bieten. Beispiele sind Al Pacinos *Looking for Richard* (die fiktive Dokumentation einer Verfilmung von *Richard III.),* Tom Stoppards *Rosencrantz and Guildenstern are Dead* sowie sein *15-Minute-Hamlet;* Kenneth Branaghs *In the Bleak Midwinter* (ein Schwarz-Weiß-Film über eine englische Provinztruppe, die *Hamlet* aufzuführen versucht, was im Chaos endet), Peter Yates', Paul Mazursky oder Jocelyn Moorhouses *Lear*-Varianten *The Dresser, Harry and Tonto* und *A Thousand Acres,* Bruce Robinsons Komödie *Withnail & I,* Akira Kurosawas Shakespeare-Adaptionen oder Orson Welles jüngst restaurierte Falstaff-Studie *Chimes at Midnight.*

5.4 Hamlet und Harry

In der Einführung dieses Buches war bereits kurz die Rede von der Vielfalt literarischer Anspielungen auf Shakespeare – kaum ein Autor von Rang, der den Barden nicht mehr oder minder offen zitiert, kaum ein Rezensent, der Shakespeare nicht gern als mehr oder weniger adäquate Folie für seine Kritik benutzt. So schrieb beispielsweise die *New York Times* anlässlich des Erscheinens des siebten Bandes der *Harry-Potter*-Reihe, J.K. Rowlings Epos sei eine Erzählung, die „mühelos Bezüge zu Homer, Milton, Shakespeare und Kafka mit albernen Witzen [...] mischt" – ohne allerdings zu erwähnen, dass es Shakespeare war, der genau diese Mischung aus klassischen Bezügen und mehr oder minder albernem Witz perfektioniert hat. Harry selbst sei in diesem letzten Band „offensichtlich mehr Heinrich V. als Prinz Hal" (Prinz Hal, der leichtsinnige Lebemann und Freund Falstaffs in *Heinrich IV.*, erweist sich in *Heinrich V.* als umsichtiger Kriegsheld und Staatsmann). Harry Potters Welt schließlich sei „ein Ort, an dem das Weltlich-Banale und das Wunderbare, das Alltägliche und das Surreale koexistieren" – das könnte auch eine Beschreibung des

Shakespeare-Universums sein. Der Literaturkritiker Michael Maar kommentierte in *Die Welt* vom 28. Februar 2007, „Severus Snape ist praktisch Shakespeare“, und auch Matthias Hofmann bemühte in seiner *FAZ*-Rezension eines Harry-Potter-Films Shakespeare als Vergleichsvorlage, als er von „unserem an allem zweifelnden, von allen verlassenen und missverstandenen Helden“ schrieb, „der erst sich selbst überwinden muss, bis er mit seinen alliierten Freunden die Diktatorin von ihrem Thron stoßen darf. Und dieser Junge, Sie haben es sicher schon erraten, da er ein zweifelnder Waise ist, heißt: Hamlet.“[197]

Wie passend diese vermutlich eher als Allgemeinplatz angelegten Bezüge tatsächlich sind, offenbart ein Vergleich der Titelhelden, die tatsächlich mehr gemeinsam haben als das „H“ im Namen. Harry und Hamlet, diese international erfolgreichen literarischen Figuren, sind nicht nur beide (Halb-)Waisen, die sich in die monomythische Rolle des unfreiwilligen Helden gezwängt sehen. Beiden Texten gemeinsam ist auch:

- die Lokalität: ein verwinkeltes Schloss;
- die grundlegende Sein-Schein-Thematik: Kaum jemand ist das, was er zu sein vorgibt;
- die Todes-Thematik, komplett mit *Ars Moriendi*, dem Verlust eines bzw. beider geliebter Elternteile, Mordanschlägen, denen die Helden knapp entgehen sowie finaler Selbstaufopferung, um den Schurken endlich zu besiegen;
- die Rache-Thematik: Beide müssen den Mörder ihres Vaters umbringen, was durch eine übersinnliche Erscheinung verlangt bzw. prophezeit wird (diese Konstellation war schon bei den alten Griechen beliebt).
- Beide Helden sind zudem von Intrigen umgeben und agieren mit Hilfe eines bzw. einiger enger Freunde. Bei Hamlet sind dies Horatio und die Spieler, bei Harry Potter Hermine und Ron sowie der Orden des Phönix;
- beide haben verräterische bzw. unzuverlässige Freunde;
- beide leiden unter dem Verlust ihrer Eltern sowie unter Alpträumen und werden für verrückt gehalten;
- beide „verstoßen“ eine Geliebte, nachdem diese sie verraten hat bzw. weil es nicht die rechte Zeit für romantische Liebeleien ist. Die Ophelia-Handlung im *Hamlet* vereint diese beiden Motive, die im *Harry Potter*-Zyklus anhand der Figuren Cho und

Ginny entwickelt werden. So ist Harrys Flamme Cho diejenige, die die Verräterin Marietta Edgecombe in Harrys Gesellschaft einführt, Ginny diejenige, die (allerdings vorübergehend) verlassen wird. Zudem ist Harrys Beziehung zu der nah am Wasser gebauten, ständig weinenden Cho genauso eine Katastrophe wie Hamlets Beziehung zu Ophelia, und Harry tötet zwar nicht wie Hamlet den Bruder seiner Geliebten, doch wird in seinem Beisein Chos Freund getötet.

Über diese Parallelen hinaus sind die Harry-Potter-Geschichten im Grunde eine Punkt-für-Punkt-Illustration von Hamlets „Sein-oder-nicht-sein"-Monolog. Zwar beziehen sie sich eher auf die von Shakespeare aufgezählten Übel der Welt als auf Hamlets Schlussfolgerung, dass es am besten wäre, sich umzubringen (wenn man denn nur sicher sein könnte, danach nicht in einem Alptraum aufzuwachen). Doch gibt es in *Die Heiligtümer des Todes* eine entscheidende Szene zwischen Traum und Tod, die zeigt, dass es sich lohnt, sein Leben für die gerechte Sache zu opfern – „Bereitsein, das ist alles", in Hamlets Worten. Und wenn man im Leben die richtigen Entscheidungen trifft, wacht man in Rowlings Welt nicht in einem Alptraum auf, sondern in *King's Cross* – einem deutlich freundlicheren Fegefeuer als demjenigen, von dem der Geist des alten Hamlet spricht und das Jung-Hamlet so fürchtet. Ein kurzer Vergleich:

„To be or not to be, that is the question", beginnt Hamlet, und fährt fort:

Whether 'tis nobler in the mind to suffer / The slings and arrows of outrageous fortune, / Or to take arms against a sea of troubles, / And by opposing, end them. / To die: to sleep; No more; and by a sleep to say we end / The heart-ache and the thousand natural shocks / That flesh is heir to, 'tis a consummation / Devoutly to be wish'd.

Ob's mehr uns adelt wohl im Geist, die Pfeile / Und Schleudern wüsten Schicksals stumm zu dulden, / Oder das Schwert zu ziehn gegen ein Meer der Plagen / Und im Anrennen enden: sterben… – schlafen, / Mehr nicht; und sagen, dass durch einen Schlaf / Wir's Herzweh enden und die tausend Lebenshiebe, / Die unserm Fleisch vererbt sind: 's ist eine Erfüllung / Inbrünstig beizuwünschen.

Sowohl Hamlet als auch Harry müssen im Verlauf der Handlung „tausend Lebenshiebe" erdulden – in beiden Texten geht es um die Handlungsmöglichkeiten angesichts des Bösen in der Welt. Der erlösende Todes-„Schlaf" entstammt dabei dem stoischen Denken und widerspricht eigentlich in beiden Texten der dargestellten Ideologie des Agierens. Im fünften Band kommt allerdings auch Harry zu dem Schluss, der Tod sei besser als der Schmerz der Besessenheit und des Verlustes: „Let him kill us … [...] death is nothing compared to this …"[198]. Große Sorgen darüber, was ihn im Jenseits erwartet, macht Harry sich dabei nicht – ganz anders Hamlet:

To die, to sleep; / To sleep: perchance to dream: ay, there's the rub; / For in that sleep of death what dreams may come / When we have shuffled off this mortal coil, / Must give us pause: there's the respect / That makes calamity of so long life;	Sterben, schlafen, Schlafen, womöglich träumen – ja, da hakt's: / Denn in dem Schlaf des Tods, welch Träume kommen mögen, / Wenn man des Weltgeknäuls sich hat entfesselt, / Das gibt zu denken – das der Gesichtspunkt, / Der's Elend derart langen Lebens macht.

Und dann zählt Hamlet die Übel dieser Welt auf:

For who would bear the whips and scorns of time, The oppressor's wrong, the proud man's contumely / The pangs of despised love, the law's delay / The insolence of office and the spurns, / That patient merit of the unworthy takes / When he himself might his quietus make / With a bare bodkin?	Denn wer ertrüg der Mitwelt Spott und Peitsche, Des Unterdrückers Unrecht, Hohn vom Stolzen / The pangs of despised love, Verschmähter Liebe Qual, Verzug des Rechts, / Die Dreistigkeit der Ämter, und die Tritte, / Die der Verdiente stumm vom Nichtsnutz hinnimmt, / Wenn er sich selbst quittieren könnt in den Ruhstand / Bloß mit 'nem dummen Dolch?

Man denke bei dieser Aufzählung an die Dursleys, an das Mobbing, dem Harry in Hogwarts ausgesetzt ist und die öffentlichen Kampagnen gegen ihn („der Mitwelt Spott und Peitsche"); an Voldemort, natürlich, aber auch an Fudge, Umbridge, Snape, Scrimgeour und die Malfoys („des Unterdrückers Unrecht"); an

Cho, aber auch an Ron und die Patil-Schwestern auf dem Ball („Verschmähter Liebe Qual"); an Fudge, Scrimgeour und überhaupt die Ministeriums-Zauberer („Verzug des Rechts"); an Umbridge und Snape („die Dreistigkeit der Ämter"); und schließlich an die Weasleys, Luna, die Hufflepuffs und Neville („die Tritte, / Die der Verdiente stumm vom Nichtsnutz hinnimmt").

Wie gesagt, denkt Harry – anders als Hamlet – eher nicht kühl über die Vor- und Nachteile des Selbstmords nach, und er macht sich auch kaum Gedanken über das, was ihn im Jenseits erwartet. Andererseits ist er auch kein grübelnder Melancholiker, sondern, wie alle *Gryffindors*, ein aufbrausender Choleriker – Rowling kennt sich in Sachen Humoralpathologie ebenso gut aus wie seinerzeit Shakespeare. Und so ist Harrys Mut, seine Neigung, sein Leben aufs Spiel zu setzen, letztlich die Illustration einer der von Hamlet ins Spiel gebrachten Handlungsalternativen: „das Schwert zu ziehn gegen ein Meer der Plagen und im Anrennen enden."

Die andere Alternative illustriert Dumbledore, der ein Vorbild heiterer Gelassenheit angesichts der Widrigkeiten der Welt bietet und die „Schleudern wüsten Schicksals" stoisch erduldet. Keiner dieser beiden protestantischen Helden allerdings hat Hamlets „Furcht vor etwas nach dem Tod", seine Angst vor dem „unentdeckten Land" und den Schrecken des Fegefeuers, die, wie er selber sagt, handlungsunfähig machen. Statt dessen heißt es am Schluss frei nach einem anderen Shakespeare-Stück, *Ende gut, alles gut* – oder genauer: „Alles war gut". Damit beschwört der Bestseller des beginnenden 21. Jahrhunderts mit seiner protestantischen Jenseits-Vision *King's Cross* ebenso ein der gegenwärtigen Gesellschaft verloren gegangenes Gefühl der Sicherheit, wie es Shakespeares katholisierender *Hamlet* zu Beginn des 17. Jahrhunderts tat. Beide Texte rekurrieren auf religiöse Konzepte, die, wiewohl noch in der Gesellschaft verwurzelt, angezweifelt werden – vielleicht einer der Gründe dafür, warum beide Welterfolge sind.

Ein anderer Grund ist natürlich die Tatsache, dass die Harry-Potter-Bücher ebenso wie die Shakespeareschen Dramen über ein fantastisches Figurenarsenal verfügen und, eben, „aus bekannten Zutaten zubereitete Meisterstücke" sind[199] – womit wir wieder bei der Einleitung dieses Buches angekommen wären. Ob J.K. Rowlings Werk die Jahrhunderte überdauern wird, wird sich zeigen – die Tatsache jedoch, dass Shakespeare bei Harry Potter, wie überall, Pate gestanden hat, zeugt einmal mehr von seinem anhaltendem Ruhm. – *This Booke, / When Brasse and Marble fade, shall make thee looke /Fresh to all Ages* (L. Digges, *First Folio*).

Anhang: Die Theaterstücke

HISTORIEN[200] (1591-1599 bzw. 1613)
2 Henry VI *(2 Heinrich VI.,* 1591*)*, York-Tetralogie, 2; Q1/1594, FF;
3 Henry VI *(3 Heinrich VI.,* 1591), York-Tetralogie, 3; Okt.-Druck/1595, FF;
1 Henry VI (*1 Heinrich VI.,* 1591/92), York-Tetralogie, 1; FF;
V: Chroniken (HALL, HOLINSHED, 1390) und Biografien (Fürstenspiegel *Mirror for Magistrates,* J. FOXES *Actes and Monuments („Book of Martyrs“);* war u. U. eine Gemeinschaftsarbeit **P**: Mord, Intrige, Rebellion und Schlachten – Aufstieg (Haus York) und Fall (Haus Lancaster) zweier konkurrierender Dynastien im Kontext der Rosenkriege des 15. Jhs. In Teil 1 wird Jeanne D'Arc verteufelt, in Teil 2 klopft Volksrebell Jack Cade gute Sprüche, in Teil 3 wird Heinrich abgesetzt. **F**: Jane Howell (BBC 1983); Michael Bogdanov: *The War of the Roses* (1990, ETC): jeweils beide Tetralogien! **I**: 34, 44, 59, 107, 128, 145, 149
Richard III. (1592/93), York-Tetralogie, 4); Q1/1597; **V**: s. o.; **P**: Den York-Zyklus abschließendes, populäres Tyrannenstück um den machiavellistischen Krüppel Richard. **F**: Laurence Olivier: *Richard III* (UK 1955); Richard Loncraine (USA 1995); Al Pacino: *Looking for Richard* (USA 1996); Scott Anderson: *Shakespeare's Richard III* (USA 2008, modernisiert); **I**: 21, 30, 50, 59, *60, 66,* 68, 96, 114, 126, 130, 154, 166
Sir Thomas More (1592/95?), nie gedruckte Gemeinschaftsproduktion; ein Manuskriptfragment zeigt u. U. Shakespeares Handschrift; **I**: 150, Endnote xcviii
Edward III. (1592/95); vermutlich z. T. von Shakespeare; Q1/1596
Richard II. (1595), Lancaster-Tetralogie, 1; Q1/1597; **V**: HOLINSHED, J. FROISSARTS *Chronicle* (1523-5), S. DANIELS *The Civil Wars Between the Two Houses of Lancaster and Yorke* (1595), Anon.: *Woodstock* (1592/3) **P**: Lyrisches Versdrama um die tragische Absetzung des legitimen, aber schwachen König Richards durch Bolingbroke (Heinrich IV.), als Auftakt zu den Historien bzw. 100 Jahre Bürgerkrieg. **F**: Richard Cottrell (BBC 1970); David Giles (BBC 1978); John Farrell (USA, 2001); Michael Bogdanov (1990, ESC); Claus Peymann (BRD 2001, TV); Rupert Goold (*The Hollow Crown,* BBC 2012, BAFTA-nominiert, Zyklus aller Historien); **I**: *46, 58,* 59, 84, 123
King John (*König Johann,* 1596); FF; **V**: HOLINSHED, Anon.: *The Troublesome Reign of King John* (1591) **P**: Innen- und außenpolitische Konflikte während der Regierungszeit Johanns (1199-1215), drama-

turgisch im Hinblick auf die Legitimitäts- und Kompetenzfrage des Herrschers komprimiert. Herausragend die dem *Vice* verwandte Figur des loyalen Bastards. **F**: David Giles: *The Life and Death of King John* (BBC 1984); **I**: *59,* 74, *78f,* 152

1 Henry IV. *(1 Heinrich IV.,* 1596/97), Lancaster-Tetralogie, 2; Q1/1598

2 Henry IV. *(2 Heinrich IV.,* 1597/98), Lancaster-Tetralogie, 3; Q1/1600

V: Chroniken, S. DANIELS *Civil Wars*, Anon.: *The Famous Victories of Henry The Fifth* (vor 1598) **P**: Die „reifen" Historien: Usurpator Heinrich hat Probleme – mit seinem aufsässigen Sohn Prinz Hal, der lieber mit dem dicken, *vice*-artigen Anarchisten Falstaff zecht, als sich als Thronfolger zu gerieren, und mit Hals rebellierendem Rivalen Percy Hotspur. In der Schlacht von Shrewsbury wandelt Prinz Hal sich zu Heinrich V.. **F**: Laurence Olivier (UK 1945); Michael Hayes: *An Age of Kings* (1960; beide Tetralogien in 15 Teilen, mit Sean Connery als Hotspur!); Orson Welles: *Chimes at Midnight* (F/GB/CH 1965); David Giles: (BBC 1979); Michael Bogdanov (1990, ESC); John Caird: *Henry IV* (BBC 1995); **I**: 59, 166

Henry V *(Heinrich V.,* 1598/99), Lancaster-Tetralogie, 4; Q1/1600; **V**: Chroniken, Anon.: *The Famous Victories of Henry V* (vor 1598) **P**: Patriotisches Heldenstück mit berühmter Schlachtenrede: Der ideale König Heinrich siegt bei Agincourt über Frankreich. **F**: Laurence Olivier (UK 1943); David Giles (BBC 1979); Kenneth Branagh (USA 1989); Michael Bogdanov (1990, RSC); Mark Rylance (UK 1997, Globe-Inszenierung); Neal J. Gauger (USA 2003); **I**: 27, 59, *84f, 119, 122,* 144, 166

Henry VIII (Originaltitel: *All is True; Heinrich VIII.;* 1613), mit John Fletcher; FF; **V**: Chroniken, J. FOXES *Book of Martyrs* **P**: Heinrichs frühe Jahre: Pompöses Staatstheater mit großer Rhetorik, entstanden anlässlich der Hochzeit Prinzessin Elisabeths. **F**: Kevin Billington (BBC 1979); **I**: 56, *57f,* 150, 152, 156

Frühe heiter-romantische KOMÖDIEN (1589-1601)

The Two Gentlemen of Verona *(Zwei Heren aus Verona*, 1589/91); FF; **V**: Prosaromanzen, u.a. J. de MONTEMAYORS *Diana Enamorada* (1959) **P**: Nomen est omen: Der treulose Proteus will seinem Freund Valentine die Geliebte ausspannen. Seine Verlobte Julia reist ihm als Page verkleidet hinterher. Berühmte Nebenfigur: Diener Launce und sein Hund. **F**: Hans-Dieter Schwarze (BRD 1963); Don Taylor (BBC 1983); **I**: –

The Taming of the Shrew *(Der Widerspenstigen Zähmung*, 1590/91); FF; **V**: L. ARIOST: *I Suppositi* (1509) bzw. G. GASCOIGNES *Supposes*

(1566) **P**: Petrucchio zähmt seine Zukünftige Katharina; ihre scheinbar sanfte Schwester Bianca wird von romantischen Freiern umworben. Themen: realistisches kontra romantisches Ehekonzept sowie Geschlechterkampf, Täuschung und Selbsttäuschung. **F**: Cole Porter: *Kiss me, Kate* (USA 1950); Franco Zeffirelli (IT/USA 1967); Jonathan Miller (BBC 1980); **I**: 112, 154, 164

The Comedy of Errors (*Die Komödie der Irrungen*, 1594); FF; **V**: PLAUTUS: *Menaechmi* u. *Amphitruo,* J. GOWERS *Confessio Amantis* **P**: Furios-abstruse Verwechslungsfarce im biblisch-„magischen" Ephesus: Zwei Zwillingspaare (Herren und Diener) werden verwechselt und haben Identitätsprobleme. **F**: A. Edward Sutherland: *The Boys from Syracuse* (USA 1940); div. (TV-) Adaptionen, klassisch Philip Casson/Trevor Nunn (1978, RSC); ansonsten James Cellan Jones (BBC 1983); Richard Monette (CAN 1989); **I**: 45, 98, 154

Love's Labour's Lost (*Verlorene Liebesmüh*, 1594/95); Q1/1598; **V**: – **P**: Lyrisch-satirisches Kammerstück voll zeitgenössischer Anspielungen auf höfisch-platonische Akademie-Gelehrtheit: Der König von Navarra zieht sich mit Höflingen aufs Land zurück, um zu studieren – und bekommt prompt Frauenbesuch. **F**: Cedric Messinah (BBC 1975); Elijah Moshinsky (BBC 1985); K. Branagh (UK 2000, als Musical!); **I**: 28, *36*, *106*, 144, 153f

A Midsummer Night's Dream (*Ein Sommernachtstraum*; 1595); Q1/1600; **V**: Klassische Einflüsse (OVID, PLUTARCH, APULEIUS, CHAUCER, SPENSER…) **P**: Romanze und Slapstick, Traum und Realität, Feenzauber und Handwerkerburleske sowie zwei ver(w)irrte Pärchen: Erster Schaffenshöhepunkt mit wegweisender Synthese diverser Motive aus früheren Stücken (Stück im Stück, Sein/Schein, Liebes- und Identitätswirren, Waldmotiv) **F**: u.a. Max Reinhardt (USA 1935); Jirí Trnka (CZECH 1959, großartiges Puppenspiel!); Joan Kemp-Welch (BBC 1964); Peter Hall (GB 1968); James Cellan Jones (BBC 1971); Peter Brook (1972 RSC); Elijah Moshinsky (BBC 1981); Woody Allen: *A Midsummernight's Sex Comedy* (USA 1982); Adrian Noble (1996 RSC); Michael Hoffmann (USA 1999); Tom Gustafson (USA 2008, Same-Sex-Variante); **I**: 20, 40, *42,* 45, 64, *115, 129,* 154

The Merchant of Venice (*Der Kaufmann von Venedig*, 1596/97); Q1/1600; **V**: Ser G. FIORENTINOS *Il Pecorone* (ca. 1378), Fabelsammlung *Gesta Romanorum* (1595) **P**: Recht vs. Gnade, Rache vs. Liebe: Geldverleiher Shylock will dem verhassten Kaufmann Anontio ans verpfändete Pfund Fleisch; Antonis Freund Bassanio wirbt um die reiche Portia; Shylocks Tochter Jessica brennt mit einem Christen durch. **F**: Otto Schenk (BRD 1969); John Sichel (GB 1973, mit

Laurence Olivier); Jack Gold (BBC 1980); Alan Horrox (UK 1996); Trevor Nunn (BBC 2001); Michael Radford (USA/IT/L/UK 2004, mit Al Pacino und Jeremy Irons); **I**: 19, *28, 38f,* 154

The Merry Wives of Windsor *(Die lustigen Weiber von Windsor,* 1597/98); Q1/1602; **V**: Ital. Farcen und Novellen, u.a. Ser G. Fiorentinos *Il Pecorone* (ca. 1378), das Witzebuch *Tarltons Newes out of Purgatorie* (ca. 1590) **P**: Englische Prosa-Farce: Der fette Falstaff wird von 2 Bürgersfrauen gefoppt. **F**: Jack Mannings (USA 1979, Bühnenversion); David Hugh Jones (BBC 1982); div. Adaptionen, u.a. Verdis Oper *Falstaff*; **I**: *97,* 112

Much Ado about Nothing *(Viel Lärm um Nichts,* 1598); Q1/1600; **V**: L. Ariosts *Orlando Furioso* (ca. 1378), E. Spensers, *The Fairie Queene,* II.4, M. Bandellos *Novelle* **P**: Melodramatische Verleumdungsintrige des Bastards Don John gegen Claudios treue Verlobte Hero und sprühende Witzduelle der beiden füreinander geschaffenen Liebesverächter Beatrice und Benedick. **F**: Martin Hellberg (DDR 1964, amüsant); Alan Cooke (UK 1967, Derek Jacobi); Stuart Burge (BBC 1984, finster); Kenneth Branagh (GB 1993, beschwingt); Jan Bosse (D 2007, Bühnenfassung); Joss Whedon (USA 2012, sw-Fassung); **I**: 65, 147

As You Like It *(Wie es Euch gefällt,* 1599/1600); FF; **V**: Th. Lodges Prosaroman *Rosalynde* (1590) **P**: Pastoraler Liebesreigen im Ardenner Wald: Fernab des ränkereichen Hoflebens suchen und finden sich drei Liebes- und zwei zerstrittene Brüderpaare. Kommentiert wird das heiter-versöhnliche, teils romantische, teils realistische Liebesspiel von Clown Touchstone und Melancholiker Jaques. **F**: Paul Czinner (GB 1936); Basil Coleman (BBC 1978); Christine Edzard (UK 1992); Kenneth Branagh (GB 2006, mit Kevin Kline); **I**: *49f,* 64f, 94, 95, *98, 106,* 112, *125,* 127, 154, 164

Twelfth Night *(Was Ihr wollt,* 1601); FF; **V**: It. Novellen und Komödien, B. Riches *Of Apolonius and Silla* (1581) **P**: Subtiles Stück um Sein und Schein, Täuschung und Selbsttäuschung: Die als Page Cesario verkleidete Viola liebt Herzog Orsino; Orsino liebt Olivia; Olivia liebt Viola – und dann gibt es noch Violas verschollenen Zwillingsbruder Sebastian, eine Menge komischer Nebenfiguren und die Lieder des weisen Clowns Feste. **F**: A. Abramov/Yan Frid (UDSSR 1955); John Sichel (GB 1970, mit Alec Guinness); John Gorrie (BBC 1980); Paul Kafno (GB 1988, K. Branaghs Bühnenfassung); Trevor Nunn (GB 1996, mit Ben Kingsley als Feste); Tim Supple (GB 2003, modern); **I**: 20, 34, *45, 46, 77,* 115, 120

Problemstücke/Tragikomödien (1602-1605)

Troilus and Cressida *(Troilus und Cressida,* 1602); Q1/1609 **V**:

Chaucers *Troilus and Crisseyde,* R. Henrysons *Testament of Cresseid,* J. Lydgates *Troy Book,* W. Caxtons *Recuyell of the Historyes of Troye* **P**: Zynische Persiflage vor dem Hintergrund des trojanischen Krieges, die die Korruption bzw. Relativität aller Werte zelebriert und höfische Liebesrhethorik ebenso wie Ehr-, Ruhm- und Wertbegriffe drastisch-derb durch den Kakao zieht. Es agieren der Kuppler Pandarus, der Ränkeschmied Odysseus und das titelgebende Paar. **F**: Jonathan Miller (BBC 1981); Dieter Dorn (BRD 1986, Bühnenaufzeichnung); James Cellan Jones: *Fortunes of War* (GB 1987); **I**: *44f,* 75, 152

Measure for Measure *(Maß für Maß,* 1603/04); FF; **V**: G. Whetstones *Promos and Cassandra* (1578) und *Heptameron of Civil Discourses* (1582), G. Cinthios *Hecatommithi* (VIII.5, 1565) **P**: Babylonisches Justizdrama über (puritanische) Moral, Allmacht und Korruption: Staatsverwalter Angelo soll die Sitten im losen Wien zügeln und will an Claudio, der seine Freundin geschwängert hat, ein Exempel statuieren. Doch dann verliebt Angelo sich in Claudios Schwester, die Novizin Isabella, und macht ihr ein unmoralisches Angebot… **F**: Paul Verhoeven: *Zweierlei Maß* (BRD 1962); Desmond Davies (BBC+ 1979); David Thacker: *Performance* (BBC 1995, modern); John Dove (BBC 2004, Globe-Inszenierung); Bob Komar (UK 2007); **I**: 34, 152

All's Well That Ends Well *(Ende gut, alles gut,* 1604/05); FF **V**: Boccaccios *Decamerone* (III,9) **P**: Die heilkundige Helena liebt den widerspenstigen Bertram, aber der zieht lieber mit Großmaul Parolles in den Krieg, als seiner Frau beizuwohnen. Schließlich zähmt sie ihn mit dem novellistischen „Betttrick“ (indem sie als Geliebte sein Bett teilt) – auch Männer müssen manchmal zu ihrem Glück gezwungen werden. **F**: Elijah Moshinsky (BBC+ 1980); **I**: 48, 102, 152, 170

Romanzen (1607-1611 bzw. 1614)

Pericles, Prince of Tyre *(Perikles,* 1607); Q1/1609; **V**: *Apollonius von Tyrus* (hellen. Roman), J. Gowers *Confessio Amantis* (1390), L. Twines *The Patterne of Painfull Adventures* (1576) **P**: Der Dichter Gower kommentiert als Chorus die episodischen Fährnisse des exilierten, auf dem Mittelmeer umherirrenden Titelhelden, der Frau und Tochter gewinnt, verliert und wieder findet. Themen: Geduld angesichts von Schicksalsschlägen und gute bzw. schlechte Herrschaftsformen. **F**: David Hugh Jones (BBC 1984); **I**: 34, 150, 153

The Winter's Tale *(Das Wintermärchen,* 1609); FF; **V**: R. Greenes *Pandosto, The Triumph of Time* **P**: Eifersuchtsdrama im höfischen Sizilien: Der paranoide König Leontes verliert seine Frau Hermione, seinen besten Freund Polixenes (den König von Böhmen) und seine Tochter Perdita („die Verlorene“), die als Schäferin im pastoralen

Böhmen aufwächst und sich Jahre später in Polixenes Sohn Florizel verliebt. **F**: Frank Dunlop (GB 1966, Bühnenfilm); Jane Howell (BBC 1981, expressionistisch); Gregory Doran (UK 1988, RSC); Robin Lough (GB 1999); **I**: 122, 127, 153, 163

Cymbeline *(Cymbelin,* 1610); FF; **V**: BOCACCIOS *Decamerone* (II,9), Prosaromanze *Frederyke of Jennen* (1560), HOLINSHEDS *Chronicles* (1390), Anon.: *The Rare Triumphs of Love and Fortune* **P**: Im Zentrum der komplexen Handlung steht die unschuldig verfolgte Königstochter Innogen, die gegen den Willen ihre Vaters Cymbelin und ihrer bösen Stiefmutter nicht ihren primitiven Stiefbruder Cloten, sondern den braven Posthumus geheiratet hat. Im römischen Exil prahlt dieser mit ihrer Treue und lässt sich auf eine fatale Wette auf ihre Ehre ein. Derweil zieht Cymbelin gegen Rom in die Schlacht, in der seine verlorenen Söhne eine entscheidende Rolle spielen. **F**: Jan Decorte (B 1981); Elijah Moshinsky (BBC+ 1982, mit Helen Mirren); Michael Almereyda (USA 2014, mit Ethan Hawke); **I**: 48, 122, *123,* 153

The Tempest *(Der Sturm,* 1610/11); FF; **V**: MONTAIGNES *Essaies,* OVIDS *Metamorphosen,* zeitgen. Berichte über den Schiffbruch vor den Bermudas **P**: Der weiße Magier Prospero herrscht über ein insulares Zauberreich, in dem der gestrandete Usurpator von Prosperos Herzogtum, Alonso, zur Einsicht gebracht und der animalische Naturmensch Caliban unterdrückt wird. Am Schluss besiegelt die Vereinigung von Prosperos Tochter und Königssohn Ferdinand die Versöhnung der verfeindeten Parteien. **F**: Fred M. Wilcox: *Forbidden Planet* (USA 1956); George Schaefer (USA 1960); John Carroll: *The Stuff of Dreams* (USA 1979, Doku); John Gorrie (BBC– 1980); Derek Jarman (GB 1980, experimentell); Peter Greenaway: *Prospero's Books* (GB 1991, experimentell); Paul Mazursky (USA 1982, modern); John Hirsch (CAN 1982, Bühnenfassung); William Woodman (USA 1983, klassisch); Julie Taymor (USA 2010, Helen Mirren als Prospera); **I**: *16,* 40, 45, 91, *92,* 100, *109,* 153, 165

The Two Noble Kinsmen *(Die beiden edlen Vettern,* 1613/14; mit John Fletcher); Q1/1634; **V**: CHAUCERS *The Knight's Tale* **P**: Seinerzeit populäres Stück über die Ironie des Schicksals: Zwei Brüder sind die besten Freunde – bis sie in Gefangenschaft geraten und sich in dieselbe Frau verlieben. **F**: – **I**: 150, 153, 156

Frühe TRAGÖDIEN (1591-1595)

Titus Andronicus (1591/92); Q1/1594; **V**: Die volkstümliche *History of Titus Andronicus,* SENECAS *Thyestes und Troades,* OVIDS *Metamorphosen* **P**: Blutrünstige Rachetragödie über den Konflikt zwischen Römern und gotischen „Barbaren“, die Motive der späteren Stücke vorwegnimmt (Fehlentscheidungen des Helden, Schurkenreden, vorgetäuschter Wahnsinn, animalische Instinktfiguren). **F**: Jane Howell (BBC+ 1985,); Christopher Dunne (USA 1999, Trash-Kult); Julie Taymor (USA 1999, mit Anthony Hopkins); Richard Griffin (USA 2000, modern); **I**: 92, 113, 144, 150, 152, 154

Romeo and Juliet *(Romeo und Julia*, 1595); Q1/1597; **V**: Novellen von Masuccio (1474), da Porto (1535), Bandello (1554) sowie W. Painter (1567); A. Brookes Gedicht *The Tragical History of Romeus and Juliet* (1562) **P**: Lyrisches Liebesdrama mit wesentlichen Elementen der elisabethanischen Tragödie: Leidenschaft vs. Vernunft; sozialer Unfrieden und Bedrohung des Staates; schicksalhafter Untergang. **F**: George Cukor (USA 1935); Jerome Robbins: *West Side Story* (USA 1961); Franco Zeffirelli (GB/IT 1968, klassisch); Alvin Rakoff (BBC– 1978, brav, Alan Rickmans erste Rolle!); Armando Acosta (BEL 1990, Prokofjews Musik, Katzenbilder (!), John Hurt liest); Baz Luhrmann (USA 1996, modern); **I**: 20, *23ff*, 28, 45, 48, *93*, *96*, 102, 107, 152, 154, 164

Römerdramen (1599-1608)

Julius Caesar (1599); FF; **V**: Plutarchs *Lebensbeschreibungen*, übersetzt von Thomas North (1579), zeitgen. Bearbeitungen **P**: Zwischen Königsdramen und großen Tragödien entstandenes, perspektivisch vielfältiges Charakterstück: Anhand des Falles des römischen Herrschers wird das Verhältnis von individueller Tugend und politischer Rolle ausgelotet. **F**: Joseph L. Mankiewicz (USA 1953, mit Marlon Brando); Peter Dews: *The Spread of the Eagle* (GB 1963, 3 Römerdramen in 9 Episoden); Stuart Burge (GB 1970, All-stars-Version, u.a. John Gielgud); Herbert Wise (BBC 1979); **I**: 27, 42, 45, 48, 102, *109*, 123, 152, 153, 154

Antony and Cleopatra *(Antonius und Kleopatra*, 1606); FF; **V**: Plutarchs *Leben des Mark Anton*, zeitgen. Stücke **P**: Politische Unvernunft und leidenschaftliches Pathos bis zum Liebestod: Feldherr Antonius ist hin- und hergerissen zwischen staatsmännischer Verantwortung und der absoluten Liebe zu Kleopatra. **F**: Rainer Wolfhardt (BRD 1963, TV); Charlton Heston (CH/E/ GB 1972, mäßig); Lawrence Carra (USA 1972, langatmig); John Scoffield/Trevor Nunn (GB 1974, RSC, gut); Jonathan Miller (BBC 1982–); **I**: 34, *105*, *124*, 152

Coriolanus *(Coriolan*, 1608); FF; **V**: Plutarchs und Livius' *Leben des Coriolan*, W. Camdens *Remains* (1605) **P**: Debattenreiches Charakterdrama um einen heldenhaften, aber hochmütigen und politisch unfähigen General im vor-imperialen Rom: Coriolan macht sich beim römischen Volk unbeliebt, wird verbannt und aus Verbitterung zum Verräter. **F**: Wilford Leach (USA 1979, Bühnenversion mit Morgan Freeman); Elijah Moshinsky (BBC 1984); Ralph Fiennes (Hauptrolle und Regiedebüt); **I**: 152

Späte (jakobäische) Tragödien (1600-1606 bzw. 1613)

Hamlet (1600/01); Q1/1603, Q2/1604; **V**: Saxo Grammaticus' *Historia Danica* (12. Jh./1514), F. de Belleforests *Histoires Traguques* (1570), Kyds (?) „Ur-Hamlet", zeitgen. Mordfall in Italien (1538) **P**: Shakespeares längstes, komplexestes und berühmtestes Stück: Seit 400 Jahren zögert Prinz Hamlet wort(- und zitaten)reich, den Mord an seinem Vater zu rächen. Selbstreferentielles Theater um Privates und Politik, Reflexion und Aktion, Sein, Schein und Nicht-Sein, in dem Shakespeare alle Register seines Könnens zieht. **F**: u.a. Heinz Schall (D 1920, Stummfilm mit Asta Nielsen/Hamlet als Frau); Laurence Olivier (GB 1948); Helmut Käutner: *Der Rest ist Schweigen* (BRD 1959); Franz-Peter Wirth (BRD 1960, mit Maximilian Schell); Akira Kurosawa: *The Bad Sleep Well* (1963); Billy Saville: *Hamlet at Elsinore* (BBC 1964, in Dänemark gefilmt); John Gielgud (USA 1964, mit Richard Burton); Grigori Kozintsevs hoch gelobter *Gamlet* (UDSSR 1964); Tony Richardsen (GB 1969, gefeierte Bühnenfassung mit Anthony Hopkins); David Giles (BBC+ 1972, mit Ian McKellen); Rodney Bennett (BBC 1980+, mit Derek Jacobi); Aki Kaurismäki (*Hamlet goes Business,* FIN 1987); Kevin Kline (USA 1990, Bühnenfilm, mit Kline in der Titelrolle); Franco Zeffirelli (GB 1990, Mel Gibson als „Outdoor-Hamlet"); Kenneth Branagh (GB 1996, der gesamte 4h-Text!); Kyle MacLachlan: *Hamlet 2000* (GB); Michael Almereyda (USA 2000, mit Ethan Hawke, modern); *Peter Brook's Hamlet* (BBC 2002, puristisch); Michael Mundell (GB 2003, solide); Herbert Fritsch: *Hamlet_X* (D 2003; avantgardistische Medien-Collage); Alexander *Fodor's Hamlet* (2007, Gruselversion); **I**: *13,* 15, 19ff, *22,* 28, 34, 37, 41, 45, 51, *50,* 51, 52, , *53f,* 55, 60, *64*f, *82,* 84, 96, *98f, 100f,* 106, 107, 109, 113, *121f, 123f, 134,* 136, 138, 144, 150ff, 154, 161ff, 165f, 166ff, *168ff*

Othello (1603/04); Q1/1622; **V**: G. Cinthios *Gli Hecatommithi*, III.9 (1566), Leo Africanus' *Geographical Historie of Africa* (engl.: J. Pory, 1600), div. historische und Reiseberichte **P**: Der intrigante Erzschurke Jago manipuliert den Titelhelden und macht ihn zum Mörder aus Eifersucht. Der Schauplatz Venedig konnotiert Themen wie Rassismus, Machismus, Gesellschafts- und Weltpolitik: Kulturelle Dominanz erscheint als Dominanz über die Frau. **F**: Dimitri Buchowetzki (D 1922, mit Emil Jannings); Orson Welles (IT/Marokko 1952); Sergei Yutkevich (UDSSR 1956); John Dexter/Stuart Burge (GB 1965, mit Laurence Olivier); Jonathan Miller (BBC 1981, mit

Anthony Hopkins); Franco Zeffirelli: *Otello* (USA/IT 1986, Opernfilm); Janet Suzman (Südafrika 1989); Trevor Nunn (GB 1990, RSC, hervorragend); Oliver Parker (USA 1995, mit L. Fishburne, K. Branagh); Geoffrey Sax/Andrew Davies (GB 2001, modern); Tim Blake Nelson: *O* (USA 2001, modern); Vishal Bharadwaj: Omkara (IND 2006); **I**: 19ff, 45, 48, 65f, 109, 152

Timon of Athens (1605); FF; **V**: Plutarchs *Leben des Mark Anton*, W. Painters *The Palace of Pleasure* **P**: Undank ist der Welten Lohn (I): Der freigebige Adelige Timon und der tapfere Hauptmann Alcibiades werden von ihren falschen Freunden in der Not im Stich gelassen und wandeln sich zu Menschenhassern. Untypisches, vielleicht unfertiges Stück mit satirisch-pessimistischem Unterton. **F**: Jonathan Miller (BBC 1981); **I**: –

King Lear (König Lear, 1605/06, überarbeitet 1610); Q1/1608 bzw. F **V**: G. of Monmouths *Historia Regum Brit.* (12. Jh.), Holinsheds *Chronicles* (1390); W. Warners *Albion's England* (1586), E. Spensers *Faerie Queene* II.10 (1580-96), Anon.: *True Chronicle History of King Leir* (1594), *Mirror for Magistrates,* Ph. Sidneys *Arcadia,* S. Harsnetts *A Declaration of Egregious Popish Impostures* (1603) sowie ein zeitgen. Rechtsstreit um Sir B. Annesley und seine Töchter **P**: Undank ist der Welten Lohn (II): Der Titelheld teilt sein Königreich unter seinen beiden älteren, schmeichlerischen Töchtern auf und enterbt die ehrliche Jüngste, die ihn wirklich liebt. Parallel dazu fällt Edelmann Gloucester auf die Intrigen seines illegitimen Sohnes Edmund herein. Die Folgen sind für alle katastrophal… **F**: Andrew McCullough (USA 1953, Live-TV mit Orson Welles); Peter Brook (GB 1970, absurd-irreal); Grigori Kozintsev: *Korol Lir* (UDSSR, 1970, klasse!); Edwin Sherin/Joseph Papp (USA 1974, NY-Central-Park-Inszenierung mit grandiosem James Earl Jones); Jonathan Miller (BBC 1982+); Michael Elliott (GB 1984, Laurence Olivier in seiner letzten Shakespeare-Rolle); Akira Kurosawa: *Ran* (JAP 1984); Jan-Luc Godard (F 1987, experimentell); Richard Eyre (BBC 1998, Bühnenadaption); Brian Blessed (GB 1999, solide); Uli Edel (USA 2002, Patrick Stewart als „King of Texas"); **I**: 20, *43*, 45, 48, *49, 51, 52f,* 61, 65, 68, 75, *93,* 100, 103, 104, *110,* 152, 165f

Macbeth (1606); FF; **V**: Holinsheds *Chronicles* (1587), H. Boethius' *Chronik von Schottland* (1527), zeitgen. Traktate über Hexenkunst **P**: In Shakespeares kürzestem Stück geht's um das Schicksal, die Natur des Bösen und sich selbst erfüllende Prophezeiungen: Nach der Vorhersage dreier Hexen ermorden Macbeth und seine Frau den König von Schottland – und werden das Blut an ihren Händen nicht mehr los. **F**: Orson Welles (GB 1948); Akira Kurosawa: *Das Schloss im Spinnwebwald* (JAP 1957); Roman Polanski (GB 1971, hervorragend und blutrünstig); Trevor Nunn/Philip Casson (GB 1979, RSC, minimalistisch mit Ian McKellen und Judi Dench); Jack Gold (BBC 1983); Conrad Bishop (USA 1995, Puppenspiel); Penny Woolcock (BBC 1997, modern); Jeremy Freestone (GB 1997, Outdoor-Low-Budget-Variante); Michael Bogdanov (GB 1997, knapp, modern); Gregory Doran (GB 2001, RSC, Bühnenversion); Modern: Mark Brozel (GB 2005); Geoffrey Wright (AUS 2006); Rupert Goold (BBC+ 2010, Patrick Stewart als Lear); Justin Kurzel (UK 2015, düster-brutal mit Michael Fassbender); **I**: 19, 42, 45, 49, *51*, 52, 54, 68, *86f*, 102, 104, 111, *121*, 134, 152, 154, 165

Cardenio (1612/13); nicht erhalten.

Literaturverzeichnis (Auswahl)

Ausgaben (neben den zitierten zweisprachigen dtv-/ars-vivendi-Ausgaben):
* *The Complete Oxford Shakespeare*, hg. von S. Wells und G. Taylor. Oxford 1986
* *The Third Edition Arden Shakespeare*, hg. von R. Proudfoot, A. Thompson, D. Scott Kastan, London 1995ff.
* *Englisch-deutsche Studienausgabe der Dramen Shakespeares*, hg. von R. Ahrens, A. Fischer, E. Leisi, U. Suerbaum und W. Brönnimann, Tübingen, 1977ff.
* *27 Stücke William Shakespeares in der Übersetzung von Erich Fried* (3 Bd., hg. F. Apel. Berlin, 1989/1995.
* Borgmeier, Raimund: *William Shakespeare: The Sonnets/Die Sonette. Englisch und in ausgewählten deutschen Versübersetzungen.* Stuttgart, 1974
* *The Complete Works of William Shakespeare* online: http://shakespeare.mit.edu/

Einführungen und Gesamtdarstellungen
* Baumann, Uwe: *Shakespeare und seine Zeit.* Stuttgart/Düsseldorf/Leipzig, 1998/[2]2000 (repräsentative Werkanalysen und Beispiele).
* Doyle, John/Lischner, Ray: *Shakespeare für Dummies.* Weinheim, 2005 (deutsche Fassung der US-Ausgabe, allenfalls für Neueinsteiger...)
* Grazia, Margareta de; Wells, Stanley (Hrsg.): *The Cambridge Companion to Shakespeare.* Cambridge, 2001 (19 Aufsätze führender Forschern)
* Kullmann, Thomas: *William Shakespeare. Eine Einführung.* Berlin, 2005 (diskurstheoretische und kulturwissenschaftliche Textanalysen)
* Poppe, Reiner: *William Shakespeare. Literaturwissen für Schule und Studium* Ditzingen, 2000 (Reclam-Einführung)
* Posener, Alan: *William Shakespeare.* Reinbek, 1995 (Rororo-Monographie)
* Schabert, Ina (Hrsg.): *Shakespeare-Handbuch.* Stuttgart, 2000 (die Standardreferenz zu Shakespeares Zeit, Leben, Werk und Rezeption, 955 Seiten)
* Suerbaum, Ulrich: *Der Shakespeare-Führer.* Ditzingen, 2001/[2]2006 (historisch-kulturelle Einführung und Kurzabriss aller 38 Dramen)
* – *Shakespeares Dramen.* Ditzingen, 2002 (ditto, aber akademischer)
* Wells, Stanley/Taylor, Gary: *William Shakespeare: A Textual Companion.* Oxford, 1987 (Werk und Texte im Zusammenhang und Überblick)

Biografien

* Ackroyd, Peter: *Shakespeare: The Biography*. New York, 2005 (detailliert, Zitate in original elisabethanischer Schreibweise)
* Bloom, Harold: *Shakespeare. The Invention of the Human.* New York, 1998 (dt. *Die Erfindung des Menschlichen.* Berlin 2000; Aufsätze/Interpretationen)
* Chambers, E. K.: *William Shakespeare: A Study of Facts and Problems*, 2 vols. Oxford, 1930 (mit Abdruck der relevanten zeitgesch. Dokumente)
* Greenblatt, Stephen: *Will in the World: How Shakespeare became Shakespeare.* New York, 2004 (spannend und lesbar, teils ungenau-fiktiv)
* Hammerschmidt-Hummel, Hildegard: *William Shakespeare. Seine Zeit – sein Leben – sein Werk.* Mainz, 2003 (illustrierte Biografie und Werkanalyse)
* Holden, Anthony: *William Shakespeare: The Man Behind the Genius.* London, 1999 (auch Holden vertritt die These, dass S. heimlicher Katholik war).
* Lee, *Sidney*: *A Life of Shakespeare*. New York, 1898/1916 (ein Klassiker)
* Rowe, Nicholas: *Some Account of the Life &c. of Mr. William Shakespear* (die allererste Biografie, online u.a. bei Gutenberg.org.
* A. L. Rowse: *Shakespeare the Man*. London, 1973 (noch ein Klassiker)
* Schoenbaum, Samuel: *William Shakespeare. A Compact Documentary Life.* New York/Oxford, 1975/²1987 (dt. *Eine Dokumentation seines Lebens.* Frankfurt 1981 – alle relevanten Dokumente und gesicherten Erkenntnisse)
* – *Shakespeare's Lives.* Oxford, 1991 (überarbeitete Ausgabe; die Geschichte der Shakespeare-Biografien)

Elisabethanisches Zeitalter

* Lovejoy, A.O.: *The Great Chain of Being*. London, 1936
* Rowse, A. L.: *The Elizabethan Age: The England of Elizabeth*. London, 1950
* – *The Expansion of Elizabethan England* London, 1955
* – *The Elizabethan Renaissance*. London, 1971
* Somerset, Anne: *Elizabeth I*. London, 1991
* St. Clare Byrne, M.: *Elizabethan Life in Town and Country*. London, 1925/1961
* Suerbaum, Ulrich: *Das elisabethanische Zeitalter.* Ditzingen, 1989
* Tillyard, E.M.W.: *The Elisabethan World Picture.* London, 1943/1972
* Turner, Frederick: „The School of Night“, in: *Corona,* Vol. 4
* Weinstein, Rosemary: *Tudor London*. London, 1994
* Willson, D. H.: *King James VI and I*. London, 1963

Einzelaspekte
* Asquith, Clare: *Shadowplay: The Hidden Beliefs and Coded Politics of William Shakespeare*. Cambridge, 2005.
* Bayly Howell, Thomas: *A complete Collection of State Trials and Proceedings for High Treason and other Crimes and Misdemeanors from the earliest period to the year 1783, with notes and other illustrations* (2 vol). London, 1816
* Bowsher, Julian: *The Rose Theatre: An Archaeological Discovery*. London, 1998
* Brink, Jean R., Maryanne C. Horowitz/Allison P. Coudert (Hrsg.): *Playing with Gender: A Renaissance Pursuit.* Urbana, 1991
* Gibson, Joy Leslie: *Squeaking Cleopatras: The Elizabethan Boy Player*. Gloucestershire, 2001
* Gurr, Andrew: *The Shakespearian Stage, 1574-1642.* London, 1970/²1981
* – *Playgoing in Shakespeare's London.* Cambridge, 1987
* – *The Shakespearian Playing Companies.* Oxford, 1996
* Hammerschmidt-Hummel, Hildegard: *Die verborgene Existenz des William Shakespeare. Dichter und Rebell im katholischen Untergrund.* Freiburg, 2001.
* Honigmann, Ernst: *Shakespeare: The "Lost Years".* Manchester, 1985/1998
* Kastan, David Scott: *A Will To Believe.* Oxford, 2014
* McManaway, James G.: „John Shakespeare's ‚Spiritual Testament'", in: *Shakespeare Quarterly*, 18/3 (1967), 197-205
* Muir, Kenneth: *Shakespeare's Sonnets.* London, 1979
* Partridge, Eric: *Shakespeare's Bawdy.* London, 1947/rev.1968
* Prouty, Charles T. (Hrsg.): *Studies in the Elizabethan Theatre.* Cambridge, 1961
* Rothwell, Kenneth S.: *History of Shakespeare on Screen: A Century of Film and Television,* Cambridge, 1999/2001
* Sprague, A.C.: *Shakespearean Players and Performances.* London, 1954
* –/Trewin, J.C.: *Shakespeare's Plays Today.* London, 1970
* Spurgeon, Carolin: *Shakespeares Imagery and what it tells us.* Cambridge, 1935/1971
* Thompson, Peter: *Shakespeare's Theatre.* London, 1983
* Wilson, Richard: „Shakespeare and the Jesuits: New connections supporting the theory of the lost Catholic years in Lancashire", in: *TLS*, 12/19 (1997), 11-13

Quellen, Hilfsmittel und Internet-Ressourcen
* *Shakespeare in the Public Records*. London, HMSO, 1985
* *Holinshed's Chronicles [of] England, Scotland, and Ireland,* 6 Bd. (1807). NY, 1965

* Alexander Schmidt: *Shakespeare-Lexicon* (2 Bd.), hg. von Gregor Sarrazin, Berlin, 1874-5/1971
* Online-Konkordanz:
http://www.opensourceshakespeare.org/concordance/
* *Deutsche Shakespeare Gesellschaft* – u.a. eine annotierte Bibliographie der Shakespeare-Internetquellen: http://www.shakespeare-gesellschaft.de/
* *William-Shakespeare.de* – Forum und einführende Artikel sowie Links zu Online-Versionen der Stücke und Dichtungen (deutsch und englisch): http://www.william-shakespeare.de/
* *Mr. William Shakespeare and the Internet* – Online-Führer und zeitgenössische Ressourcensammlung von Terry A. Gray: http://web.archive.org/web/20111024024110/http://shakespeare.palomar.edu/
* *Shakespeare in Europe, (Sh:in:E)* – interkulturelles Shakespeare-Portal der Uni Basel: https://shine.unibas.ch/home.html
* *Absolute Shakespeare* – Einführungen zu Zeit, Leben, Werk, Zusammenfassungen der Stücke, Zitate, Adaptionen: http://absoluteshakespeare.com
* *The Internet Shakespeare Editions* – Essays und Datenbank zu allen Aspekten der Shakespeare-Forschung; Träger ist die University of Victoria in British Columbia: http://internetshakespeare.uvic.ca
* Alchin, L.K.: *William Shakespeare info* – Werk und Hintergrundinfos komplett online: www.william-shakespeare.info
* *Shakespeare-Online* und *About Shakespeare* – bunte, informative Websites für Einsteiger von Amanda Mabillard: http://www.shakespeare-online.com bzw. http://shakespeare.about.com/
* *The Shakespeare Authorship Page* – David Kathman und Terry Ross haben (fast) alle Stratfordianer-Argumente in Sachen Urheberschaftsdebatte gesammelt: http://shakespeareauthorship.com/
* *Shakespeares Sonnets* – Renaissance Electronic Texts-Ausgabe, mit Einführung: http://www.library.utoronto.ca/utel/ret/shakespeare/1609inti.html
* *The Amazing Site of Shakespeare's Sonnets* – schön illustrierte Website mit fundierten Kommentaren des Literaturwissenschaftlers G. R. Ledger: http://www.shakespeares-sonnets.com
* *The Shakespeare Birthplace Trust:* http://www.shakespeare.org.uk
* *Life in Elizabethan England: A Compendium of Common Knowledge* – detaillierte Einführung in den elisabethanischen Lebensalltag, von Maggie Secara: http://elizabethan.org/compendium/home.html
* *Shakespeare and Food* – Konkordanz und „alphabetischer Garten" kulinarischer Ausdrücke bei Shakespeare: http://www.soupsong.com/ibard.html

Anmerkungen

[1] Shakespeares Werke sind jeweils mit dem frühesten schriftlich belegten Datum (Aufführung, Nennung durch Zeitgenossen, Druck o.ä.) eingetragen.
[2] „Food largely stands for itself, a palpable not at all a symbolic thing suggesting larger concepts." (http://www.soupsong.com/ibard.html), 17.12.2015.
[3] 1598 verglich Francis Meres in seiner Schrift *Palladis Tamia: Wit's Treasury* antike und elisabethanische Autoren; Shakespeare wird mehrfach gelobt, u.a. für seine „sugared sonnets".
[4] Gesine Baur: *Hamlet am Herd. Das Leben des Eckart Witzigmann*. Hamburg 2006.
[5] Erhalten ist nur die Taufurkunde, die am 26. April die Geburt eines „*Guglielmus filius Johannes Shakspere*" verzeichnet. Traditionell wurden Kinder am dritten Tag nach der Geburt getauft, auf jeden Fall jedoch vor dem darauf folgenden Sonntag. Da der 23. April ein Sonntag ist, nimmt man ihn als Geburtstag an. Auf der zeitgenössischen Inschrift auf Shakespeares Grabmal in der Kirche von Stratford steht allerdings, er sei „in seinem 53. Jahr gestorben" (*OBIIT ANNO DO. 1616 AETATIS 53 DIE 23 APR.),* woraus sich schließen lässt, dass der Geburtstag früher war. Dafür spricht auch die Tatsache, dass Shakespeares Enkelin Elisabeth ihre Hochzeit am 22. April „zu Ehren ihres berühmten Verwandten" feierte. (http://www. englishhistory.info/Shakespeare/shakespeares-birthday.html, 15.8.2007).
[6] Vgl. z.B. *Encyclopedia Britannica*: „The long reign of Elizabeth I, 1558-1603, was England's Golden Age.[...] 'Merry England', in love with life, expressed itself in music and literature, in architecture, and in adventurous seafaring." (http://www.britannica.com/ebi/article-200261, 23.8.2007).
[7] Shakespeare-Zitate im Text stammen, soweit nicht anders gekennzeichnet, aus der Arden-Edition bzw. der deutschen Übersetzung von Frank Günther.
[8] Shakespeare ist das meistbehandelte Sujet der Literaturgeschichte; vgl. Abschnitt IV: *Die Wirkungsgeschichte* in Schabert, 609-764 sowie die Auswahlbibliographie. Genauer auf die Rezeptionsgeschichte Shakespeares einzugehen würde den Rahmen dieser Einführung sprengen.
[9] ? *Warum sind die Deutschen so fasziniert von Shakespeare?* 26.9.2007, http://www.shakespeare-gesellschaft.de/info/shakespeare/wirkung.html
[10] Bericht auf der Homepage des Gymnasium Blombergs, 17.11.2015, http://gymnasium-blomberg.de/2006/11/17/patrick-spottiswoode-der-shakespeare-experte/
[11] So Selley anlässlich der Versteigerung einer Ausgabe des *First Folio*, der ersten Ausgabe von Shakespears Werken, am 14.7.2006 für 2.8 Millionen Pfund.
[12] Die *taz* am 26.8.2006 anlässlich des Bremer Theatersommers.
[13] chilli.cc, 5.9.2006, http://www.chilli.or.at/index.php?noframes=1&id=63-1-285&from=
[14] Christiane Zschirnt in der *taz* vom 10.10.2000
[15] Bloom 1998, dt. 2000, 25.
[16] Hier und im Folgenden meine Übersetzung; den Text der *First Folio* findet man online u.a. unter http://www.gutenberg.org/etext/2270

[17] „Er gehörte nicht einem Zeitalter an, sondern war für alle Zeit(en)."
[18] Johann Wolfgang von Goethe: „Shakespeare und kein Ende!", in: *Beiträge zum Morgenblatt für gebildete Stände*. 1807-1816. Zitiert nach https://web.archive.org/web/20070125004054/http://pages.unibas.ch/shine/shakespundkeinende.html.
[19] Die Filmdatenbank *imdb* listet unter dem Stichwort „Willam Shakespeare" 399 Einträge zwischen 1899 und 2007 auf, davon 342, die auf Shakespeare's Stücken basieren (http://us.imdb.com/keyword/william-shakespeare/?sort=date, 17.8.2006). *Hamlet* allein wurde in den letzen 100 Jahren über 80 Mal verfilmt. Einen Überblick liefert Johann N. Schmidt: *Shakespeares Dramen in Film und Fernsehen*, in Schabert, 813-854.
[20] Der Ausdruck ist sprichwörtlich und wird gern bei Führungen verwendet; vgl. James Joyners Kommentar zur Modernisierung der US-Bibliotheken vom 2.7.2007: „William Shakespeare was essentially the Steven Spielberg of his day, cranking out popular plays for the theater-going public." (http://www.outsidethebeltway.com/archives/2007/01/libraries_dumping_hemingway_for_grisham/, 23.9.2015). Vgl. auch Jonsons *Preface* im *First Folio:* „Soule of the Age ! The applause ! delight ! the wonder of our Stage !"
[21] Thomas Mann spielt in *Dr. Faustus* auf die Sonette an; Theodor Fontane zitiert die „Wohlgerüche Arabiens" im *Stechlin* und Melville das „Tigerherz" in *Moby Dick*. James Joyce widmet Shakespeare etliche Seiten des *Ulysses;* Huxley und Faulkner benutzen mit *Brave New World* und *The Sound and the Fury* Shakespeare-Formulierungen als Titel; Salman Rushdie zitiert *Hamlet* in *Des Mooren letzter Seufzer* ebenso wie Tad William Hamlets „Sein oder Nichtsein"-Monolog in *Otherland;* Pratchett parodiert in seinem Scheibenwelt-Roman *Wyrd Systers Hamlet* und *Macbeth*. Man könnte die Reihe der literarischen Zitate endlos fortführen. Verwiesen sei hier nur noch auf Ian Doeschers erfolgreiche postmoderne Adaption *William Shakespeares Star Wars* (Philadelphia 2013), in der er George Lukas Space-Märchen im Blankvers-Duktus nacherzählt.
[22] Vgl. Ingeborg Boltz: *Shakespeare in der bildenden Kunst*, in: Schabert, 782-812 bzw. Hans Walter Gabler: *Shakespeare in der Musik*, ebda. 765-779.
[23] Im Englischen ist dies noch viel ausgeprägter, da viele gängige Redewendungen auf Shakespeare zurückgehen, wie z.B. *all's well that ends well, [every] dog will have its day, give the devil his due, green-eyed monster, my own flesh and blood, neither rhyme nor reason, primrose path, spotless reputation, too much of a good thing.*
[24] 1899 interpretierte Freud die Unentschlossenheit Hamlets in seiner Schrift *Die Traumdeutung* erstmals als Ödipus-Komplex.
[25] Inszeniert am Deutschen Schauspielhaus in Hamburg. Vgl. *Macbarsh. Ein Politthriller. Text und Kommentare*. Hamburg, 1989.
[26] Dietrich Schwanitz: *Bildung. Alles, was man wissen muss*. Frankfurt/M 2002, 179 u. 319f.
[27] Ebd.
[28] Vgl. T.S. Eliot, „A Talk on Dante", in: *Selected Prose*, Harmondsworth, 1953, 100.
[29] Shakespeare verfügte damit über einen größeren Wortschatz als Luther, Ibsen oder Puschkin, vergleichbar demjenigen Goethes in seinem literarischen

Werk (32.000; zählt man die Briefe dazu, benutze Goethe über 80.000 und James Joyce über 100.000 Worte; vgl. hierzu „Goethes Wortschatz und Semantik in nuce" im Goethe-Wörterbuch, http://adw-goe.de/fileadmin/dokumente/forschungsprojekte/goethe_woerterbuch/Goethes_Wortschatz). Allerdings beinhalten diese Zahlen verschiedene Formen und Varianten einzelner Lexeme (so zählen z. B. „Gang" und „Gehen" als zwei Wörter).

[30] Vgl. http://www.phrases.org.uk/meanings/phrases-sayings-shakespeare.html sowie Bernard Levins berühmte Liste aus: *The Story of English*. Viking: 1986: *„If you cannot understand my argument, and declare „It's Greek to me", you are quoting Shakespeare; if you claim to be more sinned against than sinning, you are quoting Shakespeare; [...] if you have played fast and loose, if you have been tongue-tied, a tower of strength [...], had short shrift, cold comfort or too much of a good thing, if you have seen better days or lived in a fool's paradise – why, be that as it may, the more fool you, for it is a foregone conclusion that you are (as good luck would have it) quoting Shakespeare [...].*" (Zitiert nach einem im Londoner *New Globe* erhältlichen Poster).

[31] Vgl. Abschnitt 5.2.

[32] Zitiert nach einem Interview von Ronald Pohl, erschienen im Österreichischen *Standard* am 31.01.2007: *Shakespeare – Klassiker oder Barbar?.*

[33] Shakespeare schrieb zu der Zeit wohl bereits an seinen Sonetten; vgl. Punkt 4.3 und 4.9.

[34] In der Nachschrift zu Petrarcas Sonnett XIV vergleicht er sich mit einem Pilger. Man vergleiche die klassische Schlegelsche Übersetzung mit der hier zitierten – anders als Günther hatte Schlegel Schwierigkeiten mit der lyrischen Sprache des Stücks und kommentierte verdrießlich: „Es ist ein Unglük für dieses Stük, welches sonst so viele Schönheiten hat, daß ein grosser Theil davon in Reimen geschrieben ist."

[35] Sprachgeschichtlich ist das Frühneuenglische der Shakespeare-Zeit ein niederdeutscher Dialekt, verwandt dem Plattdeutschen und Holländischen, was dem deutschen Muttersprachler das Verständnis erleichtern kann.

[36] Vgl. Abschnitt 5.2.

[37] Vgl. Abschnitt IV *Die Wirkungsgeschichte* in Schabert, 609-764. Generell lässt sich die Literatur zu Shakespeare nach dem Ende der Romantik einer historisch-realistischen und einer werkimmanenten Schule zuordnen: erstere befasst sich mit den elisabethanischen Literatur- und Theaterkonventionen, der Ideengeschichte und den historischen Umständen des Dramas; letztere untersucht neben den Figuren vor allem die (Bilder-)sprache. Einen guten Eindruck beider Herangehensweisen erhält man bei der Lektüre zweier (populärwissenschaftlicher) Bestseller aus jüngerer Zeit: Stephen Greenblatts Shakespeare-Biografie *Will in the World: How Shakespeare became Shakespeare* (New York, 2004) und Harold Blooms bereits erwähnte Studie *Shakespeare. Die Erfindung des Menschlichen.*

[38] Vgl. die Zeilen Ferdinand Freiligraths aus dem Jahr 1844: *Deutschland ist Hamlet! /Ernst und stumm /In seinen Toren jede Nacht / Geht die begrabne Freiheit um, / Und winkt den Männern auf der Wacht [...]* sowie Abschnitt 5.1.

[39] Schwanitz, *Bildung*, a.a.O., 179.

[40] Francis Bacon: *Neues Organon,* Hrsg. Wolfgang Krohn, Bd. I, Hamburg

1990, *Aphorismus 129.*

[41] Thomas Stückemann: *Technikentwicklung als reflexiver Modernisierungsprozeß*, Kap. 3: „Die technische Evolution der Gesellschaft“, 121 (http://nbn-resolving.de/urn:nbn:de:swb:14-995268987156-46791, 5.12.2015).

[42] Die authorisierte *King James Bible* erschien erst 1611.

[43] Nach der Gründung der Ostindischen Kompanie durch Elisabeth am 31.12.1600 sowie im Zuge der Rivalität mit der 1621 gegründeten niederländischen Westindischen Kompanie entwickelte England sich im 17. Jahrhundert zum *Global Player* der Weltwirtschaft.

[44] Bericht des venezianischen Botschafters in Rom, Giovanni Gritti, vom 20. 8.1588, zitiert in John Sugden: *Sir Francis Drake*, New York 1990, 211.

[45] *Stern-Millennium. Heft 6 (1500-1599).* Hamburg, G&J (1999), 6: *„God blew, and they were dispersed“.* Die Medaille, auf der ein Greis mit aufgeblasenen Backen Miniatur-Galeonen wegpustet, wurde britischen Seeleuten verliehen.

[46] Noch 1667 vertrat bspw. John Milton die Ansicht, man solle die Frage, ob sich die Erde um die Sonne oder die Sonne um die Erde drehe, lieber auf sich beruhen lassen.

[47] Vgl. die Ausführungen auf der liebevoll-chaotischen Website von Heiner Stauff: http://www.stauff.de/matgesch/dateien/sphaeren.htm (20.6.2015): „Für die Sphären haben sich die Pythagoreer also folgendes ausgedacht: (wobei die Sonne dem Ton „cis“ entspricht). Im pythagoreischen Konzept der Sphärenmusik wird angenommen, daß das Intervall zwischen der Erde und der (äußersten) Fixsternsphäre eine Oktave ist. [...] Angenommen mal, das Konzept aus Glassphären und Abständen hätte gestimmt und all die Sphären wären in Resonanz [...] miteinander geraten: was für ein wundersamer, ergreifender, den gesamten Kosmos in Harmonie wiedergebender Gesamtton wäre dabei entstanden!: eben die Sphärenmusik bzw. –harmonie!.“ 2007 haben britische Astronomen der Universität Sheffield 2007 übrigens herausgefunden, dass die Sonne mit ihrem Magnetfeld tatsächlich Musik macht: „Die Schleifen des solaren Magnetfeldes verhielten sich ähnlich wie ein Instrument.“ Meldung im Deutschlandfunk, 19.4.2007, http://www. deutschlandfunk.de/meldung-forschung-aktuell.678.de.html?drn:news_id=82587 (17.12.2005)

[48] Unter anderem das *Dritte Kepplersche Gesetz*, in dem das Verhältnis zwischen den Planetenabständen von der Sonne und den Zeiten, die die Planeten für eine Umlaufbahn benötigen, beschrieben wird.

[49] Thomas Plattner d.J., *Beschreibung der Reisen*, II, 791, zitiert nach Hammerschmidt-Hummel, *William Shakespeare*, 178.

[50] „There are more things in heaven and earth, Horatio, Than are dreamt of in your philosophy“ (*Hamlet*, I, V).

[51] Übersetzung: Christa Schuenke, die in ihrer Fassung „das Moment der Wiedererkennbarkeit“ anstrebt (erschienen im dtv-Verlag).

[52] Königin Elisabeth persönlich übersetzte Boethius’ höchst einflussreiche Schrift *Trost der Philosophie* über die Rolle des Schicksals ins Englische.

[53] Meine Übersetzung.

[54] 1593 war Marlowe als Atheist und Homosexueller verhaftet worden; er soll u. a. die Jungfrau Maria als Hure und Christus als Bastard mit einer sodomitischen Beziehung zu Johannes bezeichnet haben. Im Kontext der

sexuellen Freizügigkeit der elisabethanischen Epoche, in der uneheliche Kinder (allerdings nicht Homosexualität) an der Tagesordnung waren, sind derartige Äußerungen nicht unwahrscheinlich. Vgl. Roy Kendall: *Christopher Marlowe and Richard Baines*, Associated University Presses, 2004.

[55] Vgl. den exzellenten Aufsatz von Frederick Turner: *The School of Night (Corona*, Vol. 4), http://frederickturnerpoet.com/?page_id=145 (18.12.2015).

[56] Ebd.: „But after all, what was this human world but a quintessence of dust? Man does not live by words alone: he must be nourished by the Eucharistic bread of heaven. The theatre is not a church. [...] Even in the sciences the boundaries of the world have cracked, giving us a glimpse of a void beyond. No use covering up our eyes with our hands like Michelangelo's damned soul: the Renaissance pride of knowledge makes us peer between our own fingers."

[57] Vgl. Hammerschmidt-Hummel, *Willaim Shakespeare,* 357. Das Stück wurde wegen seines teilweise pro-katholischen Inhalts von den Puritanern boykottiert.

[58] Übersetzung: Wolf Graf von Baudissin

[59] Übersetzung: Marie-Theres Harst (*Studienausgabe).*

[60] 1552, zwölf Jahre vor Shakespeares Geburt, begannen die Gemeinden damit, ihre Armen zu erfassen; 1601 verabschiedete Elisabeths Regierung das erste Armengesetz überhaupt.

[61] Norbert Elias: *Über den Prozess der Zivilisation. Wandlungen des Verhaltens in den weltlichen Oberschichten des Abendlandes.* 2 Bd., Bern/München, 1969: *Die höfische Gesellschaft*, Frankfurt, 1983, 158ff.

[62] *Über den Prozess der Zivilisation,* 370.

[63] Vgl. Muriel St. Clare Byrne: „The Social Background" in *A Companion to Shakespeare Studies,* 189ff.

[64] Vgl. Thomas Klein: *Ernst und Spiel. Grenzgänge zwischen Bühne und Leben im Film*, Mainz 2005

[65] *Hamlet,* I.2.65. *Kin* ist allgemein Verwandtschaft; *kind* ist „von einer Art". Ein anderes Beispiel aus derselben Szene ist die Homophonie der englischen Wörter „Sohn" und „Sonne", *sun* bzw. *son,* die es Hamlet im Original ermöglichen, mit wenigen Worten die Vertraulichkeit seines königlichen (die Sonne ist ein Königssymbol) Onkels zurückzuweisen: KING: *How is it that the clouds still hang on you?* – HAMLET: *Not so, my lord, I am too much in the sun.*

[66] Dieses Diktum nach einem Spruch des Hippokrates vom 6.11.1605 wird in *The Dictionary of National Biography* Vol. 6 (1917) verzeichnet.

[67] Vgl. *Holinshed* I, 314 sowie Gerald Warners Artikel in *The Telegraph:* http://blogs.telegraph.co.uk/news/geraldwarner/100047370/anti-catholic-junk-history-ii-mary-i-killed-284-henry-viii-up-to-72000-but-its-bloody-mary-and-bluff-king-hal/ (31.11.2015).

[68] Diese beiden Gesetze schrieben die Reformation der anglikanischen Kirche und ihre endgültige Trennung von Rom im so genannten *Elizabethan Religious Settlement* fest. Die Suprematsakte machte Elisabeth zum „obersten Gouverneur" der Kirche und schrieb einen Loyalitätseid für alle Geistlichen vor. Die Uniformitätsakte regelte den nunmehr obligatorischen Gottesdienst; wer nicht kam, musste 12 Pence (ca. 15 Euro) Strafe zahlen. Dieses Gesetz wurde mit nur 21 zu 18 Stimmen vom (teils katholischen) Parlament verabschiedet.

[69] In seiner päpstlichen Bulle *Regnans in Excelsis* vom 25. Februar 1570

erklärte Pius V Elizabeth, die „angebliche Königin Englands und Dienerin des Verbrechens" zur Ketzerin und listete ihre Sünden auf, darunter die Auflösung des königlichen Rats, an deren Stelle sie „obskure Häretiker" gesetzt habe.

[70] „[...] for many persons desire to have them" (Schoenbaum, *A Compact Documentary Life*, 51.

[71] Bereits im 17. Jahrhundert berichtete der Anekdotensammler John Aubrey in seinen *Brief Lives,* Shakespeare sei in jungen Jahren ein Lehrer auf dem Land gewesen (vgl. online z.B.: http://andromeda.rutgers.edu/~jlynch/ Texts/ aubrey-shakespeare.html). Die so genannte *Lancashire Connection* Shakespeares, mittlerweile Gegenstand unzähliger Forschungsarbeiten, wurde erstmals 1937 von Oliver Baker in *In Shakespeare's Warwickshire and the Unknown Years* erwähnt. 1944 bzw. 1946 verfolgte Sir Edmund Chambers die Spur weiter (in *Shakespearian Gleanings* und *Sources for a Biography of William Shakespeare),* bevor Honigmann die These in *The "Lost Years"* erneut auf den Tisch brachte. Vgl. auch Richard Wilsons zusammenfassenden Artikel „Shakespeare and the Jesuits: New connections supporting the theory of the lost Catholic years in Lancashire": *TLS* 19. 12. 1997, 11-13 bzw. Hammerschmidt-Hummel: *Dichter und Rebell.*

[72] Vgl. Schabert, 143ff.

[73] In *The History of Britaine* kritisiert Speed Persons Aussagen über den protestantischem Märtyrer Sir John Oldcastle: „And his authority, taken from the stage players, is more befitting the pen of his slanderous report than the credit of the judicious, being only grounded from this papist and his poet, of like conscience for lies, the one ever feigning and the other ever falsifying the truth [...] N.D. (ein Pseudonym Persons) [...] hath made Ouldcastle a Ruffien, a Robber and a Rebell [...]" Zitiert nach Chambers, *A Study of Facts,* 2, 217.

[74] Ebda, 257.

[75] Schoenbaum: *A Compact Documentary Life*, 87

[76] *British History Online,* Eintrag *Temple Grafton* (http://www.british-history.ac.uk/report.aspx?compid=56989, 2.12.2015): „The vicar, John Frith, was then described as ‚an old priest and unsound in religion' whose ‚chief trade' was ‚to cure hawks that are hurt or diseased' – wobei das Christussymbol des Falken ein Chiffre für Rekusanten war (hierzu vgl. Gary M. Bouchard: „The curious case of Robert Southwel, Gerard Hopkins and a princely spanish hawk", in *Renascence*, Frühling 1999, Vol. 51,3.)

[77] „Anno Domini 1582...Novembris...27 die eiusdem mensis. Item eodem die supradicto emanavit Licentia inter Wm Shaxpere et Annam Whateley de Temple Grafton."

[78] Ackroyd, *Shakespeare: The Biography*, 64.

[79] Zitiert nach Holden, *William Shakespeare: The Man Behind the Genius.*

[80] Die Euro-Angaben hier und im Folgenden sind ein Näherungswert. Ein englisches Pfund – die Standardwährung, an der Münzen gemessen wurden – entsprach 20 Schilling (à 12 Pence), in heutiger Währung etwa 300 Euro. Das Einkommen eines Geistlichen lag zwischen £100 und £300 jährlich, dasjenige eines Edelmanns bei bis zu £3000. Der Lohn eines Arbeiters lag bei einem Schilling am Tag; eine Theateraufführung bei Hof konnte schon mal mit £30 vergütet werden.

[81] Übersetzung: Erich Fried. Vgl. auch Graf Baudissin: „Mein Treu! ein J*s**t, der vermittelst einer Distinction oder einer doppelten Meynung Ja und Nein beschwören kan, der Verräthereyen genug um Gottes willen begangen hat, und mit allen seinen Subtilitäten sich doch nicht hat in den Himmel hineinlügen können."

[82] http://www.english.emory.edu/DRAMA/RenaissanceHist.html (14.5.2007)

[83] http://www.tudorplace.com.ar/Bios/PeterWentworth.htm (15.6.2015)

[84] 1620 fuhren die berühmten „Pilgerväter" mit der „Mayflower" über den Atlantik und gründeten dort unter anderem die Stadt Plymouth in Massachusetts, wo sie den heute noch praktizierten Fundamentalismus, die protestantische *workaholic*-Mentalität sowie den Ausdruck *God's own country* prägten.

[85] Dazu gehören die Taufurkunde, das Testament, Personenstandsregister, Unterlagen über Immobilienkäufe etc. Vgl. Schoenbaum, *A Compact Documentary Life* bzw. Tom Reedy and David Kathman: „How We Know That Shakespeare Wrote Shakespeare: The Historical Facts" auf der hervorragenden Website http://shakespeareauthorship.com/howdowe.html (11.12.2015).

[86] Zwar hatte der Geistliche James Wilmot 1781 erstmals Shakespeare Autorschaft angezweifelt, da er keinerlei diesbezügliche Spuren in Stratford gefunden hatte; dieses Dokument wurde jedoch erst 1932 publik.

[87] Vgl. Schabert, *Verfasserschaftstheorien,* 185ff. Die DSG merkt an: „In einem weiteren Sinne sind aber alle frühneuzeitlichen Theaterstücke Kollaborationen zwischen den Dramatikern, den Schauspielern, den Produktionsstätten und nicht zuletzt dem Publikum. Shakespeares genaue Rolle in der Genese eines jeweiligen Stücks abschließend zu bestimmen wird kaum möglich sein." (http://www.shakespeare-gesellschaft.de/info/shakespeare/autorschaft.html, 8.9.2007).

[88] Vgl. David Kathman: „Shakespeare's Stratford Friends": „They were cultured men, conversant in Latin, at ease with both literary types and courtiers" (http://shakespeareauthorship.com/friends.html, 1.9.2007)

[89] Vgl. John Aubrey, a.a.O.: „He was wont to goe to his native Countrey once a yeare. I thinke I have been told that he left 2 or 300 pounds per annum there and thereabout to a sister."

[90] Vgl. zum Alphabetismus Stratforder Bürgersfrauen die erhaltene Korrespondenz von Shakespeares Freund Richard Quiney; darunter befindet sich ein Brief, in dem Quineys Frau ihm rät, Tully's *Epistel* zu lesen.

[91] 1583 wurde Edward Arden, das Familienoberhaupt der Ardens von Parkhall, die vermutlich mit den Wilmcote-Ardens verwandt waren, als Rekusant gehängt und gevierteilt.

[92] Das erste Mal werden die Player in Stratford 1569 urkundlich erwähnt.

[93] Von William Lilye (1540). Shakespeare zitiert *Brevissima Institutio* z. B. in *Titus Andronicus* (IV.2), 1 *Henry IV.* (II.1) und *The Merry Wives of Windsor* (IV.1).

[94] „Apology for Raymond Sebond", ursprünglich das 12. Kapitel von Buch II der Essais (zitiert nach der Penguin Classics Ausgabe der *Complete Essays,* London 1993, lviv.

[95] Am Stadttheater Fürth, Stuttgarter Zeitung, 2.10.2006

[96] Vgl. die christliche Doktrin der geistigen Armut, wonach Intelligenz von der Erkenntnis des wahren (religiösen) Wissens abhält. Schon Erasmus mokierte sich allerdings darüber, dass die Auserwählten im Evangelium als „Schafe“ und Jesus als „Lamm Gottes“ bezeichnet werden, wo doch das Schaf laut Aristoteles das dümmste aller Tiere sei.

[97] Dieses apokryphe Stück ist als einziges von Shakespeares Stücken in Manuskript-Form erhalten, so dass man vielleicht Shakespeares Handschrift bewundern kann – die sogenannte „Hand D“ in *The Book of Sir Thomas More*, British Library, Harley MS. 7368, f.9.: http://www.bl.uk/ treasures/ shakespeare/images/har7368f9lge.jpg (3.12.2007).

[98] So z.B. in *Love's Labour's Lost,* IV.2: „I will put it to them: but vir sapit qui pauca loquitur“. Vgl. Rowe a.a.O.: „Some *Latin* without question he did know, and one may see up and down in his Plays how far his Reading that way went: In *Love's Labour lost*, the Pedant comes out with a Verse of *Mantuan*; and in *Titus Andronicus*, one of the *Gothick* Princes, upon reading *Integer vitæ scelerisque purus Non eget Mauri jaculis nec arcu*— says, *'Tis a Verse in* Horace, *but he remembers it out of his* Grammar: Which, I suppose, was the Author's Case.“

[99] Trotz des Erfolges der *Faery Queene* ging Spenser bald nach Irland zurück, wo er 1596 ein schockierendes Pamphlet verfasste, das Jonathan Swifts berühmtes satirisches *Modest Proposal* von 1729 harmlos erscheinen lässt: *A View of the Present State of Ireland* befürwortet offen eine Politik der verbrannten Erde und eine Unterwerfung bzw. Ausrottung der einheimischen gaelischen Bevölkerung durch absichtlich herbeigeführte Hungersnöte. Zwei Jahre später wurde im Gegenzug Spensers Landsitz in Irland von aufständischen Freiheitskämpfern niedergebrannt, wobei eins seiner Kinder ums Leben kam. Hier liegen die Wurzeln der gegenseitigen Ressentiments in Nordirland.

[100] In *Hamlet and the Scottish Succession.* Cambridge 1921 und *Macbeth, King Lear and Contemporary History.* Cambridge 1922.

[101] Turner, a.a.O. Es ist allerdings unwahrscheinlich, dass Ralegh – der Widersacher des von Shakespeare bewunderten Grafen Essex – Shakespeares Vorbild war. Vgl. im Folgenden.

[102] Vgl. Hammerschmidt-Hummel, *William Shakespeare,* 191ff. Southampton wurde im Gegensatz zu Essex später begnadigt.

[103] Vgl. Edward S. Le Comte: „The Ending of Hamlet as a Farewell to Essex“, in: ELH, 17, 2 (6/1950), 87-114.

[104] In seiner *Hamlet*-Ausgabe, Cambridge 1936, „Introduction“, lxvi. Vgl. auch Winstanley: *Hamlet* sowie „Hamlet and the Essex Conspiracy“, *Aberystwyth Studies* VI, VII (1924-25) sowie James T. Foards „The Genesis of Hamlet“,*Manchester Quarterly,* VIII (1989), 1-31/122-152/220-247.

[105] Vgl. Michael Flachmann: „Hamlet: Symbolic Layers“, in: *Midsummer Magazine*, 1997 (http://bard.org/education/resources/shakespeare/hamlet layers.html, 15.11.2007)

[106] Auch Ralegh, der 1618 wie sein Rivale Essex auf dem Schafott endete, oder die Schottenkönigin Maria Stuart gingen, um historische Beispiele zu nennen, gefasst zum Richtblock, inspizierten die Axt, scherzten mit dem Henker und beteten seelenruhig, bevor sie enthauptet wurden.

[107] Weitere Epidemien gab es in Stratford in den Jahren 1578/79 und 1582.
[108] A. a. O.: „His father was a Butcher, & I have been told heretofore by some of the neighbors, that when he was a boy he exercised his father's Trade, but when he killed a calfe, he would do it in a high style, & make a Speech."
[109] Vgl. Chris Fitter: „The Slain Deer and Political Imperium: As You Like It and Andrew Marvell's „Nymph Complaining for the Death of Her Fawn", in: *The Journal of English and Germanic Philology* (4/1999), 193 (http://web.archive.org/web/20040107172850/http://www.geocities.com/magdamun/marvelldeer.html, 8.12.2015).
[110] Vgl. Somerset, 381, Willson, 180 sowie Roger B. Manning: *Hunters and Poachers: A Social and Cultural History of Unlawful Hunting 1485-1640.* Oxford 1993.
[111] Fitter, a.a.O.
[112] Rowe überliefert das Zeugnis des Geistlichen Richard Davies, der um 1616 schrieb: „Shakespeare was much given to all unluckiness in stealing venison and rabbits, particularly from Sir [...] Lucy who oft had him whipped and sometimes imprisoned and at last mad him fly his native country to his great advancement" (a.a.O.). Allerdings besaß Sir Lucy gar keinen Wildpark...
[113] Vgl. Howard B. Norland: *Drama in Early Tudor Britain 1485-1558*, London 1995, xvii: „In a single community one could go to attend a saints play at the local parish church, a Corpus Christi pageant in the local market square, a morality play or interlude at the guildhall and a folk play on the village green."
[114] *Annals of English Drama 975-1700*, London 1964, 22ff.
[115] Vgl. S. P. Cerasano: „Philip Henslowe, Simon Forman, and the Theatrical Community of the 1590s", in: *Shakespeare Quarterly*, 44, 2 (1993), 145-158.
[116] Vgl. John H. Astington: „Playhouses, players and playgoers", in *Cambridge Companion*, 99-114.
[117] Z.B. der erwähnte Bericht Thomas Plattner d.J. Berühmt ist J. C. Visschers Stich „The Swan and the Globe", in: *Londinum Florentissima Britanniae Urbs*, 1616. British Library, Maps C.5.a.6.
[118] Vgl. http://www.shakespeare-online.com/theatre/theswan.html.
[119] *Verlorene Liebesmüh, Ein Mitsommernachtstraum, Der Sturm*
[120] V.4: „Jupiter descends in thunder and lightning, sitting upon an eagle: he throws a thunderbolt." Übersetzung von *Cymbelin*: Dorothea Tieck.
[121] Vgl. Dieter Fuchs: „Hamlet und die ‚Poetik des Übergangs' – showing und telling in der frühneuzeitlichen Rachetragödie", in: *Wissenschaftliches Seminar Online 3* (2005) http://www.shakespeare-gesellschaft.de/en/publications/seminar/issue2005/fuchs.html (12.8.2015).
[122] Schwanitz, *Literaturwissenschaft für Anglisten.* München 1985, 135.
[123] Vgl. Rowse, 59f
[124] Unter anderem schreibt er: „I am as sory as if the originall fault had beene my fault, because myselfe have seene his demenour no lesse civil, than he excelent in the quality he professes; –besides, divers of worship have reported his uprightness of dealing, which argues his honesty; and his facetious grace in writing that approves his Art."
[125] So die Theorie des bedeutenden Shakespeareforschers Edmond Malone, der über Shakespeares Jura-Kenntisse staunte (*Poems and Plays*, Rivingstons

1790). 1859 entdeckte der Antiquar W. J. Thoms einen Hinweis auf „William Shakespeare" im Krieg der Niederlande im Jahr 1605, was für ihn Shakespeares militärische Kenntnisse erklärte.

[126] Vgl. Endnote lxxi. Aubreys Quelle war der Sohn des Schauspielers und Shakespeare-Kollegen Christopher Beeston.

[127] Vgl. zu Shakespeares Testament Schoenbaum, 297ff.

[128] http://www.nationalarchives.gov.uk/museum/item.asp?item_id=21 3.5.2015, *Treasures from the National Archive*": „beds and other pieces of household furniture were often the sole bequest to a wife."

[129] Vgl. das Manuskript im Britischen Museum (Allusion I, 98; EKC II, 212; SS 152): „Vpon a tyme when Burbidge played Rich. 3. there was a Citizen greue soe farr in liking with him, that before shee went from the play shee appointed him to come that night vnto hir by the name of Ri: the 3. Shakespeare overhearing their conclusion went before, was intertained, and at his game ere Burbidge came. Then message being brought that Rich. the 3.d was at the dore, Shakespeare caused returne to be made that William the Conquerour was before Rich. the 3. Shakespeare's name William. (Mr. Curle?)"

[130] Honigmann, „Shakespeare's Life", in: Grazia, *Cambridge Companion* 1-12, 5.

[131] Schoenbaum, 144–45.

[132] Vor 1592 könnten auch *Der Widerspenstigen Zähmung, Die zwei Herren aus Verona, Titus Andronicus* sowie die anderen Stücke der York Tetralogie (mit Ausnahme von *Richard III)* entstanden sein, ebenso wie u.U. *Romeo und Julia* und *König Johann.*

[133] Zitiert nach http://www.uoregon.edu/~rbear/nashe1.html (13.12.2007).

[134] Vgl. Turner, a.a.O.: „England herself was sick: the euphoria of 1588 at the defeat of the Spanish Armada had soured by 1593; Philip Sidney, the stellar fire of English civilization, had died at Zutphen; Ralegh was in disgrace; Marlowe's Doctor Faustus, with its odor of brimstone and despair, was touring the provinces [...]. Ralegh's Virginia expedition had perished on the shoals and shores of Hatteras, and what gold had entered the European economy had fueled rampant inflation."

[135] „My Lord Southampton and Lord Rutland come not to the court [...] They pass away the time in London merely in going to plays every day" (Rowland White an Sir Robert Sydney, 1599, in: *Sydney Papers*, Collins, ii. 132).

[136] Vgl. *The Observer,* 21.4. 2002 http://image.guardian.co.uk/sys-files/Observer/documents/2002/04/20/obs.ore.020421.005.pdf (25.7.2015).

[137] Diese Notiz wurde erstmals 1766 gedruckt; zitiert nach Philip C. Kolin (Hrsg.): *Venus & Adonis: Critical Essays.* New York/London 1997, 10.

[138] „A Remembrance of some English Poets", in: *Poems in Divers Humors*, 1605, zitiert nach Charles Wells Moulton (Hrsg.): *The Library of Literary Criticism of English and American Authors*, vol. 1/8. London 1901, 456-57.

[139] http://www.wienerzeitung.at/nachrichten/archiv/100547_Als-Shakespeare-von-Adonis-sprach.html, 23. 5. 2015

[140] Die Sonette 138 und 144 wurden allerdings bereits 1599 in dem Gedichtband *The Passionate Pilgrim* veröffentlicht.

[141] Vgl. Sidney Lees Einführung in: *Shakespeare Sonnets Being Reproduced in*

Facsimile of The First Edition 1609 from the copy in the Malone Collection in the Bodleian Library. Oxford 1905.

[142] In der Werkausgabe von George Steevens.

[143] Stephen Booth, Hrsg.: *Shakespeare's Sonnets: Edited with Analytic Commentary.* New Haven 1977, 548. Vgl. Sonnet 20, in dem das lyrische Ich den *Fair Youth* auffordert, mit Frauen zu schlafen, aber ihn allein zu lieben: „mine be thy love and thy love's use their treasure…" sowie den Herausgeber Douglas Bush in der Pelican-Ausgabe von 1961: „Since modern readers are unused to such ardor in masculine friendship and are likely to leap at the notion of homosexuality… we may remember that such an ideal, often exalted above the love of women, could exist in real life, from Montaigne to Sir Thomas Browne, and was conspicuous in Renaissance literature." (11).

[144] *„Wit's Treasury, the second part of Wit's Commonwealth: A comparative discourse of our English Poets with the Greek, Latin, and Italian Poets."* http://www.elizabethanauthors.org/palladis.htm (18.12.2015)

[145] Vgl. John Kerrigans Einführung in: *The Sonnets and A Lover's Complaint by William Shakespeare.* London 1986, 7-63.

[146] Die Kritik lässt sich größtenteils in „autobiografische" und die „fiktive" Interpretationen unterteilen. Vgl. die Einführung zur RET-Ausgabe der Sonette, http://www.library.utoronto.ca/utel/ret/shakespeare/1609inti.html, (29.12.2007), „Reception of the Quarto".

[147] „Dem einzigen Erzeuger dieser Sonette, Herrn W. H., wünscht alles Glück und jene von unserm ewig lebenden Dichter verheißene Unsterblichkeit der wohlmeinende T. T."

[148] Übersetzung: Christa Schuenke.

[149] Vgl. William Hepworth Dixons ausführliche Zusammenfassung der Argumente für Southampton in seiner Rezension von Gerard Masseys *Shakspeare's Sonnets never before Interpreted: his Private Friends Identified: together with a recovered Likeness of Himself* in *The Athenæum*, 2009, 28.4.1866, http://www.gerald-massey.org.uk/massey/drv_1866_athenaeum.htm (17.12.2015)

[150] „The love I dedicate to your lordship is without end; whereof this pamphlet, without beginning, is but a superfluous moiety. The warrant I have of your honourable disposition, not the worth of my untutored lines, makes it assured of acceptance. What I have done is yours; what I have to do is yours; being part in all I have, devoted yours. Were my worth greater, my duty would show greater; meantime, as it is, it is bound to your lordship, to whom I wish long life, still lengthened with all happiness. Your lordship's in all duty, WILLIAM SHAKESPEARE."

[151] „There is one Instance so singular in the Magnificence of this Patron of Shakespear's, that if I had not been assur'd that the Story was handed down by Sir William D'Avenant, who was probably very well acquainted with his Affairs, I should not have ventur'd to have inserted, that my Lord Southampton, at one time, gave him a thousand Pounds, to enable him to go through with a Purchase which he heard he had a mind to. A Bounty very great, and very rare at any time, and almost equal to that profuse Generosity the present Age has shewn to French Dancers and italian Eunuchs." *Some Account oft he Life etc. of Mr. William Shakespear*: (http://www.gutenberg.org/

files /16275/16275-h/16275-h.htm, 23.3.2015)
[152] Von Hildegard Hammerschmidt-Hummel, Darmstadt 1999.
[153] „This William, being inclined naturally to Poetry and acting, came to London, I guesse about 18: and was an Actor at one of the Play-houses, and did acte exceedingly well." Mit dem Alter dürfte Aubrey sich allerdings vertan haben: Dass Shakespeare schon als 18-jähriger, d.h. in seinem Hochzeitsjahr 1582 in London war, ist eher unwahrscheinlich.
[154] Rowe, a.a.O.: „His Name is Printed, as the Custom was in those Times, amongst those of the other Players, before some old Plays, but without any particular Account of what sort of Parts he us'd to play; and tho' I have inquir'd, I could never meet with any further Account of him this way, than that the top of his Performance was the Ghost in his own Hamlet."
[155] Jedes Jahr wurden einige Theaterstücke vom *Master of Revels*, dem Zeremonienmeister, ausgewählt, die in der Weihnachtszeit bei Hof aufgeführt wurden. Die Unterlagen des *Office of Revels* sind eine wichtige Quelle für die elisabethanische Theatergeschichte. In den Rechnungsbüchern ist eine Zahlung von £20 an „Will Kempe Will Shakespeare & Richard Burbage servants to the Lord Chamb[er]lain... for two several comedies or interludes shewed by them before her Ma[jesty]... upon St. Stephens day & Innocents day [26. bzw. 28.12]" verzeichnet. Weitere offizielle Erwähnungen als Schauspieler gibt es in den Jahren 1603, 1604 und 1605.
[156] Vgl. Astington, *Cambridge Companion,* 107.
[157] Im folgenden Jahr tanzte Kempe seinen berühmten *Morris-Dance* von London nach Norwich, was als „Kemps Neuntages-Wunder" bekannt wurde.
[158] Vgl. Alexander Popes Kommentar in seiner Ausgabe der *Works of Shakespeare* (London 1725): „It is ever the nature of Parties to be in extremes; and nothing is so probable, as that because Ben Johnson had much the most learning, it was said on the one hand that Shakespear had none at all; and because Shakespear had much the most wit and fancy, it was retorted on the other, that Johnson wanted both." (1).
[159] vgl. Thomas Fullers Zeugnis in *Worthies of Warwickshire* (1662), zitiert nach Chambers, 244-45: „Many were the wit-combates betwixt him and Ben Johnson, which two I behold like a Spanish great Gallion and an English man of War; Master Johnson (like the former) was built far higher in Learning; Solid, but Slow in his performances. Shake-spear, with the English-man of War, lesser in bulk, but lighter in sailing, could turn with all tides, tack about and take advantage of all winds, by the quickness of his Wit and Invention."
[160] Der schottische Dichter William Drummond beschreibt Jonson in seinen Notizen als „a great lover and praiser of himself, a contemner and scorner of others", in *Notes of Ben Jonson's Conversations with William Drummond of Hawthornden,* Hrsg. David Laing, London 1842 (http://www.luminarium.org/ sevenlit/jonson/benbio.htm).
[161] Ben Jonson: *Timber* (1640), 97, http://www.gutenberg. org/files/5134/5134-h/5134-h.htm (15.12.2015).
[162] Über den Inhalt von *Cardenio* ist nichts bekannt. Ein Stück namens *Cardenno* oder *Cardenna* wurde jedoch 1612/13 zweimal von den *King's Men* aufgeführt, und im *Stationers' Register* von 1653 ist *Cardenio* als Zusammenarbeit von

Shakespeare mit John Fletcher verzeichnet. Das ebenfalls verschollene Stück *Love's Labour's Won* könnte dagegen ein alternativer Titel für eine der bekannten Komödien sein. Andererseits endet Shakespeares Komödie *Verlorene Liebesmüh* nicht mit einer Heirat, so dass es nicht auszuschließen ist, dass es eine verloren gegangene Fortsetzung namens *Erfolgreiche Liebesmüh* gab.

[163] Vgl. Endnote xcvii.

[164] Weitere Kollaborationen z.B. bei *Edward III*, sind möglich, zumal es gängige elisabethanische Theaterpraxis war, ältere Stücke umzuschreiben.

[165] Hammerschmidt-Hummel, *William Shakespeare*, 206.

[166] Susan Snyder spricht von „[...] a grittiness not apparent in Shakespeare's earlier comedy, addressing deep-rooted perversions in both individuals and societies resistant to the magico-metamorphic strategies that heretofore had produced satisfying comic conclusions" (95). „The Genres of Shakespeare's Plays", in: Grazia, *Cambridge Companion* (83-97).

[167] Edward Dowden prägte den Begriff in *Shakespeare: A Critical Study of His Mind and Art*, London 1875. Vgl. zum Genre auch Snyder, a.a.O.

[168] „I should have been [...] pleas'd, to have learn'd from some certain Authority, which was the first Play he wrote; it would be without doubt a pleasure to any Man [...] to see and know what was the first Essay of a Fancy like Shakespear's." Kandidaten für dieses Erstlingswerk sind nach neueren Forschungen *2 Heinrich VI., Zwei Herren aus Verona* oder *Der Widerspenstigen Zähmung*.

[169] Sidney Walker, *Shakespeare's Versification*, London 1854.

[170] Die Herausgeber der First Folio schimpften im Vorwort über diese Quartos, „diverse stolne, and surreptitious copies, maimed, and deformed by the frauds and stealthes of injurious impostors, that expos'd them.

[171] „[...] only to keep the memory of so worthy a friend and fellow alive as was our Shakespeare."

[172] So erstand er 1602 127 Acres (52 ha) Ackerland für £320 und kaufte 1605 einen Anteil an den Erhebungsrechten des Zehnten.

[173] Field druckte u. a. Ovids *Metamorphosen*, Norths Plutarch-Übersetzung, Robert Greenes *Pandosto* und Sir John Haringtons englische Fassung des *Orlando Furioso* – Werke, deren Einfluss bei Shakespeare nachgewiesen ist.

[174] Vgl. David Kathmans Aufsatz „Shakespeare's Stratford Friends" (http://shakespeareauthorship.com/friends.html, 3.1.2015).

[175] Vgl. Hammerschmidt-Hummel, *William Shakespeare*, 270ff.

[176] Jedenfalls sicherte er die Nutzung des Gebäudes, das er nie selbst bewohnt hat, über seinen Tod hinaus mit einem komplizierten Treuhänder-Vertrag. Vgl. Hammerschmidt-Hummel, *William Shakespeare*, 259ff sowie Carol Enos: „The Shakespeare Encyclopedia: Stratford/London/Lancashire Links", Eintrag „Blackfriars", 52 (http://www.sunflower.com/~cenos/ docs/CompleteShakespeareEncyclopedia.pdf, 22.10.2015).

[177] Vgl. Hammerschmidt-Hummel, *William Shakespeare*, 259ff.

[178] Ebd., 270. Andere „Inseln der Gelehrsamkeit" waren das Landhaus Careggi der Medici, die Villa Pietro Bembo in Padua oder Thomas Morus' Garten.

[179] 1608 erließ Jakob I ein Edikt, um die Anpflanzung von Maulbeerbäumen zum Zweck der Seidenraupenzucht zu fördern. Dummerweise verwechselte man den schwarzen, fruchttragenden Maulbeerbaum mit dem weißen

Maulbeerbaum, dessen Blätter den Seidenraupen als Futter dienen. Shakespeares Baum wurde um 1758/59 von Francis Gastrell, dem exzentrischen Käufer des Anwesens, gefällt, aber Stecklinge wachsen angeblich bis heute vor Ort.

[180] Vgl. http://www.nationalarchives.gov.uk/museum/item.asp?item_id=21 (3.11.2007).

[181] *Shakespeare,* 275ff.

[182] „Ivdicio pylium, genio socratem, arte maronem, terra tegit, populus maeret, olympus habet" bzw. „Stay passenger, why goest thou by so fast? Read if thou canst, whom envious death hath plast quick nature dide: whose name, doth deck ys tome, far more, then cost: sieh all, yt he hath writt, leaves living art, but page, to serve his witt."

[183] Diese Übersetzung ist eigentlich eine zweiteilige Arbeit von Schlegel einerseits und Tieck bzw. Wolf Graf Baudissin und Tiecks Tochter Dorothea andererseits. Schlegel übersetzte 17 Stücke, wobei er erstmals den Blankvers adaptierte; Jahre später übertrug Baudissin 13 und Dorothea sechs Stücke. Ludwig Tieck korrigierte und setzte am Ende seinen Namen auf den Titel.

[184] Im Shakespeare Jahrbuch 51, 12. Vgl. zur Shakespeare-Rezeption auch Friedrich Gundolf: *Shakespeare und der deutsche Geist.* Berlin, 1914.

[185] „Quant aux Anglais, je ne peux vous savoir mauvais gré de vous être un peu moqué de Gilles Shakespear; c'était un sauvage qui avait de l'imagination; il a fait même quelques vers heureux, mais ses pièces ne peuvent plaire qu'à Londres, et au Canada" (Brief an Bernard Joseph Saurin vom 4 Dec. 1765, zitiert nach: Theodore Besterman*: The Complete Works of Voltaire*, Vol. 113. Banbury/Oxfordshire 1973, 436f.

[186] Vgl. auch Lessings 17. Literaturbrief von 1759 sowie Ludwig Börne 1828: „Shakespeare ist König, nicht untertan der Regel. Wäre er wie ein anderer, dürfte man sagen: Hamlet ist ein lyrischer Charakter, der aller dramatischen Gestaltung widerstrebt [...]. Doch es ist Shakespeare! – wir müssen gehorchen und schweigen. (*Sämtliche Schriften*, Bd. 1, Düsseldorf 1964, 483f).

[187] Börne, ebd.

[188] 1849 prägte G. G. Gervinus den Spruch: „Hamlet ist Deutschland" und fuhr fort: „[...] Ganz so wie Hamlet verloren wir die Freude an unserer Existenz und flüchteten aus dem realen Leben in das Reich der Ideale; wir schadeten dem sicheren Tacte des instinctiven Lebens durch allzuviele Geistesübung und Reflexion und der gewissen Erkenntniß des Wirklichen durch Grillen und Phantasien." (zitiert im Programmheft der Inszenierung *Hamlet nach Shakespeare*, 18. Kasseler Theatertage, 8.14. Juni 2001).

[189] Ernst Leisi: *Streiflichter. Unzeitgemäße Essays zu Kultur, Sprache und Literatur.* Tübingen 1995, 169. Vgl. auch Sylvia Zyssets Artikel: *Shakespeares Sprache: Verführung und Herausforderung.* Basler Zeitung, Donnerstag, 25. März 1999, Nr. 71 (S.45), https://shine.unibas.ch/shine_arbeitenwf.htm (19.12.2015)

[190] Grundsätzlich muss man bei der Auswahl der Übersetzung berücksichtigen, „wann, für wen und wozu man ihn übersetzt hat" („Die deutschen Übersetzungen", in: Schabert, 832-54; 833). So existieren stilistisch historisierende und moderne Fassungen, werkgetreue und eigenkünstlerische Eindeutschungen, Vers- oder Prosaübertragungen sowie mehr oder weniger theatertaugliche Versionen.

[191] Norbert Treuheut, *ars vivendi* , zitiert in *WiM*, Wirtschaft in Mittelfranken, Ausgabe 12/2002, Rubrik Unternehmen/Personen, 34.

[192] Bei dtv liegen 21 Stücke im Taschenbuchformat vor; bei *ars vivendi* (http://www.shakespeare-ga.de/index.html) soll bis Ende 2016 die Gesamtausgabe inklusive der Sonette und nichtdramatischen Dichtungen erscheinen. Die englische Textfassung folgt der renommierten Arden-Ausgabe.

[193] Am 2.6. 2007; vgl. den Bericht im Unijournal der Univ Zürich vom 4.6.07, http://www.unipublic.unizh.ch/magazin/gesellschaft/2007/2597.html (30.10.2007)

[194] 2006 erschienen bei Random House Audio.

[195] „Warum sind die Deutschen so fasziniert von Shakespeare"? http://www.shakespeare-gesellschaft.de/index.php?id=282 (31.11.2015). Bis ins 19. Jahrhundert wurde Shakespeare auf der Bühne massiv den jeweiligen ästhetischen Normen angepasst. Vgl. Gary Taylor: *Shakespeare – wie er euch gefällt. Die Geschichte einer Plünderung durch vier Jahrhunderte.* Reinbek, 1994.

[196] Das Budget war niedrig, der Stil der Zeit entsprechend und das Konzept der Bühnenverfilmung ist Geschmackssache.

[197] FAZ vom 12.7.2007.

[198] J.K. Rowling: *Harry Potter and the Order of the Phoenix,* London 2003, 720

[199] Wie Stephen King in seiner Harry-Potter-Rezension sagte: „Joanne K. Rowling hat ein üppiges, siebengängiges Menü angerichtet, sorgfältig vorbereitet, herrlich zubereitet und liebevoll serviert." (vgl. den Vorabdruck aus *Vanity Fair* auf *http://hogwartsonline.de/labels/rezensionen.html*, 24.10.2015.

[200] Die Einteilung orientiert sich an Schabert; innerhalb der Genres sind die Stücke chronologisch geordnet, wobei die Auflistung der Reihenfolge im *Complete Oxford Shakespeare* folgt. Angegeben sind der deutsche Titel; vermutliche Entstehungszeit; (Erst)druckdatum (FF = First Folio 1623, Q1 = 1. Quartausgabe/Jahr); Quellen/Vorlagen (**V**), Plot/Thematik (**P**), Auswahl neuerer bzw. wichtiger Verfilmungen (**F**), Index (**I**). BBC = British Broadcasting Company, ESC = English Shakespeare Company, RSC = Royal Shakespeare Company. Gelungene BBC-Inszenierungen sind im Anhang mit „+" versehen, weniger gute mit „–".